新能源汽车维护

主　编　梁建伟
副主编　陈　璐
参　编　马宝秋　李　彪　史宏宇　陈　猛

机械工业出版社

本书基于新能源汽车维护岗位需求分析与汽车维修工（三级）职业能力分析，进行任务化处理，根据企业真实项目的工作流程，设计了新能源汽车维护基础、新能源汽车基本使用、纯电动汽车高压系统维护、底盘系统维护和车身与低压电气设备维护五个项目，计17个工作任务。

本书可供高等职业院校汽车类专业师生使用，也可以作为从事新能源汽车后市场服务相关人员的培训用书。对接汽车维修工（三级）岗位，具有时代性、创新性、实践性与引领性，对于培养汽车维修高素质技术技能人才具有示范引领作用。

本书配套河北省智能网联汽车技术专业教学资源库（https://zyk.icve.com.cn/sjzqc）在线开放课程"新能源汽车维护"，配有教学视频、实训技能视频、动画演示、实训工单、教学PPT、题库等教学资源，为培养学生的综合素质和职业技能提供了丰富的辅助教学资源。凡选用本书作为授课教材的教师均可登录www.cmpedu.com，以教师身份注册后下载，或来电咨询，咨询电话：010-88379201。

图书在版编目（CIP）数据

新能源汽车维护 / 梁建伟主编. -- 北京：机械工业出版社，2025.3. -- ISBN 978-7-111-77573-7

I. U469.707

中国国家版本馆CIP数据核字第20253ZL326号

机械工业出版社（北京市百万庄大街22号　邮政编码100037）
策划编辑：师　哲　　　　　　责任编辑：师　哲
责任校对：郑　婕　陈　越　　封面设计：王　旭
责任印制：任维东
北京瑞禾彩色印刷有限公司印刷
2025年3月第1版第1次印刷
210mm×285mm・13.25印张・344千字
标准书号：ISBN 978-7-111-77573-7
定价：58.00元

电话服务	网络服务
客服电话：010-88361066	机 工 官 网：www.cmpbook.com
010-88379833	机 工 官 博：weibo.com/cmp1952
010-68326294	金　书　网：www.golden-book.com
封底无防伪标均为盗版	机工教育服务网：www.cmpedu.com

前言 Preface

本书是依据《国家职业教育改革实施方案》《职业教育产教融合赋能提升行动实施方案（2023—2025 年）》有关要求开发的"岗课赛证"综合育人新形态融媒体教材。其特点是在习近平新时代中国特色社会主义思想指导下，对接国家标准、行业标准、汽车维修工职业技能等级标准、智能新能源汽车职业技能等级标准新规范、国家交通运输行业标准，结合世界职业院校技能大赛、全国新能源汽车关键技术技能大赛等多项大赛内容，培养汽车维修高素质技术技能人才。本书编写以"在发展新质生产力上善作善成"思想为引领；以"爱岗敬业、勇于创新、热爱劳动、智慧劳动、精益求精、追求卓越"课程思政要义的融入为支撑；坚持以人为本、能力为重、质量为要、守正创新，树立以学习者为中心、产出导向和持续改进的教育教学理念，落实立德树人根本任务和以实训为导向的教学改革要求，推进信息技术等现代教学手段与课堂教学融合，激发学习者创新思维，培养德智体美劳全面发展的社会主义建设者和接班人。

本书内容依据新能源汽车维护岗位要求与汽车维修工（三级）职业能力要求，按照企业真实项目的工作流程，分为 5 个项目，计 17 个工作任务。选取企业典型工作任务，由易到难递进式地培养学生的专业技能，让学生的技能提升与企业需求相适应，从而有效达成培养汽车维修工（三级）高技能人才的教学目标。本书配套河北省智能网联汽车技术专业教学资源库（https://zyk.icve.com.cn/sjzqc）在线开放课程"新能源汽车维护"，配有教学视频、实训技能视频、动画演示、实训工单、教学 PPT、题库等教学资源，为培养学生的综合素质和职业技能提供了丰富的辅助教学资源。

本书由石家庄职业技术学院梁建伟担任主编并统稿，陈璐任副主编，参加编写的还有马宝秋、李彪、史宏宇、陈猛。具体编写分工如下：梁建伟编写项目三和项目四；陈璐编写项目一、项目二的任务二；李彪、马宝秋编写项目五；史宏宇编写项目二的任务三，陈猛编写项目二的任务一。与本书配套的实训技能视频、动画演示等教学资源的制作由上海景格科技股份有限公司提供技术支持。

本书在编写过程中，参考了许多相关的文献和书籍，编者在此对这些参考文献的作者表示衷心的感谢！由于编者水平有限，书中不当之处，恳请广大读者批评指正。

编　者

目录 Contents

前言

项目一　新能源汽车维护基础 \ 001

任务一　新能源汽车维护周期与作业项目 \ 001
　　实训工单一　制订纯电动汽车维护计划 \ 009
任务二　高压安全防护 \ 015
　　实训工单二　高压下电、上电操作 \ 024
任务三　新能源汽车维护常用工具及检测仪器的
　　　　使用 \ 029
　　实训工单三　新能源汽车维护常用工具及检测
　　　　　　　仪器的使用 \ 033
任务四　新车交付检查 \ 042
　　实训工单四　纯电动汽车销售PDI \ 046
延伸阅读　十年磨一剑　从汽车大国迈向汽车
　　　　　强国 \ 054

项目二　新能源汽车基本使用 \ 055

任务一　新能源汽车正确驾驶与操作 \ 055
　　实训工单一　纯电动汽车安全驾驶 \ 060
任务二　新能源汽车补能方式的认知 \ 065
　　实训工单二　纯电动汽车充电 \ 070
任务三　新能源汽车事故应急处理 \ 075
　　实训工单三　纯电动汽车无法起动应急
　　　　　　　处理 \ 080
延伸阅读　知常明变　守正创新 \ 085

项目三　纯电动汽车高压系统维护 \ 086

任务一　动力蓄电池系统维护 \ 086
　　实训工单一　动力蓄电池系统检查与维护 \ 090
任务二　驱动电机系统维护 \ 097

　　实训工单二　驱动电机系统检查与维护 \ 102
任务三　冷却系统维护 \ 110
　　实训工单三　冷却系统检查与维护 \ 115
任务四　空调系统维护 \ 123
　　实训工单四　空调系统检查与维护 \ 130
延伸阅读　郑志明：先得热爱，才能走到
　　　　　更高的高度 \ 137

项目四　底盘系统维护 \ 138

任务一　传动系统维护 \ 138
　　实训工单一　传动系统检查与维护 \ 143
任务二　行驶系统维护 \ 147
　　实训工单二　行驶系统检查与维护 \ 155
任务三　转向系统维护 \ 161
　　实训工单三　转向系统检查与维护 \ 164
任务四　制动系统维护 \ 168
　　实训工单四　制动系统检查与维护 \ 174
延伸阅读　敢想敢为　善作善成 \ 184

项目五　车身与低压电气设备维护 \ 185

任务一　车身维护 \ 185
　　实训工单一　车身检查与维护 \ 187
任务二　低压电气设备维护 \ 193
　　实训工单二　低压电气设备检查
　　　　　　　与维护 \ 199
延伸阅读　新质生产力驱动　青年学生
　　　　　挺膺担当 \ 207

参考文献 \ 208

项目一
新能源汽车维护基础

📎 项目描述

汽车由大量的零部件构成，当行驶一定时间后，会因磨损、老化或腐蚀而导致性能降低。掌握汽车技术状况变化规律，合理使用并及时维护汽车，确保车辆状况良好，对延长汽车使用寿命具有重要的作用。

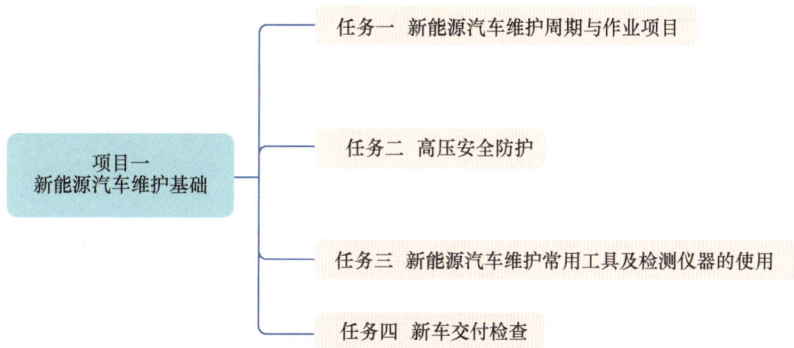

任务一 新能源汽车维护周期与作业项目

学习目标

知识目标

1. 了解汽车维护的分类与周期。
2. 了解纯电动汽车长期存放的注意事项。
3. 掌握纯电动汽车日常维护作业项目及要求。
4. 掌握纯电动汽车周期维护作业项目及要求。

能力目标

1. 能够利用网络资源、车辆使用手册、维护指导手册和维修手册等资源查询目前国内外主流汽车厂家纯电动汽车的维护周期与项目，并进行对比。
2. 能在规定时间内完成纯电动汽车维护计划的制订。

> **素质目标**
>
> 1. 通过新能源汽车维护周期及项目工作任务的引入，培养学生与时偕行的职业精神。
> 2. 通过作业安全注意事项的讲解，树立安全责任意识，强化团结协作精神。
> 3. 通过浸润敢想敢为又善作善成的思政元素，培养学生精益求精、追求卓越的新时代工匠精神。
> 4. 通过严格执行 6S 规范，提高学生的职业素养。

知识储备

汽车维护（Vehicle Maintenance）是定期对汽车相关部分进行检查、清洁、补给、润滑、调整或更换某些零部件的预防性工作。目的是保持车容整洁、技术状况正常、消除隐患、预防故障发生、减缓劣化过程、延长使用周期。汽车维护按照汽车技术状况随行驶里程变化的规律，规定不同级别的作业项目与要求。

一、汽车维护的分类与周期

新能源汽车是指采用新型动力系统，完全或者主要依靠新型能源驱动的汽车，包括插电式混合动力（含增程式）汽车、纯电动汽车和燃料电池汽车等。纯电动汽车（Battery Electric Vehicle，BEV）是指驱动能量完全由电能提供、由电机驱动的汽车，电机的驱动电能来源于车载可充电储能系统或其他能量储存装置。

新能源汽车维修维护分为车辆常规装置维修维护和专用装置维修维护。常规装置维修维护应按照 GB/T 18344—2016《汽车维护、检测、诊断技术规范》和 GB/T 3798—2021《汽车大修竣工出厂技术条件》的规定执行。专用装置维修维护应按照汽车生产企业公开的维修技术信息要求和 GB/T 44510—2024《新能源汽车维修维护技术要求》的规定，结合车辆类别、车辆运行状况、行驶里程、道路条件和使用年限等确定维护周期、日常维护项目和不同维护周期下的维护项目。

常规装置是指新能源汽车与燃油汽车所配置的结构功能相同的位置，主要包括但不限于制动系统、转向系统、行驶系统、传动系统等传统机械系统（部件）及低压电气系统。专用装置是指新能源汽车与其燃油（气）汽车相比所特有的装置，主要包括但不限于车载供氢系统、燃料电池系统、高压系统及其相关附件等。其中，高压系统是指电动汽车内部 B 级电压[①]以上与动力蓄电池直流母线相连或由动力蓄电池电源驱动的高压驱动零部件系统，主要包括但不限于动力蓄电池系统和/或高压配电系统（高压继电器、熔断器、电阻器、主开关等）、驱动电机及其控制器系统、DC/DC 变换器和车载充电机等。

根据 GB/T 44510—2024《新能源汽车维修维护技术要求》的要求，新能源汽车维护应包含日常维护和周期维护。日常维护仅对可视部分进行检查，由驾驶人执行；周期维护应由专业人员执行。

1. 纯电动汽车日常维护

纯电动汽车日常维护作业项目及要求应符合表 1-1-1 的规定。

2. 纯电动汽车周期维护

纯电动汽车周期维护作业项目及要求除应符合表 1-1-1 和表 1-1-2 的规定外，还应使用诊

[①] A 级电压电路：最大工作电压小于或等于 AC 30V（rms），或小于或等于 DC 60V 的电力组件或电路。B 级电压电路：最大工作电压大于 AC 30V（rms）且小于或等于 AC 1000V（rms），或大于 DC 60V 且小于或等于 DC 1500V 的电力组件或电路。

断仪或专用检测设备对专用装置进行检验，读取故障码并根据驾驶人反馈的车辆技术状况确定专用设备的附加作业项目。

表 1-1-1　纯电动汽车日常维护作业项目及要求

序号	作业项目	作业要求
1	仪表、信号指示装置	① 检查仪表外观及指示功能，仪表应完好有效，指示功能应正常 ② 检查信号指示装置，信号指示应无异常声光报警和故障提醒 ③ 检查动力蓄电池荷电状态（SOC）示值或参考行驶里程示值情况，示值应符合汽车生产企业公开的维修技术信息中的规定，并应视情进行充电
2	驱动电机系统	① 检查运行工作状况，运行应平稳，且无异常振动和噪声 ② 检查系统外观及连接管路，表面应清洁，冷却管路应无渗漏现象
3	动力蓄电池冷却系统	① 检查运行工作状况，运行过程中应无异响和渗漏现象 ② 检查冷却液液面高度，视情补给，液面高度应在液位标识的上下限之间
4	充电插座	① 检查充电插座外观，应无烧蚀、破损、异物，内部应清洁和干燥 ② 检查防护盖，应锁闭完好
5	前机舱	① 检查前机舱盖的关闭状态，舱盖锁闭应完好有效 ② 鼻嗅检查，舱体周围应无刺激或烧焦等异味

表 1-1-2　纯电动汽车周期维护作业项目及要求

序号	作业项目		作业要求
1	整车绝缘		检查整车绝缘电阻监测系统，应无报警，如存在异常情况，应逐项排查并记录，绝缘电阻应符合 GB 18384—2020 的规定
2	动力蓄电池系统	工作状况	检查 SOC、电压和温度等参数，应符合汽车维修技术信息中的规定
		外观	① 检查动力蓄电池箱壳体表面，应无异常变形、破损和锈蚀，无磕碰，无异味和异常渗漏 ② 检查动力蓄电池托架结构表面，应无断裂、变形和锈蚀 ③ 检查动力蓄电池箱安全阀的外观，阀体应无破损和堵塞 ④ 检查系统表面是否存在积尘或杂物，对存在积尘或杂物的，应使用风枪或毛刷进行清洁，外表面应无明显积尘或杂物，且干燥 ⑤ 检查动力蓄电池外部高低压接口，高低压接口内应无水迹、烧蚀等痕迹，低压通信接口端子应无变形或松动现象 ⑥ 检查高压线束及接插件，高压线束应无破损，与车辆运动部件间应无干涉，接插件应清洁、无破损 ⑦ 检查蓄电池管理系统壳体、连接线束及接插件，壳体及连接线束应清洁、干燥，接插件应完好，电路布设应无干涉
		冷却系统	① 检查冷却液高度，及时补给或更换冷却液，液面高度应符合汽车生产企业公开的维修技术信息中的规定 ② 检查冷却管路固定情况，软管与硬管连接处应无异常渗漏，管路布设应无干涉 ③ 检查散热器或冷却装置的外观，外观应清洁，连接管路应固定可靠且无异常泄漏
		紧固	① 检查系统安装紧固情况，应固定牢固，动力蓄电池箱体及托架、动力蓄电池管路系统箱体等紧固螺栓的紧固力矩符合汽车生产企业公开的维修技术信息中的规定 ② 检查高压线束、接线柱等连接固定情况，连接应固定可靠、无松脱，紧固动力蓄电池及蓄电池管理系统的正负极接线柱紧固螺栓，紧固力矩符合汽车生产企业公开的维修技术信息中的规定 ③ 检查线束固定情况、接插件连接情况，线束应固定可靠、无脱落，接插件应锁紧可靠
		气密性	按照汽车维修技术信息中的规定进行气密性检查，气密性应符合其规定

(续)

序号	作业项目		作业要求
3	驱动电机系统	外观	① 检查驱动电机壳体、减速器箱体及电机控制器壳体外表面，外表面应无明显积尘、渗漏、裂纹，且应清洁、干燥 ② 检查高压线束，线束应无破损和老化现象，接线柱应无氧化、腐蚀现象 ③ 检查连接线束，线束应清洁、干燥且电路布设无干涉
		冷却系统	① 检查冷却液液面高度，及时补给或更换冷却液，液面高度应在液位标识的上下限之间 ② 检查冷却管路的固定情况，软管与硬管连接处应无异常渗漏，管路布设无干涉
		紧固	① 检查系统安装紧固情况，紧固力矩应符合汽车维修技术信息中的规定 ② 检查高压线束、接线柱等连接固定情况，线束及接线柱的连接应固定可靠、无松脱，紧固驱动电机、电机控制器的三相接线柱及正负极接线柱的紧固螺栓，紧固螺栓的紧固力矩应符合汽车维修技术信息中的规定 ③ 检查线束固定情况、接插件连接情况，线束应固定可靠、无脱落，接插件应锁紧可靠 ④ 及时或按照汽车生产企业公开的维修技术信息中规定的里程或时间要求更换轴承，轴承应工作正常、无异响
		润滑系统	检查润滑系统，视情补给或更换润滑油脂，润滑油液位高度应在液位标识的上下限之间
4	高压配电系统		① 检查各系统配置及系统箱体外表面是否存在积尘或杂物，对存在积尘或杂物的，应使用风枪或毛刷对箱体外部、内部各装置及相关接插件表面等进行清洁，外表面应无积尘或杂物，且干燥 ② 检查主开关通断情况，主开关通断功能应有效，开关动作灵活，无卡滞现象，紧固熔断器接线螺母，熔断器接线螺母应固定牢靠 ③ 检查系统安装固定情况，紧固高压配电装置及系统箱体的紧固螺栓，紧固力矩应符合汽车维修技术信息中的规定 ④ 检查高压线束、接线柱等连接固定情况，线束及接线柱的连接应固定可靠、无松脱 ⑤ 检查线束固定情况、接插件连接情况，线束应固定无脱落，接插件应锁紧可靠
5	高压维修开关		① 检查维修开关工作状态及外观，应无松动，无发热现象，无烧蚀变形 ② 检查固定情况，紧固固定螺栓，紧固力矩应符合汽车维修技术信息中的规定
6	车载充电机		① 检查车载充电机外表面是否存在积尘或杂物，对存在积尘或杂物的，应使用风枪或毛刷进行清洁，外表面应无积尘或杂物，且干燥 ② 检查充电工作状态，充电连接应配合正常，充电保护应有效 ③ 检查机体安装固定情况，紧固固定螺栓，紧固力矩应符合汽车生产企业公开的维修技术信息中的规定 ④ 检查高压线束及其接插件之间的连接紧固情况，线束及接线柱连接应无松脱
7	电源变换器		检查变换器外表面是否存在积尘或杂物，对存在积尘或杂物的，应使用风枪或毛刷进行清洁，外表面应无积尘或杂物，且干燥
8	转向系统		① 检查转向电动机工作状况，电动机运行应无异响 ② 检查电动机机体和控制器壳体外表面是否存在积尘或杂物，对存在积尘或杂物的，应使用风枪或毛刷进行清洁，外表面应无破损、无腐蚀、无积尘或杂物，且干燥 ③ 检查转向电动机机体和控制器壳体安装紧固情况，紧固力矩应符合汽车维修技术信息中的规定 ④ 检查高压线束、接线柱等连接固定情况，紧固转向电动机的三相接线柱、电机控制器的三相接线柱及正负极接线柱的紧固螺栓，紧固力矩应符合汽车维修技术信息中的规定 ⑤ 检查控制器线束固定情况、接插件连接情况，线束应固定无脱落，接插件应锁紧可靠

(续)

序号	作业项目	作业要求
9	空调系统	① 检查空调系统风机工作状况，风机运转应正常，且无异响 ② 检查系统各管路连接情况，各管路应连接可靠且无松动 ③ 检查电动空调压缩机、正温度系数（PTC）加热器、蒸发器及冷凝器等外表面是否存在积尘或杂物，对存在积尘或杂物的，应使用风枪或毛刷进行清洁，外表面应无明显积尘或杂物，且干燥 ④ 检查系统连接管路外表面，管路应无渗漏、破损 ⑤ 检查部件安装固定情况，紧固螺栓的紧固力矩应符合汽车维修技术信息中的规定
10	电除霜器	① 检查电除霜器外表面，应无尘土、杂物、堵塞 ② 检查电除霜器工作状况，除霜出口应无屏响，加热功能正常
11	充电插座	① 检查保护盖开启和锁闭情况，保护盖的开启锁闭功能应正常有效 ② 检查充电插座接插情况，接插应可靠、无松脱 ③ 检查充电插座外表面，应无异物、烧蚀及生锈痕迹，插座内部应干燥、清洁
12	整车线束、接插件	① 检查整车线束外表面，线束绝缘层应无老化、破损，且无裸露 ② 检查整车接插件外表面是否存在积尘或杂物，对存在积尘或杂物的，应使用风枪或毛刷进行清洁，外表面应无积尘或杂物，且干燥 ③ 检查线束固定情况和接插件连接情况，线束应固定可靠、无脱落，接插件应锁紧可靠
13	制动能量回收系统	检查制动能量回收系统工作状况，仪表显示的制动能量回收反馈信息应正常有效
14	高压警告标记	检查高压警告标记，应完好、规范、清晰，粘贴应牢固、无脱落

3. 作业安全注意事项

1）新能源汽车维修、周期维护作业应在专用场地进行，场地应干燥，通风良好，并设置警示隔离区和警示牌，非维修维护作业人员不应入内。

2）新能源汽车维修、周期维护作业区域应根据车型配备消防及电气高压防护应急设备，包括但不限于防毒面罩、绝缘棒及相应的灭火设施设备等。

3）高压系统维修、周期维护作业人员应取得低压电工特种作业操作证。

4）专用装置维修、周期维护作业人员应经过专业培训合格后上岗。

5）高压系统维修、周期维护作业，应由不少于两人协同操作，作业人员应遵守电工安全操作规范。

6）专用装置维修、周期维护作业人员在操作前应先进行静电释放，穿戴安全防护装备，使用具有绝缘防护功能的作业工具，不应佩戴金属饰品进行作业。安全防护装备应包括但不限于绝缘手套（耐压等级 1000V 以上）、绝缘鞋、护目镜、绝缘安全帽等。安全防护装备和作业工具应无破损，绝缘有效。

7）高压系统维修、周期维护作业前，应按照关闭车辆电源总控制开关、断开辅助蓄电池正负极、断开高压维修开关的顺序（或汽车维修技术信息中规定的顺序）对车辆进行断电，确认动力蓄电池高压输出电路系统的正负极电压低于 36V，且绝缘电阻值符合汽车生产企业公开的维修技术信息中的规定后，方可进行维护作业。

8）高压零部件断开后，应对高压裸露端子进行绝缘防护。

9）高压系统维修、周期维护作业完成后，应按照车辆断电的逆向顺序（或汽车维修技术信息中规定的顺序）对车辆进行通电复位。

10）汽车维修技术信息中有其他操作安全和故障防护特殊要求的，还应遵循其相关规定要求。

实践技能

二、制订纯电动汽车维护计划

车辆维护计划是指为了保证车辆的正常运行和延长使用寿命，制订的一系列维护措施和时间安排。通过定期检查和维护车辆的各项部件，及时发现问题并进行修复，减少故障发生的可能性，提高车辆的安全性和可靠性。

1. 纯电动汽车维护内容

表 1-1-3 为纯电动汽车维护周期表，其中，"Ⅰ"表示必要时进行检查、修正或更换，"Ⅰ"表示恶劣工况需增加项目，"R"表示更换、改变或润滑。

2. 磨合期

汽车磨合期是指新车或大修后的初驶阶段，一般为 3 个月左右或 1000~3000km，这是保证机件充分接触、摩擦、适应、定型的基本里程。在这期间可以调整、提升汽车各部件适应环境的能力，并磨掉零部件上的凸起物。汽车磨合的优劣，对车的使用寿命、安全性和经济性将会产生重要的影响。

虽然纯电动汽车没有发动机和传统变速器，但只要是存在液路和机械构造的汽车，都需要进行磨合。纯电动汽车磨合期注意事项如下：

1）如果动力总成难以起动或经常停止转动，须立刻检查车辆。如果动力总成有异常的响声，应停车检查。

2）如果动力总成有严重的冷却液、润滑油泄漏现象，应停车检查。

3）动力总成需要进行磨合，建议经济模式下的最初 2000km 内为磨合期，此期间应平稳驾驶，避免高速驾驶，遵守以下的简单要领，可有效延长车辆的使用寿命：

① 在起动和驾驶时，避免将加速踏板踩到底。

② 使用过程中避免车辆超速行驶。

③ 在最初的 300km 内，避免紧急制动。

④ 请勿以单一的速度长时间进行快速或慢速行驶。

3. 纯电动汽车的长期存放

如果需要长期（一个月以上）停放车辆，应做好下列准备：

1）如有可能，请将车辆停放在室内。

2）彻底清洗、干燥车身外表，清扫车辆内部，确保地毯、地席等完全干燥。

3）将动力蓄电池电量充到 50%~70%。

4）关闭车上所有用电设备，拔除所有外接电源。

5）断开辅助蓄电池负极。

6）建议应定期起动车辆（最好每月一次），检查车辆是否存在异常问题。若发现车辆电量出现较大的损耗，要及时进行充电补电（以慢充为主），维持动力蓄电池活性。

7）如果车辆停放了一年或更长的时间，建议到汽车授权服务店做一次全车维护。

表 1-1-3　纯电动汽车维护周期表

维护时间间隔								里程表读数或月数，以先到者为准								
×1000km	12	24	36	48	60	72	84	96	108	120	132	144	156	168	180	192
月数	6	12	18	24	30	36	42	48	54	60	66	72	78	84	90	96
维护项目																
检查紧固底盘固定螺钉	I	I	I	I	I	I	I	I	I	I	I	I	I	I	I	I
检查制动踏板和电子驻车开关	I	I	I	I	I	I	I	I	I	I	I	I	I	I	I	I
检查制动摩擦块和制动盘	I	I	I	I	I	I	I	I	I	I	I	I	I	I	I	I
检查制动系统管路和软管	I	I	I	I	I	I	I	I	I	I	I	I	I	I	I	I
检查制动钳总成导向销	—	I	—	I	—	I	—	I	—	I	—	I	—	I	—	I
检查转向盘	I	I	I	I	I	I	I	I	I	I	I	I	I	I	I	I
检查传动轴防尘罩	I	I	I	I	I	I	I	I	I	I	I	I	I	I	I	I
检查球销和防尘罩	I	I	I	I	I	I	I	I	I	I	I	I	I	I	I	I
检查前后悬架装置	I	I	I	I	I	I	I	I	I	I	I	I	I	I	I	I
检查轮胎和充气压力（含TPMS）	I	R	I	R	I	R	I	R	I	R	I	R	I	R	I	R
检查前轮定位、后轮定位	I	I	I	I	I	I	I	I	I	I	I	I	I	I	I	I
轮胎换位	I	I	I	I	I	I	I	I	I	I	I	I	I	I	I	I
检查车轮轴承有无游隙	I	I	I	I	I	I	I	I	I	I	I	I	I	I	I	I
检查膨胀水箱内冷却液液面高度	I	I	I	I	I	I	I	I	I	I	I	I	I	I	I	I
更换驱动电机冷却液	每行驶 4 年或 100000km 更换长效有机酸型冷却液，以先到者为准															
更换制动液	每行驶两年或 40000km 更换一次															
检查整车模块故障码（记录后清除）	I	I	I	I	I	I	I	I	I	I	I	I	I	I	I	I
检查动力蓄电池托盘、防撞杆	I	I	I	I	I	I	I	I	I	I	I	I	I	I	I	I
容量测试及校正	I	I	I	I	I	I	I	I	I	I	I	I	I	I	I	I
检查和更换变速器内的齿轮油	首次更换齿轮油 24 个月 /40000km，后续每 24 个月 /48000km 更换一次齿轮油 每行驶 72000km 或 6 个月															
检查动力总成是否漏液、磕碰	I	I	I	I	I	I	I	I	I	I	I	I	I	I	I	I
检查高压线束或接插件是否松动	I	I	I	I	I	I	I	I	I	I	I	I	I	I	I	I
检查高压模块外观是否变形、是否有油液	I	I	I	I	I	I	I	I	I	I	I	I	I	I	I	I
检查各充电插接器接口处是否有异物、烧蚀等情况	I	I	I	I	I	I	I	I	I	I	I	I	I	I	I	I
更换动力蓄电池冷却液	每 4 年或 100000km 更换长效有机酸型冷却液，以先到者为准															
检查普通滤网（装有时）	I	I	I	I	I	I	I	I	I	I	I	I	I	I	I	I
检查高效滤清器（装有时）	I	I	I	I	I	I	I	I	I	I	I	I	I	I	I	I

维护时间间隔 ×1000km	12	24	36	48	60	72	84	96	108	120	132	144	156	168	180	192
月数	6	12	18	24	30	36	42	48	54	60	66	72	78	84	90	96
检查 PM2.5 速测仪滤网(装有时)	—	—	—	—	—	—	—	—	—	—	—	—	—	—	—	—
检查静电滤清器(装有时)	—	—	—	—	—	—	—	—	—	—	—	—	—	—	—	—
检查灯具灯泡,LED 是否点亮正常	—	—	—	—	—	—	—	—	—	—	—	—	—	—	—	—
检查前照灯调光功能是否正常 近光初始下倾度校准	每隔 10000km 校准一次															
检查安全气囊模块及电子控制单元(ECU),传感器	10 年更换一次															
检查电动助力转向系统(EPS)搭铁处是否有异物或者被烧蚀	—	—	—	—	—	—	—	—	—	—	—	—	—	—	—	—
检查电动助力转向系统电子控制单元插件端子是否松动,接插件端子是否被烧蚀	—	—	—	—	—	—	—	—	—	—	—	—	—	—	—	—
检查电动助力转向系统电子控制单元外观是否被腐蚀	—	—	—	—	—	—	—	—	—	—	—	—	—	—	—	—
检查电动助力转向系统电子控制单元和电动机连接处是否有异物或者被腐蚀	—	—	—	—	—	—	—	—	—	—	—	—	—	—	—	—
检查整车模块是否有软件更新,有则更新	每年															
检查高压部件是否有涉水痕迹	—	—	—	—	—	—	—	—	—	—	—	—	—	—	—	—
检查前机舱盖锁及其紧固件	—	—	—	—	—	—	—	—	—	—	—	—	—	—	—	—

(续)

注:1. 为了使动力蓄电池处于最佳状态,需要定期(至少 6 个月或 72000km,以先到者为准)对车辆进行满充满放,达到动力蓄电池自我校正的目的,也可以联系汽车授权服务店进行容量的测试与校正。

2. 恶劣工况是指:
1) 经常在多尘的地区行驶或经常暴露在含盐分的空气中。
2) 经常在颠簸的路面、有积水的路面或山路上行驶。
3) 在寒冷地区行驶。
4) 频繁地使用制动器、经常紧急制动。
5) 经常作为牵引拖车。
6) 作为出租汽车使用。
7) 在 32℃以上温度下,在交通拥挤的市区行驶时间超过总行驶时间的 50%。
8) 在 30℃以上的温度下,以 120km/h 以上的车速行驶时间超过总行驶时间的 50%。
9) 经常超载行驶。

项目一	新能源汽车维护基础

姓名		班级		日期	

任务实施

实训工单一 制订纯电动汽车维护计划

姓名		学号	
小组成员		日期	
实训指导教师		实训成绩	
实训设备	纯电动汽车、绝缘电阻测试仪、诊断仪、数字钳形表、万用表、绝缘工具一套、维修手册、电路图等。		

一、任务接收

安全、规范地完成纯电动汽车维护计划的制订。

二、知识准备

1. 汽车维护是定期对汽车相关部分进行检查、_____、_____、润滑、调整或更换某些零部件的预防性工作。

2. 纯电动汽车（Battery Electric Vehicle，BEV）是指驱动能量完全由_____提供、由电机驱动的汽车，电机的驱动电能来源于车载可充电_____或其他能量储存装置。

3. 日常维护由_____在出车前、行车中和收车后执行，一级、二级维护由_____执行。

4. 高压系统维护作业时，应由不少于_____人协同操作，维护作业人员应穿戴安全防护装备，使用具有绝缘防护的作业工具，禁止佩戴_____进行作业。

5. 高压系统维护作业前，应按照关闭车辆电源总控制开关、断开辅助蓄电池_____、关闭_____的顺序（或按照车辆维修维护手册规定的顺序）对车辆进行断电，确认动力蓄电池高压输出电路系统的正负极电压低于_____V，且绝缘阻值符合车辆维修维护手册规定后，方可进行维护作业。

三、决策与计划

根据任务要求和纯电动汽车维护作业技术规范，完成纯电动汽车维护计划的制订，并对小组成员进行合理分工。

制订纯电动汽车维护计划			
操作人：		监护人：	
序号	作业项目	检测仪器、工具	操作要点
1			
2			
3			
4			
5			
计划审核	审核意见： 签字： 年 月 日		

010	新能源汽车维护
姓名　　　　班级　　　　日期	

(续)

四、操作步骤

1. 作业前准备

作业图例	作业内容	结果记录
	作业准备	□设置隔离护栏 □设置安全警示牌 □检查灭火器压力值（水基/干粉） □安装车辆挡块 □安装车外三件套 □安装车内四件套 □落下驾驶人侧车窗玻璃 □进行胎压检查
	防护工具准备	□规范着装 □检查绝缘安全帽 □检查护目镜 □检查绝缘手套 □检查绝缘鞋 □检查确认电子驻车制动和档位 □高压上电时向指导教师报告
	设备使用	□检查万用表 □检查绝缘电阻测试仪 □检查诊断仪 □检查绝缘工具 □检查放电工装 □检查维修手册、电路图是否完备 □断开各模块插头时，先关闭起动开关，再断开辅助蓄电池负极，并做绝缘防护

		测量值	标准值	结果判别
	测量绝缘地垫的绝缘电阻值	_____	_____	□正常 □异常

2. 记录车辆基本信息

项目	内容
品牌	
车辆识别代号	
制造年月	
驱动电机	型号：　　　　　　　峰值功率：
动力蓄电池	额定电压：　　　　　额定容量：
行驶里程	km

（续）

3. 动力蓄电池系统维护

作业图例	作业内容
	1. 2. 3. 4. 5.

4. 驱动电机系统维护

作业图例	作业内容
	1. 2. 3. 4. 5.

5. 冷却系统维护

作业图例	作业内容
	1. 2. 3. 4. 5.

6. 空调系统维护

作业图例	作业内容
	1. 2. 3. 4. 5.

（续）

（续）

7. 传动系统维护

作业图例	作业内容
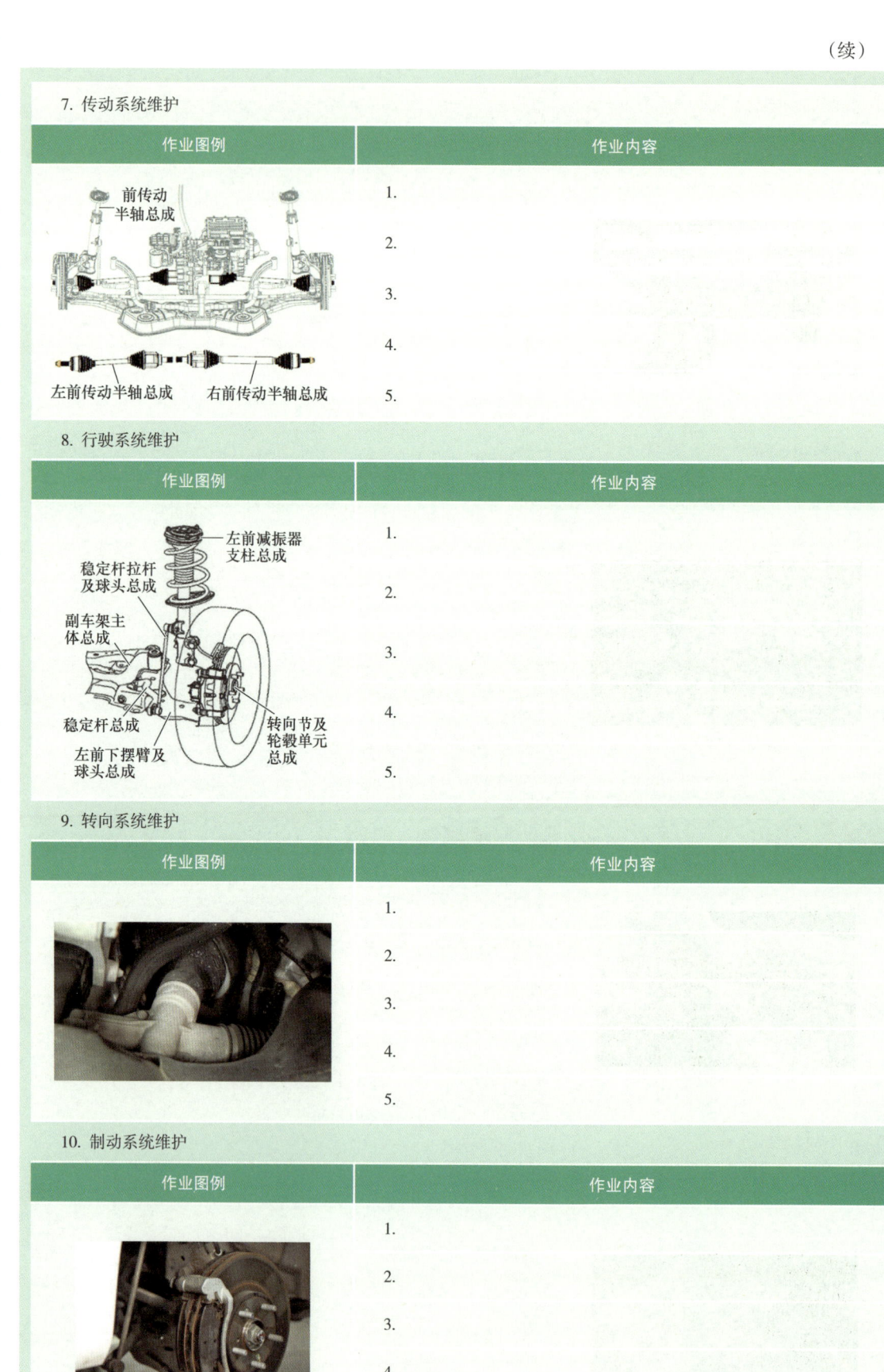	1. 2. 3. 4. 5.

8. 行驶系统维护

作业图例	作业内容
	1. 2. 3. 4. 5.

9. 转向系统维护

作业图例	作业内容
	1. 2. 3. 4. 5.

10. 制动系统维护

作业图例	作业内容
	1. 2. 3. 4. 5.

（续）

11. 车身维护

作业图例	作业内容
	1. 2. 3. 4. 5.

12. 低压电气设备维护

作业图例	作业内容
	1. 2. 3. 4. 5.

13. 6S 规范

作业图例	作业内容	结果记录
	关闭车辆起动开关	□是 □否
	收起并整理车内四件套和车外三件套	□是 □否
	关闭设备电源，清洁、整理工具与仪器设备并归位	□是 □否
	收起车辆挡块、安全警示牌、隔离护栏	□是 □否
	清洁实训场地并恢复到原标准工位布置状态	□是 □否

五、检查与评价

1. 小组自查

小组根据任务实施的记录结果，对本小组的作业内容进行再次检查确认。

序号	检查项目	权重	检查结果
1	知识准备完成情况	20	□是 □否
2	制订计划的合理性	10	□是 □否
3	实施过程完成的正确性	45	□是 □否
4	学生在实施过程中的参与程度	15	□高 □中 □低
5	安全防护与 6S 规范	10	□是 □否

2. 自我评价与反思

结合自己在实训过程中的表现，进行自我评价及自我反思。

(续)

3. 教师评价

制订纯电动汽车维护计划评分表

项目	评分要点	配分	得分
知识准备 （10分）	□了解纯电动汽车维护的分类与周期	5	
	□了解纯电动汽车维护作业项目与要求	5	
任务计划 （20分）	□制订实训计划	10	
	□协同小组成员进行合理分工	5	
	□能在实施前准备好所需要的仪器、工具	5	
工作组织 与安全 （20分）	作业准备：□检查设置隔离护栏　□设置安全警示牌　□检查灭火器压力值（水基/干粉）　□安装车辆挡块　□安装车外三件套　□安装车内四件套　□落下驾驶人侧车窗玻璃　□进行胎压检查	3	
	防护工具准备：□检查绝缘手套，测量高压部分电路应佩戴绝缘手套　□检查防护电池电解液酸碱性手套，触碰蓄电池包部分应佩戴防护电池电解液酸碱性手套　□检查护目镜，测量高压部分电路应佩戴护目镜　□检查绝缘安全帽，车辆底部作业应佩戴绝缘安全帽　□检查确认电子驻车制动和档位　□上高压电时要向实训指导教师报告	2	
	设备使用：□初次使用，应正确进行万用表检查　□初次使用绝缘电阻测试仪正确进行断路测试、短路测试　□正确连接仪器、仪表和测试设备到车辆　□正确操作车辆到测试条件并直接进行测试	1.5	
	操作规范：□断开模块插头时，先关闭起动开关，再断开辅助蓄电池负极，并对辅助蓄电池负极进行防护；断开高压插头后验电　□完成所有任务后，按规定力矩紧固蓄电池极桩　□测试完成后恢复车辆，主要包括拆卸下的部件正确安装、起动开关等其他开关正确复位	2	
	安全操作：□在操作过程中，对测试设备和车辆可能造成损坏而被实训指导教师制止的，每次扣4分　□未规范操作造成车辆熔丝烧掉，每次扣4分	10	
	6S规范：□仪器、工具、零部件跌落或摆放凌乱，每次扣0.5分　□设备使用完成后关闭电源，合理归位　□恢复工位到原标准工位布置状态	1.5	
任务实施 （40分）	□规范制订纯电动汽车维护计划，每漏一项扣2分	40	
自我评价 与反思 （10分）	□学生能对自身表现情况进行客观评价及反思	10	
得分（满分100）			

任务二　高压安全防护

学习目标

知识目标
1. 了解人体触电的方式以及电流的危害。
2. 掌握触电急救原则。
3. 掌握触电急救流程。

能力目标
1. 能够在保护自身的前提下，按照急救要求，使触电者迅速脱离电源，并根据触电者的受伤程度，规范地使用心肺复苏术和自动体外除颤仪完成急救。
2. 能够正确检查个人和车间高压安全防护用具，规范穿戴个人安全防护用具。
3. 能够对接全国新能源汽车关键技术技能大赛内容，规范完成新能源汽车高压下电、上电操作。

素质目标
1. 通过高压安全防护工作任务的引入，培养学生的安全责任意识，提升学生安全防护技能。
2. 通过新能源汽车高压下电、上电操作，培养学生守规矩遵规范的严谨思维。
3. 通过个人安全防护用具的检查和规范穿戴，培养学生智慧劳动的精神和团结协作意识。
4. 通过严格执行6S规范，提高学生的职业素养。

知识储备

电的发现和应用，使人类的力量长上了翅膀，使人类的信息触角不断延伸。然而，电在方便人们生活的同时，也存在着一定的安全隐患，稍有不慎，甚至威胁到人们的生命安全。

一、电的危害

1. 人体触电方式

人体是导体，有一定阻值。电流要流过人体（即发生触电），必须满足以下两个条件：
① 有电压源，有电流通过人体。
② 形成闭合回路。

新能源汽车的高压系统与车身之间是绝缘的，因此，在图1-2-1所示的情况下，人体不会发生触电事故，原因是人体没有与直流电源之间形成回路。当新能源汽车的高压部件发生对车身搭铁故障时，如图1-2-2所示，人体在同样情况下就有可能发生触电事故。

按照人体触及带电体的方式和电流流过人体的途径，电击可分为单相触电、两相触电和跨步电压触电。

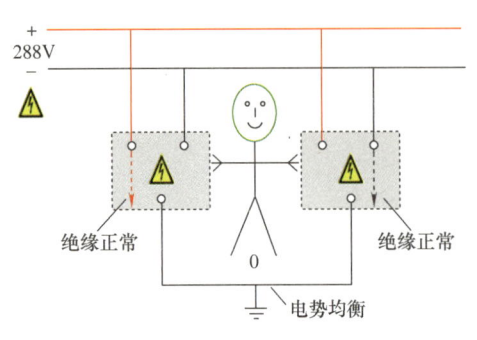
图 1-2-1　非触电情况

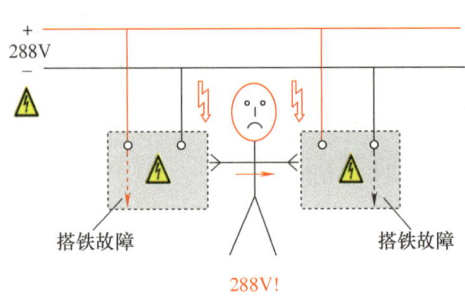
图 1-2-2　触电情况

（1）单相触电　当人体接触带电设备或电路中的某一相导体时，一相电流通过人体流经大地回到中性点，这种触电形式称为单相触电，如图 1-2-3 所示。对于高电压，人体虽然没有触及，但因超过了安全距离，高电压对人体产生电弧放电，也属于单相触电。

（2）两相触电　两相触电是指人体的两处同时触及两相带电体的触电事故。当发生两相触电时，人体承受的是 220V、380V 或者更高的相电压，其危险性一般比单相触电大，如图 1-2-4 所示。

（3）跨步电压触电　当电网或电气设备发生搭铁故障时，流入大地中的电流在土壤中形成电位，地表面也形成以搭铁点为圆心的径向电位差。跨步电压触电是指人或牲畜站在距离高压电线落地点 8~10m 以内发生的触电事故，人受到跨步电压时，电流沿着人的下身，从脚经腿、胯部又到脚与大地形成通路，如图 1-2-5 所示。

图 1-2-3　单相触电

图 1-2-4　两相触电

图 1-2-5　跨步电压触电

2. 电流的危害

电流通过人体，对于人的身体和内部组织就能造成不同程度的损伤。这种损伤分为电击和电伤两种。电击是指电流通过人体或动物体而引起的病理、生理效应。电击会使人感觉全身发热、发麻，肌肉发生不由自主的抽搐，逐渐失去知觉，如果电流继续通过人体，将使触电者的心脏、呼吸机能和神经系统受伤，直到停止呼吸，心脏活动停顿而死亡。电伤是指电流对人体外部造成的局部损伤，即由电流的热效应、化学效应、机械效应对人体外部组织或器官的伤害，如电灼伤、电烙印、皮肤金属化等。

人体内电流经过不同路径的电阻值如图 1-2-6 所示。当知道人体等效电阻后，可根据欧姆定律粗略地计算出不同电压对应的触电电流。例如：一个人从手到手的电阻大约是 1080Ω，接触到 288V 的直流电压，根据欧姆定律，流经人体的电流：

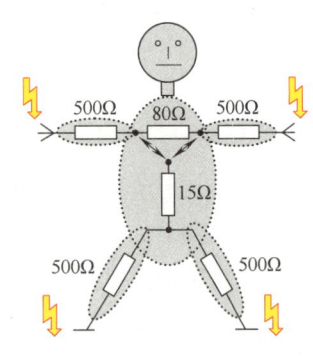
图 1-2-6　人体电阻

$I=U/R=288V/1080\Omega\approx 267mA$。

人体电阻的大小取决于衣服、皮肤湿度、体内路径的长度等因素。有电流流过的身体部位处衣服越厚、越干，电阻值越大。如果皮肤上有水或雪，那么人体电阻就会减小。如果身体内电流经过的路径较短，那么电阻比电流流过较长路径时小。

安全电压是指不使人直接致死或致残的电压，行业规定安全电压为不高于36V，持续接触安全电压为24V，安全电流为10mA。

流过人体的电流越大，人的生理反应和病理反应越明显，引起心室颤动所需的时间越短，致命的危险性越大。按照人体呈现的状态，流过人体的电流分为以下三个级别：

（1）感知电流　通过人体引起人的任何感觉的最小电流称为感知电流。感知电流与个体生理特征、人体与电极的接触面积等因素有关。实验资料表明，成年男子的平均感知电流约为1.1mA，成年女子的平均感知电流约为0.7mA。感知电流一般不会对人体构成伤害，但当电流增大时，感觉增强，反应加剧，可能导致坠落等二次事故。

（2）摆脱电流　人触电后能自主摆脱电源的最大电流称为摆脱电流。如图1-2-7所示，对应于概率50%的摆脱电流成年男子约为16mA，成年女子约为10.5mA，对应于概率99.5%的摆脱电流则分别为9mA和6mA。儿童的摆脱阈值较小。摆脱电源的能力是随着触电时间的延长而减弱的。这就是说，一旦触电后不能及时摆脱电源时，后果将十分严重。

（3）室颤电流　通过人体引起心室发生纤维性颤动的最小电流称为室颤电流，室颤电流的最小值称为室颤阈值。心室颤动是指心室发生无序的激动，致使心室规律有序的激动和舒缩功能消失，其均为功能性的心脏停博，是致死性心律失常。

正常心电图与心室颤动心电图如图1-2-8所示。

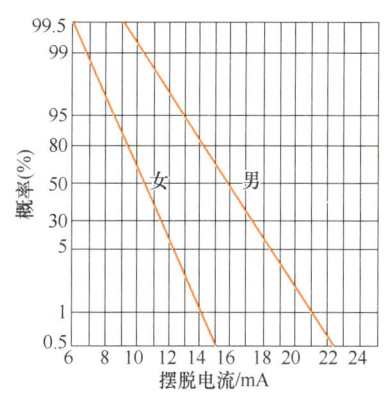

图1-2-7　摆脱电流概率曲线

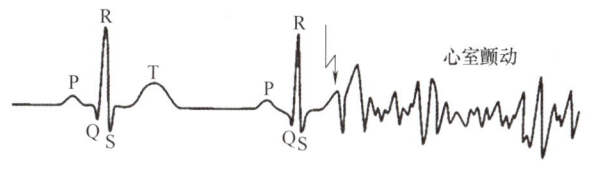

图1-2-8　正常心电图与心室颤动心电图

一般情况下，人体能够承受的安全电流为10mA。电流在人体内作用的时间越长，危险性越大，主要原因如下：

① 人体电阻减小。电击持续时间越长，人体由于出汗、击穿、电解而使电阻下降，电击危险性越大。

② 能量增加。电流持续时间越长，体内积累外界电能越多，伤害程度增强，表现为室颤电流减小。

③ 中枢神经反射增强。电击持续时间越长，中枢神经反射越强烈，电击危险性越大。

二、触电急救

1. 触电急救原则

（1）**迅速** 迅速脱离电源。如果电源开关离救护人员很近时，应立即拉掉开关切断电源；当电源开关离救护人员较远时，可用绝缘手套或木棒将触电人员与电源分离。

（2）**就地** 就地急救处理。当触电者脱离电源后，尽快进行就地抢救。只有在现场对施救者的安全有威胁时，才需要把触电者转移到安全地方再进行抢救，但不能等到把触电者长途送往医院再进行抢救。

（3）**准确** 抢救的方法和施行的动作姿势要正确。

（4）**坚持** 急救必须坚持到底，直至伤员恢复知觉，或者由专业医务人员来接手继续抢救。

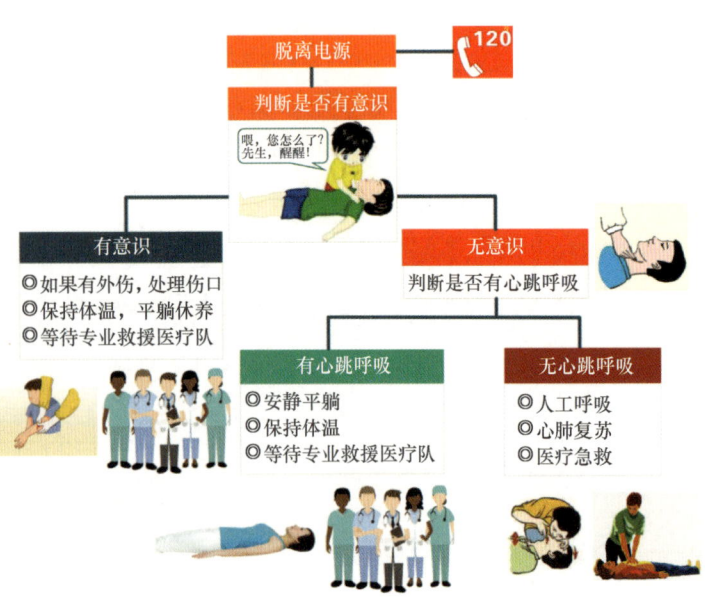

图 1-2-9 触电急救流程

2. 触电急救流程（图 1-2-9）

当发生触电事故时，一定要保持冷静，按照急救步骤开展紧急救助，才能防止救助者触电，保证触电者从事故中获救。

当触电者脱离电源后，应根据触电者的具体情况迅速对症救护，力争在触电后 1min 内进行救治。根据国内外的急救资料表明，触电后在 1min 内进行救治的，90%以上有良好的效果，而超过 12min 再开始救治的，基本无救活的可能。

情形 1：神志尚清醒，但心慌力乏，四肢麻木

一般只需将其扶到清凉通风之处休息，让其自然慢慢恢复。但要派专人照料护理，因为有的病人在几小时后会发生病变而突然死亡。

情形 2：有心跳，但呼吸停止或极微弱

应该采用口对口人工呼吸法进行急救。成人吹气频率为 12 次/min，儿童 15 次/min，婴儿 20 次/min。可按下述口诀进行：清口捏鼻手抬颌，深吸缓吹口对紧，张口困难吹鼻孔，5s 一次不放松。

情形 3：有呼吸，但心跳停止或极微弱

应该采用人工胸外心脏按压法来恢复病人的心跳，频率约 100~120 次/min。可以按下述口诀进行：当胸一手掌，中指对凹膛，掌根用力向下压，压下突然收。

情形 4：心跳、呼吸均已停止

应采用"心肺复苏"的方法进行急救。该类人员的危险性最大，抢救的难度也最大。

3. 触电急救安全注意事项

1）未采取绝缘措施，不得直接接触触电者的皮肤和潮湿的衣服。

2）不得使用金属和其他潮湿的物品作为救护工具。

3）使触电者脱离电源的过程中，救护人最好用单手操作，以防救护人触电。

4）应防止触电者脱离电源后可能出现的摔伤事故。

5）解决临时照明问题，以便在切断电源后进行救护。

6）救护中，防止跨步电压伤人。

4. 心肺复苏术（CPR）和自动体外除颤仪（AED）

心肺复苏术，简称 CPR，是针对骤停的心脏和呼吸采取的救命技术，是为了恢复患者自主呼吸和自主循环，如图 1-2-10 所示。

自动体外除颤仪是一种便携式的医疗设备，它可以诊断特定的心律失常，并且给予电击除颤，是可被非专业人员使用的用于抢救心脏骤停患者的医疗设备，如图 1-2-11 所示。在心跳骤停时，只有在最佳抢救时间的"黄金 4min"内，利用自动体外除颤仪对患者进行除颤和心肺复苏，才是最有效制止猝死的办法。

心肺复苏术操作流程如下：

1）判断患者是否还有反应和呼吸。

① 轻拍患者肩部并大声呼喊患者"你怎么了？你醒醒！"如果患者不能挪动、说话、眨眼，或者在你轻拍他的时候没有做出反应，那就是没有反应。

② 帮助患者压额抬颌，让气道保持开放，俯下身来观察患者胸腹部是否有上下起伏，如图 1-2-12 所示。观察过程不少于 5s，也不要超过 10s。

③ 如果患者没有反应，而且没有呼吸，或者仅有濒死叹息样呼吸，就表明此时患者急需心肺复苏。

2）大声呼喊求助，如果有人帮忙，指定一人拨打 120 急救电话，把电话置于免提模式，在施救的同时听到 120 调度员的指示，并派人取来自动体外除颤仪。

3）实施高质量的胸外按压。首先确保患者仰躺在坚固平坦的表面上。将一只手的掌根放在患者胸部中央，胸骨下半部，也就是两乳头连线中间；将另一只手叠放在第一只手的上方。垂直向下按压至少 5cm 但不超过 6cm，以 100~120 次 /min 的速率进行按压，每次按压后让胸部恢复到正常位置，如图 1-2-13 所示。为了防止按压效果越来越差，施救者最好每两分钟换一次，防止疲劳。

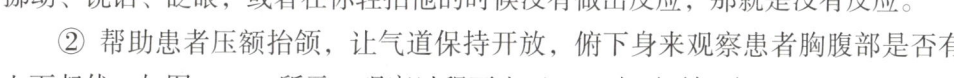

图 1-2-10　成人院内心脏骤停（IHCA）和到院前心肺功能停止（OHCA）生存链

图 1-2-11　石家庄地铁站内的自动体外除颤仪设施

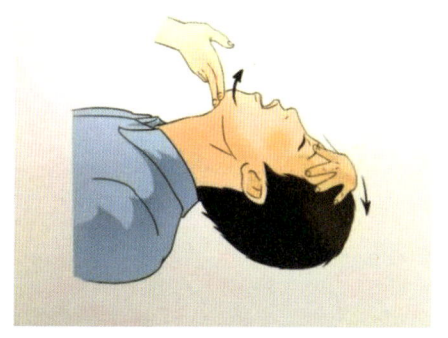

图 1-2-12　压额抬颌　开放气道

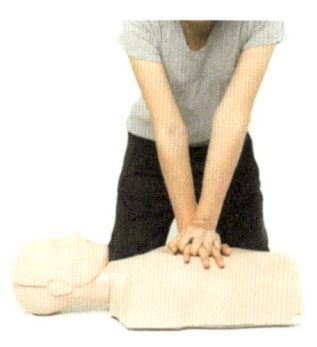

图 1-2-13　胸外按压

4）人工呼吸。在实施30次胸外按压后，进行两次人工呼吸，并以30∶2的比例循环进行胸外按压和人工呼吸。也可以选择不给患者做人工呼吸，而是持续不间断地胸外按压。

5）当取来自动体外除颤仪时，停下手上的操作，马上准备为患者电击除颤。

① 开启自动体外除颤仪的电源，会听到提示，获得需要执行的所有操作。

② 撕去电极片贴膜，按照电极片上的图示，将电极片贴于患者裸露的胸部。

③ 自动体外除颤仪将分析患者是否需要电击。如果无须电击，请继续进行心肺复苏；如果建议电击，它将自动充电并提示你离开患者。此时你应该大声说"大家让开"，以确保没有任何人正在接触患者。按下"电击"按钮，为患者进行除颤。除颤后请立即恢复心肺复苏，直到自动体外除颤仪的下一次提示；或者患者开始挪动身体、说话、眨眼或者做出其他反应；或者接受过更高级培训的人员来接受。

三、高压维修作业人员要求

新能源汽车维修必须双人操作，一个操作人，另一个监护人，要严格遵守操作流程。

1. 操作人员要求

1）经过培训、考核并取得国家安全生产监督管理局颁发的《特种作业操作证（电工）》等职业资格证书（图1-2-14）。

2）经过电动汽车、混合动力汽车对应车型结构原理与维修技术培训，并通过考核。

图1-2-14 特种作业操作证——低压电工

2. 监护人员要求

监护人员的安全技术等级应高于操作人员，同操作人员一样必须持证上岗。其监护内容如下：

1）监督工量具设备的检查，劳保用品等是否符合要求。

2）监护操作人员的工作范围，使其与带电设备、高压部件等保持安全距离。

3）监护操作人员的工具使用是否正确、工作位置是否安全、操作方法是否正确等。

4）监护人员发现操作员有不正确的动作或违反规程的做法时，及时提出纠正，必要时可停止其工作，并向上级报告。

5）监护人员因故离开工作现场时，必须指派专业人员接替监护并告知操作人员，使监护工作不致间断。

6）当发生触电事故时，监护人员立即采取有效措施进行急救。

四、新能源汽车高压维修车间安全防护用具

（1）隔离带　隔离带可以将车辆高压电气系统的作业场地隔离，防止其他人员随意出入，

起到隔离和警示的作用。

（2）**安全警示牌**　当工位上有高压车辆进行检查维修时，要求在工位周围必须布置明显的警示标识，避免他人未经允许进入高电压工位而发生事故。

（3）**绝缘地垫**　绝缘地垫又称为绝缘毯、绝缘垫、绝缘胶皮、绝缘垫片等，具有较大体积电阻率，耐电击穿，用于配电等工作场合的台面或铺地绝缘材料，能起到较好的绝缘效果。

（4）**灭火器**　推荐使用干粉灭火器和水基型灭火器。对车间灭火器进行检查时，需要重点检查灭火器压力值和灭火器有效期。

① 灭火器压力值。灭火器的压力表用以指示灭火器内部压力或者灭火剂的余量，以确保灭火器处于正常工作状态，如图 1-2-15 所示。灭火器的压力表上有红色、绿色和黄色三种颜色区域。当指针在绿色区域内，表示压力正常；当指针在红色区域内，表示压力过低，灭火器无法正常使用；当指针在黄色区域内，表示压力过高，灭火器有爆裂危险。

② 灭火器维修铭牌。根据相关规定，灭火器应在瓶体加贴维修铭牌，如图 1-2-16 所示。维修铭牌上有灭火器使用单位、生产单位、维修单位、规格型号、生产日期、维修日期、检验员、下次维修日期等信息。通过维修铭牌可确认灭火器是否在有效期内。

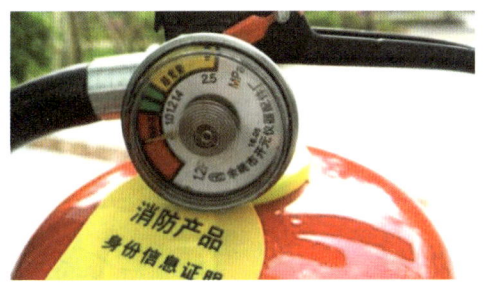

图 1-2-15　灭火器压力表

图 1-2-16　灭火器维修铭牌

实践技能

五、个人安全防护用具

1. 绝缘安全帽

作用：绝缘安全帽作为一种个人头部防护用具，在带电作业中用于防止头部触电或遭受电击，并能有效防止和减轻操作人员在生产作业中遭受坠落物体或自己坠落时对人体头部的伤害。

检查：检查有无裂痕、是否磨损严重、有无受过重击变形。对于新领用的安全帽，应检查是否有劳动部门允许生产的证明及产品合格证。使用时，选择正确电压等级的绝缘安全帽。

2. 护目镜

作用：发生高压电事故时，防止电弧灼伤眼睛；在新能源汽车动力蓄电池维修过程中，防止电池电解液溅入眼睛。

检查：观察护目镜镜面有无破损、刮花。

3. 绝缘手套

作用：高压绝缘手套指在高压电气设备上进行带电作业时，起电气绝缘作用的一种手套，可使人的两手与带电物绝缘，是防止工作人员同时触及不同极性带电体而导致触电的安全用具。

相关标准：GB/T 17622—2008《带电作业用绝缘手套》中规定，使用电压共分为五级，在进行电动汽车维修作业时，选用最大使用电压为交流 1000V 的绝缘手套即可满足要求。

检查:

① 外观检查。观察绝缘手套有无油垢、灰尘、划痕、开裂。

② 耐压等级检查。根据相关规定,高压绝缘手套上必须有明显且持久的标记,内容包括标记符号、使用电压等级、规格型号、最大使用电压、制造单位或商标、检验合格印章、贴有经试验单位定期试验的合格证等信息。

③ 气密性检查。将手套从口部向上卷,稍用力将空气压至手掌及指头部分检查上述部位有无漏气,如图1-2-17所示。如果有漏气,则不能使用。

使用注意事项如下:

① 使用经检验合格的绝缘手套,防护用具预防性试验每半年一次。

检验标准:高压绝缘手套试验电压(交流)是8kV,泄漏电流不大于9mA;低压绝缘手套试验电压是2.5kV,泄漏电流不大于2.5mA。如不符合要求,应立即停止使用。

② 使用时注意防止尖锐物体刺破手套。

③ 使用后注意存放在干燥处,并不得接触油类及腐蚀性药品等。

④ 绝缘手套使用前应进行外观检查。如发现有发黏、裂纹、破口(漏气)、气泡、发脆等损坏时禁止使用。

⑤ 进行设备验电、放电操作,装/拆搭铁线等工作应戴绝缘手套。

⑥ 使用绝缘手套时应将上衣袖口套入手套筒口内。

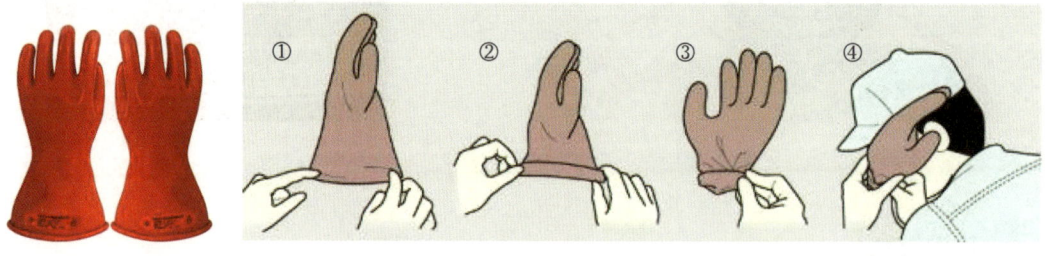

图1-2-17 检查绝缘手套气密性

4. 绝缘安全鞋

作用:使人体与地面绝缘,防止电流通过人体与大地之间构成通路,对人体造成电击伤害,把触电时的危险降低到最低程度;它还防止试验电压范围内的跨步电压对人体造成的危害。

相关标准:GB 21148—2020《足部防护 安全鞋》中根据电绝缘性能要求分为6kV、10kV、15kV等级别的绝缘鞋,使用时须根据作业范围选择。

检查:检查绝缘鞋(靴)的表面是否外观清洁、无油垢、无灰尘,鞋(靴)底有无扎伤,底部花纹清晰明显、无磨平现象,无受潮现象,是否超过绝缘周期。

六、高压下电操作流程

步骤1:确定监护人和操作人。

确定监护人和操作人,需持有国家安全生产监督管理局颁发的《特种作业操作证(电工)》等职业资格证书。若操作人暂无证书,则实训指导教师必须在场指导,确保人身安全。

步骤2:作业前现场环境检查。

1)设置隔离护栏,隔离间距保持在1~1.5m。

2)张贴标注"高压危险""有电危险""禁止合闸"等警示牌,防止他人误碰。

3）检查维修工位绝缘地垫是否破损、脏污，若破损、脏污严重，则停止维修作业，及时清理或更换绝缘地垫。

步骤3：作业前防护用具检查。

1）检查绝缘手套耐压等级，外观是否老化，气密性是否良好。

2）检查护目镜镜面是否有划痕裂纹，镜带是否松弛、失效。

3）检查绝缘安全帽外观有无破损，佩戴时必须紧固锁扣。

4）检查绝缘鞋耐压等级，外观是否良好，是否有开胶、断底等现象，如果有，则更换。

步骤4：作业前仪表工具检查。

1）将维修工具车及工具放置在车辆左前方位置，检查三件套等是否齐全。

2）检查数字万用表、绝缘电阻测试仪、放电工装测试线束及表笔是否破损、折断，功能按钮是否正常显示。

3）检查绝缘工具外观绝缘层是否破损严重，工具数量是否有缺失。

4）检查放电工装测试线束及表笔是否破损、折断，功能是否正常。

5）测试绝缘地垫绝缘电阻，测试绝缘地垫五个方位的绝缘阻值是否≥2.0GΩ，若绝缘阻值不合格，则禁止维修作业。

步骤5：关闭起动开关，钥匙安全存放。

关闭车辆起动开关，将车钥匙锁入维修柜，或者交由操作人保管，保证他人无法接触。按照对角线方向，分别在前、后车轮位置安装车轮挡块。

步骤6：断开辅助蓄电池负极。

辅助蓄电池负极断开后需做绝缘处理（负极电缆插头用绝缘胶布包好，负极桩头用盖子盖好或用绝缘胶布包好），并等待5min以上。

步骤7：拆卸维修开关并安全存放。

佩戴绝缘手套，拆下维修开关，将维修开关锁入维修柜安全存放，并在拆除后的相应位置放置标有"有电危险"的警示牌。拆下维修开关后，必须要等待5~10min或更长时间，使高压部件中的电容进行放电，才可以进行下一步操作。

> **注意**：如果相关车型没有装备维修开关（请参照维修手册确认），除了断开辅助蓄电池负极外，还应拆卸某一高压部件的互锁开关（如需拆卸高压导线插接器，务必戴上绝缘手套）。

步骤8：断开动力蓄电池高低压插件。

拆卸动力蓄电池插接器遮板，佩戴绝缘手套，注意先断开动力蓄电池低压线束插件（黑色），再断开动力蓄电池高压输出电缆插件（橙色）。电源侧及负载侧完成验电、放电操作后，需对高压端进行绝缘处理。

断开动力蓄电池高低压插件后，需要对动力蓄电池的母线进行验电。戴好绝缘手套，使用万用表直流电压1000V档位测量动力蓄电池输出母线正、负极端子之间电压应小于1V，如果大于10V，需用放电设备进行放电，确保动力蓄电池母线无电。

七、高压上电操作流程

步骤1：检查新能源汽车高低压插件是否损坏。

步骤2：检查高低压插件是否连接完整，连接高低压插件。

步骤3：连接辅助蓄电池负极。

步骤4：连接诊断仪。

步骤 5：起动车辆，能够正常上电，如图 1-2-18 所示。

步骤 6：用诊断仪读取动力模块——蓄电池管理系统故障码，如图 1-2-19 所示，系统正常，未发现故障码。

图 1-2-18　正常上电

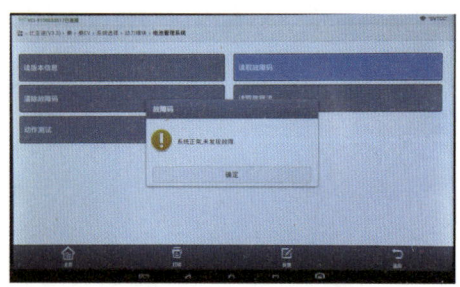

图 1-2-19　读取故障码

任务实施

实训工单二　高压下电、上电操作

姓名		学号	
小组成员		日期	
实训指导教师		实训成绩	
实训设备	纯电动汽车、绝缘电阻测试仪、诊断仪、数字钳形表、万用表、绝缘工具一套、维修手册、电路图等。		

一、任务接收

安全、规范地完成高压下电、上电操作的各项任务。

二、知识准备

1. 按照人体触及带电体的方式和电流流过人体的途径，电击可分为＿＿＿＿、＿＿＿＿和＿＿＿＿。
2. 一个人从手到手的电阻大约是 1080Ω，接触到 288V 的直流电压，根据欧姆定律，流经人体的电流大约是＿＿＿mA。
3. 按照人体呈现的状态，流过人体的电流分为＿＿＿＿、＿＿＿＿和＿＿＿＿三个级别。
4. 触电事故应急处置原则：＿＿＿＿、＿＿＿＿、＿＿＿＿。
5. 新能源汽车维修必须双人操作，一个＿＿＿＿，另一个＿＿＿＿，要严格遵守操作流程。
6. 绝缘安全帽作为一种个人头部防护用具，在带电作业中用于防止头部触电或＿＿＿＿，并能有效防止和减轻操作人员在生产作业中遭受＿＿＿＿或自己坠落时对人体头部的伤害。
7. 绝缘手套使用前应进行外观检查。如发现有发黏、＿＿＿＿、＿＿＿＿、气泡、发脆等损坏时禁止使用。

三、决策与计划

根据任务要求和纯电动汽车维护作业技术规范，制订高压下电、上电操作作业计划，并对小组成员进行合理分工。

高压下电、上电操作作业计划			
操作人：		监护人：	
序号	作业项目	检测仪器、工具	操作要点
1			
2			
3			
4			
5			
计划审核	审核意见： 　　　　　　　　　　　　　　　　　　签字：　　　　年　　月　　日		

笔记栏

纯电动汽车高压下电、上电操作

(续)

四、操作步骤

1. 作业前准备

作业图例	作业内容	结果记录		
	作业准备	□设置隔离护栏 □设置安全警示牌 □检查灭火器压力值（水基/干粉） □安装车辆挡块 □安装车外三件套 □安装车内四件套 □落下驾驶人侧车窗玻璃 □进行胎压检查		
	防护工具准备	□规范着装 □检查绝缘安全帽 □检查护目镜 □检查绝缘手套 □检查绝缘鞋 □检查确认电子驻车制动和档位 □高压上电时向指导教师报告		
	设备使用	□检查万用表 □检查绝缘电阻测试仪 □检查诊断仪 □检查绝缘工具 □检查放电工装 □检查维修手册、电路图是否完备 □断开各模块插头时，先关闭起动开关，再断开辅助蓄电池负极，并做绝缘防护		
	测量绝缘地垫的绝缘电阻值	测量值 _____	标准值 _____	结果判别 □正常 □异常

2. 记录车辆基本信息

项目	内容
品牌	
车辆识别代号	
制造年月	
驱动电机	型号：　　　　　峰值功率：
动力蓄电池	额定电压：　　　　额定容量：
行驶里程	km

(续)

3. 高压下电操作流程

作业图例	作业内容	结果记录
	关闭起动开关，将钥匙安全存放	□是 □否
	断开辅助蓄电池负极并做绝缘处理，静止等待 5min	□是 □否
	佩戴绝缘手套，拆卸维修开关并安全存放（如果相关车型没有装备维修开关，则拆卸某一高压部件的互锁开关）	□是 □否
	佩戴绝缘手套，断开动力蓄电池高压母线接插件	□是 □否
	测量动力蓄电池高压母线正、负极端子之间电压，如果大于10V，需用_____进行放电	_____V
	动力蓄电池高压母线端子绝缘处理	□是 □否

4. 高压上电操作流程

作业图例	作业内容	结果记录
	连接动力母线接插件	□是 □否

项目一 新能源汽车维护基础

姓名　　　　　班级　　　　　日期

027

(续)

作业图例	作业内容	结果记录
	安装维修开关或某一高压部件的互锁开关	□是 □否
	连接辅助蓄电池负极	□是 □否
	车辆是否能够正常上电	□是 □否
	用诊断仪读取动力模块——蓄电池管理系统故障码，验证车辆是否有故障	□是 □否

5. 6S 规范

作业图例	作业内容	结果记录
	关闭车辆起动开关	□是 □否
	收起并整理车内四件套和车外三件套	□是 □否
	关闭设备电源，清洁、整理工具与仪器设备并归位	□是 □否
	收起车辆挡块、安全警示牌、隔离护栏	□是 □否
	清洁实训场地并恢复到原标准工位布置状态	□是 □否

五、检查与评价

1. 小组自查

小组根据任务实施的记录结果，对本小组的作业内容进行再次检查确认。

序号	检查项目	权重	检查结果
1	知识准备完成情况	20	□是 □否
2	制订计划的合理性	10	□是 □否
3	实施过程完成的正确性	45	□是 □否
4	学生在实施过程中的参与程度	15	□高 □中 □低
5	安全防护与 6S 规范	10	□是 □否

笔 记 栏

(续)

2. 自我评价与反思
结合自己在实训过程中的表现，进行自我评价及自我反思。

3. 教师评价

高压下电、上电操作评分表

项目	评分要点	配分	得分
知识准备 （10分）	□了解高压电危害	5	
	□掌握触电急救的处理流程	5	
任务计划 （20分）	□制订实训计划	10	
	□协同小组成员进行合理分工	5	
	□能在实施前准备好所需要的仪器、工具	5	
工作组织 与安全 （20分）	作业准备 □检查设置隔离护栏 □设置安全警示牌 □检查灭火器压力值（水基/干粉） □安装车辆挡块 □安装车外三件套 □安装车内四件套 □落下驾驶人侧车窗玻璃 □进行胎压检查	3	
	防护工具 准备 □检查绝缘手套，测量高压部分电路应佩戴绝缘手套 □检查防护电池电解液酸碱性手套，触碰蓄电池包部分应佩戴防护电池电解液酸碱性手套 □检查护目镜，测量高压部分电路应佩戴护目镜 □检查绝缘安全帽，车辆底部作业应佩戴绝缘安全帽 □检查确认电子驻车制动和档位 □上高压电时要向实训指导教师报告	2	
	设备使用 □初次使用，应正确进行万用表检查 □初次使用绝缘电阻测试仪，应正确进行断路测试、短路测试 □正确连接仪器、仪表和测试设备到车辆 □正确操作车辆到测试条件并直接进行测试	1.5	
	操作规范 □断开模块插头时，先关闭起动开关，再断开辅助蓄电池负极，并对辅助蓄电池负极进行防护；断开高压插头后验电 □完成所有任务后，按规定力矩紧固蓄电池极桩 □测试完成后恢复车辆，主要包括拆卸下的部件正确安装、起动开关等其他开关正确复位	2	
	安全操作 □在操作过程中，对测试设备和车辆可能造成损坏而被实训指导教师制止的，每次扣4分 □未规范操作造成车辆熔丝烧掉，每次扣4分	10	
	6S规范 □仪器、工具、零部件跌落或摆放凌乱，每次扣0.5分 □设备使用完成后关闭电源，合理归位 □恢复工位到原标准工位布置状态	1.5	
任务实施 （40分）	□规范完成高压下电、上电操作，每漏一项扣2分，检查不规范或操作不规范扣1分	40	
自我评价与反思 （10分）	□学生能对自身表现情况进行客观评价及反思	10	
得分（满分100）			

任务三　新能源汽车维护常用工具及检测仪器的使用

学习目标

知识目标

1. 掌握数字万用表的测量操作流程。
2. 掌握数字钳形表的测量操作流程。
3. 掌握绝缘电阻测试仪的测量操作流程。
4. 掌握汽车诊断仪的使用方法。

能力目标

1. 能够正确使用新能源汽车维修绝缘工具组套。
2. 能够对接汽车维修工（三级）职业技能等级标准正确使用数字万用表、数字钳形表、绝缘电阻测试仪和汽车诊断仪。

素质目标

1. 通过新能源汽车维护常用工具及检测仪器使用工作任务的引入，培养学生与时偕行的职业精神。
2. 通过常用工具及检测仪器的使用，培养学生智慧劳动的精神和团结协作意识。
3. 通过思想提升浸润在发展新质生产力上善作善成的思政元素，培养学生爱岗敬业、勇于创新的新时代劳模精神。
4. 通过严格执行 6S 规范，提高学生的职业素养。

知识储备

一、绝缘工具组套

绝缘是指用不导电的物质（绝缘材料）将带电体隔离或包裹起来，以对触电起保护作用的一种安全措施。使用采用绝缘材料加工的绝缘工具可以有效防止意外触电事故的发生，新能源汽车涉及高压的部分零部件拆装必须使用绝缘拆装工具。绝缘拆装工具必须装有耐压 1000V 以上的绝缘柄。

新能源汽车维修绝缘工具组套如图 1-3-1 所示。

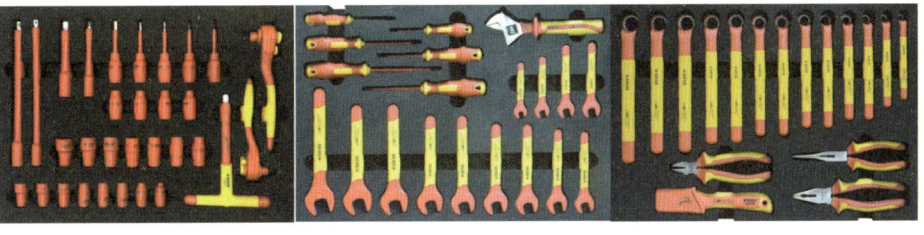

图 1-3-1　新能源汽车维修绝缘工具组套

实践技能

二、动力蓄电池举升机（举升平台）

纯电动汽车的动力蓄电池质量通常在 250kg 以上，拆装时必须使用动力蓄电池举升机，如图 1-3-2 所示。动力蓄电池举升机配套双柱龙门举升机使用，顶部带绝缘地垫，举升动力有液压动力、气动和电动等类型。

三、数字万用表

数字万用表是新能源汽车的基本检测仪器，应符合 CAT Ⅲ 安全级别要求，如图 1-3-3 所示。数字万用表通常具有检测交/直流电压、电流、电阻、频率、温度、二极管和电容等功能。

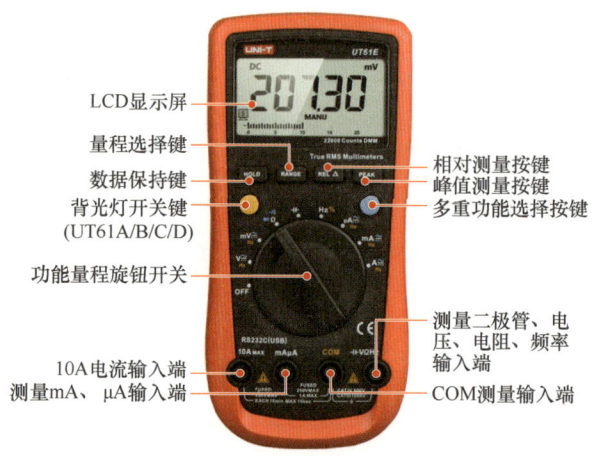

图 1-3-2　动力蓄电池举升机（举升平台）

图 1-3-3　数字万用表

数字万用表的测量操作流程如下：

（1）万用表的检查　在使用万用表测量之前，首先要检测万用表是否正常。

① "功能量程旋钮开关"从 OFF 位旋到其他任何一个档位，万用表显示屏应能正常亮起。

② 如果不能正常亮起，请检查更换万用表蓄电池，安装蓄电池时要注意区分正负极。

③ 将万用表红表笔插入电阻档输入端，黑表笔插入 COM 输入端。

④ 将功能量程旋钮开关置于电阻档最小量程。

⑤ 红表笔与黑表笔短接，测得万用表内阻值应 <0.5Ω，说明万用表可以正常使用，如图 1-3-4 所示。

（2）电阻测量方法（图 1-3-5）

① 万用表红表笔插入电阻档的测试接口，黑表笔插入 COM 接口。

② 根据测量电阻值，将量程旋钮开关置于合适的电阻测量档位。

③ 将表笔并联到被测电阻两端上，从显示屏上读取被测电阻值。

（3）直流电压测量方法（图 1-3-6）

① 万用表红表笔插入电压档的测试接口，黑表笔插入 COM 接口。

② 将量程旋钮开关置于直流电压档。

③ 将红、黑表笔并联到待测电源或负载上，从显示屏上读取被测电压值。

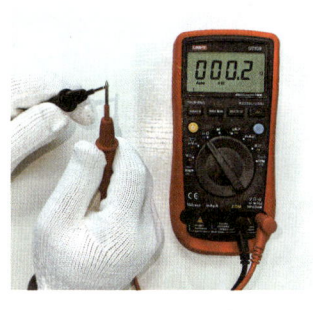
图 1-3-4　测量万用表内阻值

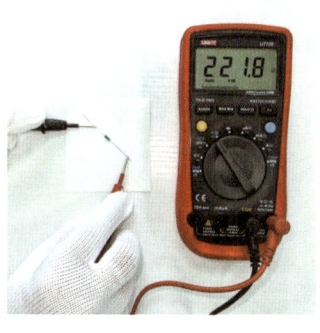
图 1-3-5　电阻测量

图 1-3-6　测量直流电压

（4）交流电压测量方法（图 1-3-7）

① 万用表红表笔插入电压档的测试接口，黑表笔插入 COM 接口。

② 将量程旋钮开关置于交流电压档。

③ 将红、黑表笔并联到待测电源或负载上，从显示屏上读取被测电压值。

（5）二极管测量方法（图 1-3-8）

① 万用表红表笔插入二极管档的测试接口，黑表笔插入 COM 接口。

② 将量程旋钮开关置于二极管测量档。

③ 红表笔接被测二极管的正极，黑表笔接被测二极管的负极，从显示屏上读取被测二极管的近似正向 PN 结电压值。

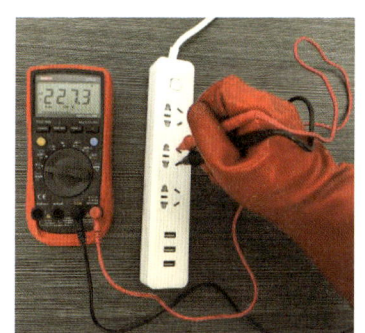
图 1-3-7　测量交流电压

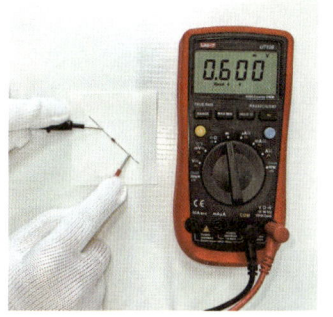
图 1-3-8　二极管测量

四、数字钳形表

数字钳形表是由电流互感器和电流表组合而成的。电流互感器的铁心在捏紧扳手时可以张开；被测电流所通过的导线可以不必切断就可穿过铁心张开的缺口，当放开扳手后铁心闭合。数字钳形表是一种用于测量正在运行的电路电流大小的仪表，可在不断电的情况下测量电流。

数字钳形表的测量操作流程如下：

① 估算电流大小，选择正确档位与电流类型（交流或直流）。

② 打开电流钳，将被测量电路放入电流钳口中央。

③ 启动被测量装置（运行状态）。

④ 如需测量一个变化的电流，长按 REL 键选择 INRUSH 浪涌电流测量（即测量瞬间电流），再启动被测装置。

⑤ 读取电流值。

五、绝缘电阻测试仪

兆欧表是摇表(指针式兆欧表)和绝缘电阻测试仪(数字兆欧表)的统称,如图 1-3-9 和图 1-3-10 所示。绝缘电阻测试仪主要用来检查电气设备、家用电器或电路对地及相间的绝缘电阻,以保证这些设备、电器和电路工作在正常状态,避免发生触电伤亡及设备损坏等事故,适用于测量各种绝缘材料的电阻值及变压器、电机、电缆及电气设备等的绝缘电阻。

图 1-3-9 摇表(指针式兆欧表)

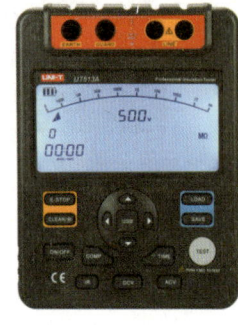

图 1-3-10 绝缘电阻测试仪(数字兆欧表)

绝缘电阻测试仪的测量操作流程如下:

(1)绝缘电阻测试仪的检查 在使用绝缘电阻测试仪测量绝缘电阻之前,首先要检测绝缘电阻测试仪是否正常。

① 打开蓄电池盒后盖装入 5 号蓄电池 8 节,安装蓄电池时要注意区分正负极。

② 将红测量线插入"LINE"输入端口,黑测量线插入"EARTH"输入端口。

③ 按下电源开关"POWER"按键。

④ 断路测试:量程选至 1000V,两表笔断开连接,单击"测试"按钮,若指示灯亮起且屏幕读数 ≥ 20MΩ,则绝缘电阻测试仪断路测试正常。

⑤ 短路测试:量程选至 1000V,两表笔短接,单击"测试"按钮,若指示灯亮起且屏幕读数为 0,则绝缘电阻测试仪短路测试正常。

(2)绝缘电阻的测量方法

① 断路测试和短路测试结束后,立刻进行绝缘性检测。黑色表笔接触地面,红色表笔接触绝缘地垫,单击"TEST"按钮开始测量。

② 记录测量数据,变换位置继续测量,共测量五点绝缘地垫的绝缘电阻值并记录。如果屏幕显示绝缘电阻值 ≥ 20MΩ,则说明绝缘地垫绝缘性良好。

③ 将绝缘电阻测试仪档位开关置于"OFF"位,恢复、整理测试探头。

六、汽车诊断仪

1. 汽车诊断仪的认知

汽车诊断仪又称为汽车解码器,通常可分为通用诊断仪和专用诊断仪,主要功能有读取故障码、清除故障码、读取动态数据流、元件动作测试、系统匹配等。

2. 汽车诊断仪的使用方法

(1)连接诊断仪

① 确认车辆起动开关已关闭。

② 将 VCI(Vehicle Communication Interface,车辆通信接口)设备与车辆诊断座连接,诊断座通常位于车辆仪表板的下部。

(2)建立通信 通过蓝牙配对、WiFi 或 USB 连接等方式,建立车辆通信接口设备与平板诊断设备之间的通信。查看屏幕底部导航栏上的车辆通信接口按钮,如果右下角显示绿色的"BT""WiFi"或"USB"图标,则诊断平台已准备好启动车辆诊断。

① 打开诊断仪电源开关。

② 进入诊断程序。

③ 选择品牌和车型。

（3）**读取故障码和数据流** 读取故障码→清除故障码→读取故障码→读取数据流。

（4）**维修维护** 选择"维修保养"功能可快速访问车辆系统并进行各种定期维护，如图1-3-11所示。典型的维护操作界面包含一系列菜单引导的执行命令。按照屏幕指示选择适当的操作选项，输入正确的数值或数据，并执行各种必要的操作。

（5）**断开诊断仪**

① 依次退出诊断程序，回到诊断仪主机主界面，关闭诊断仪主机电源。

② 关闭车辆起动开关。

③ 将车辆通信接口设备从车辆诊断座上取下。

④ 整理平板诊断设备、车辆通信接口设备、诊断线，放置到指定位置。

图1-3-11 汽车诊断仪维修保养菜单

任务实施

实训工单三　新能源汽车维护常用工具及检测仪器的使用

姓名		学号	
小组成员		日期	
实训指导教师		实训成绩	
实训设备	纯电动汽车、动力蓄电池举升机、绝缘电阻测试仪、诊断仪、数字钳形表、万用表、绝缘工具一套、维修手册、电路图等。		

一、任务接收

安全、规范地完成新能源汽车维护常用工具及检测仪器的使用各项任务。

二、知识准备

1. 新能源汽车高压系统零部件拆装必须装有耐压_____以上的绝缘柄。
2. 数字万用表是新能源汽车的基本检测仪器，应符合_____安全级别要求。
3. 在使用数字万用表测量之前，首先要检测万用表是否正常，方法如下：将万用表红表笔插入_____输入端，黑表笔插入_____输入端，将功能量程旋钮开置于_____档_____量程，两表笔_____，测得万用表内阻值应小于_____Ω。
4. 数字钳形表由_____和电流表组合而成，是一种用于测量_____的电路电流大小的仪表，可在_____的情况下测量电流。
5. 绝缘电阻测试仪也称为_____，主要用来检查电气设备、家用电器或电路对地和相间的_____，以保证这些设备、电器和电路工作在正常状态，避免发生触电伤亡及设备损坏等事故。
6. 汽车诊断仪又称为_____，通常可分为_____诊断仪和_____诊断仪，是针对汽车检测的专业仪器。主要的功能有_____、清除故障码、_____、元件动作测试、系统匹配等。

（续）

三、决策与计划

根据任务要求和纯电动汽车维护作业技术规范，制订新能源汽车维护常用工具及检测仪器的使用作业计划，并对小组成员进行合理分工。

新能源汽车维护常用工具及检测仪器的使用作业计划			
操作人：		监护人：	
序号	作业项目	检测仪器、工具	操作要点
1			
2			
3			
4			
5			
计划审核	审核意见： 签字：　　　　年　　月　　日		

四、操作步骤

1. 认知与使用绝缘工具组套

作业图例	作业内容	结果记录
	检查绝缘工具的绝缘防护等级	绝缘防护等级_____V
	检查绝缘工具绝缘层是否有破损	□是　□否
	测量绝缘工具的绝缘电阻值	绝缘电阻值_____Ω
	正确使用棘轮扳手、套筒、接杆、呆扳手等工具	□是　□否

2. 认知与使用动力蓄电池举升机

作业图例	作业内容	结果记录
	核对动力蓄电池举升机的举升范围是否与待操作车型动力蓄电池重量相匹配	□是　□否
	检查动力蓄电池举升机动力源及操作开关是否正常	□是　□否

绝缘维修工具的使用方法

项目一　新能源汽车维护基础

（续）

3. 认知与使用数字万用表

作业图例	作业内容	结果记录
	检查数字万用表蓄电池电量是否充足	□是　□否
	检查数字万用表表笔导线是否有破损	□是　□否
	将万用表红表笔插入电阻档输入端，黑表笔插入COM输入端 将功能量程旋钮开关置于电阻档最小量程 红表笔与黑表笔短接，测得万用表内阻值应<0.5Ω	数字万用表内阻值：_____Ω
	测量辅助蓄电池电压： 万用表红表笔插入电压档的测试接口，黑表笔插入COM接口 将量程旋钮开关置于_____档 将红、黑表笔连接辅助蓄电池正、负____；从显示屏上读取辅助蓄电池电压值	辅助蓄电池电压值：_____V
	测量交流电压步骤： _____ _____ _____ _____ _____ _____	交流电压值：_____V
	测量二极管步骤： _____ _____ _____ _____ _____ _____	二极管 正向_____ 反向_____

4. 认知与使用数字钳形表

作业图例	作业内容	结果记录
	检查数字钳形表是否正常工作	□是　□否
	估算电流大小，选择正确档位与电流类型（交流或直流） 打开电流钳，将被测量电路放入电流钳口中央 启动被测量装置（运行状态） 读取电流值	测量值记录：_____A

笔记栏

数字万用表的使用方法

(续)

作业图例	作业内容	结果记录
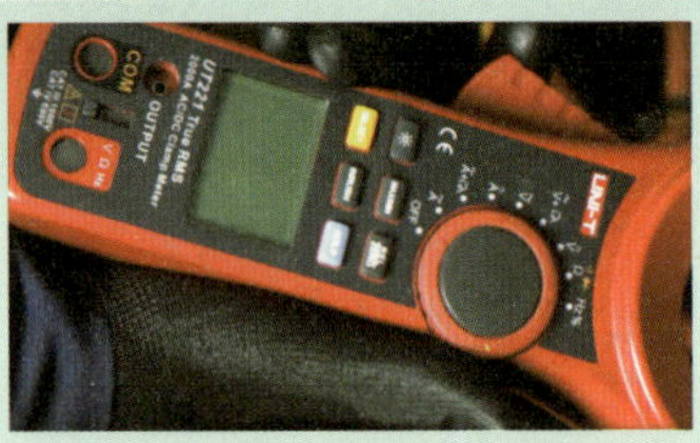	读数后，将钳口张开，将被测导线退出，将档位置于 OFF 位	□是 □否

5. 认知与使用绝缘电阻测试仪

作业图例	作业内容	结果记录
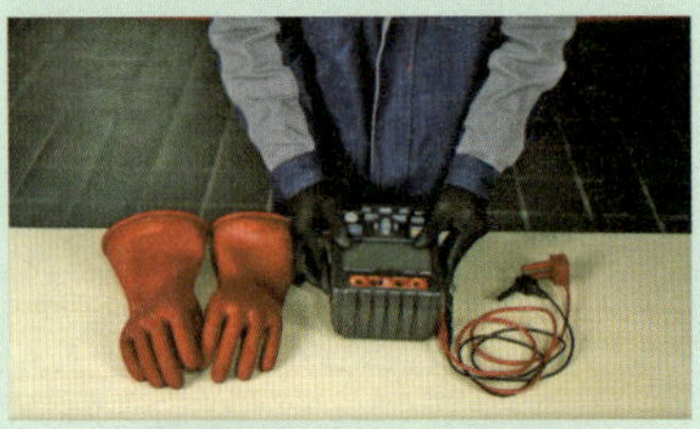	检查绝缘电阻测试仪蓄电池电流是否充足	□是 □否
	检查绝缘电阻测试仪测试笔导线是否有破损	□是 □否
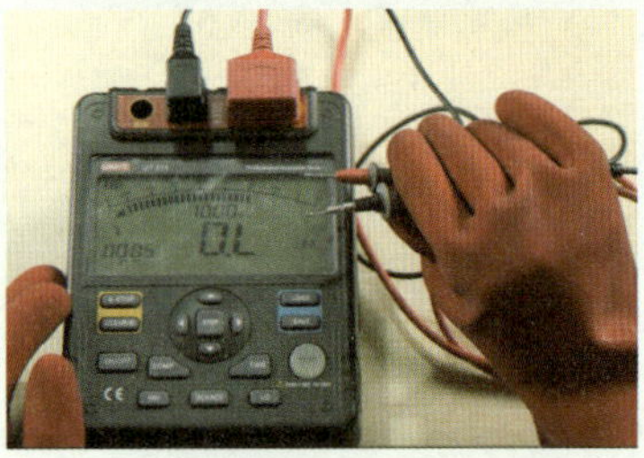	断路测试：量程选至 1000V，两表笔断开连接，单击"测试"按钮，若指示灯亮起且屏幕读数 ≥ 20MΩ，则绝缘电阻测试仪断路测试正常	□是 □否
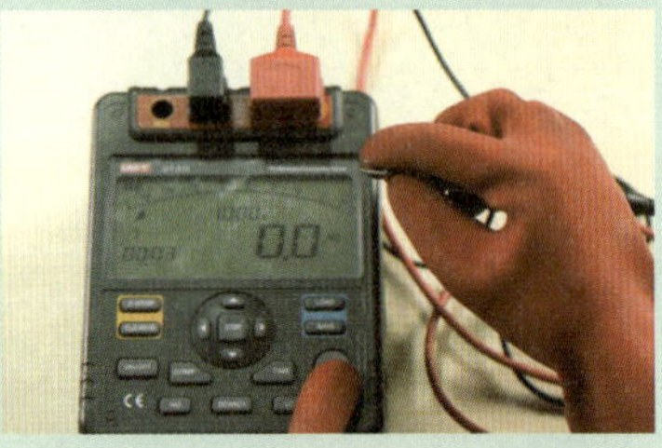	短路测试：量程选至 1000V，两表笔短接，单击"测试"按钮，若指示灯亮起且屏幕读数为 0，则绝缘电阻测试仪短路测试正常	□是 □否
	测量绝缘地垫的绝缘电阻值	绝缘地垫绝缘电阻值：_____ 是否符合要求：□是 □否
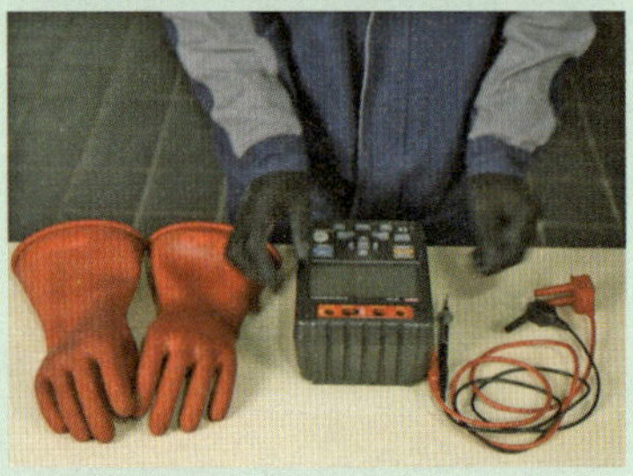	将绝缘电阻测试仪档位开关置于 OFF 位，恢复、整理测试探头	□是 □否

笔记栏

绝缘电阻测试仪的使用方法

(续)

6. 认知与使用放电工装

作业图例	作业内容	结果记录
	进入车内铺设车内四件套 打开前机舱盖铺设车外三件套	□是　□否
	高压下电，用万用表测量高压母线电压：电压应小于 10V，如果电压大于 10V，用放电工装进行放电	高压母线电压： ＿＿＿＿＿V 是否需进行放电：□是　□否
	放电工装红色表笔接高压母线正极，黑色表笔接高压母线负极，等待放电工装上的指示灯熄灭，即残余电荷释放完毕	□是　□否
	用万用表的直流电压档再次检查电压，如果电压大于 10V 再次进行放电，直到电压小于 10V	高压母线电压： ＿＿＿＿＿V 是否需进行放电：□是　□否

7. 认知与使用汽车诊断仪
（1）连接故障诊断仪与车辆

作业图例	作业内容	结果记录
	检查诊断仪是否与待操作车型相匹配 检查诊断仪 OBD 适配器外观及端子是否正常 检查诊断仪电量是否充足	□是　□否
	进入车内铺设车内四件套	□是　□否

（续）

作业图例	作业内容	结果记录
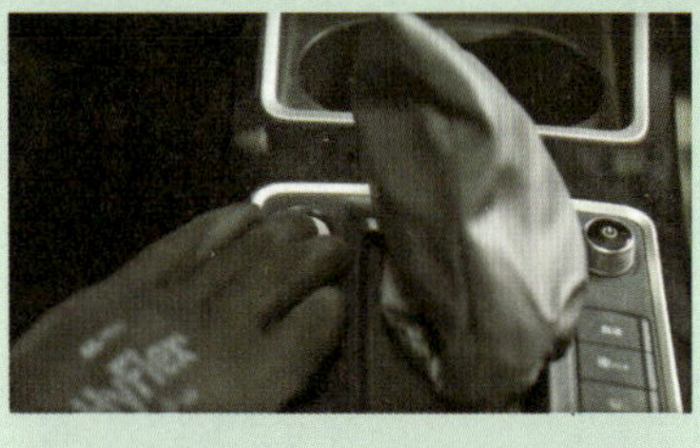	关闭车辆起动开关，连接诊断仪	□是 □否
	确认适配器上的"STATE"灯正常点亮（绿灯）按下车辆的起动开关置于 ON 档状态	□是 □否

（2）全车故障扫描

作业图例	作业内容	结果记录
	打开诊断仪平板开关	□是 □否
	待初始界面出现后进入诊断系统	□是 □否
	进入诊断界面；选择正确的车辆型号（可以自动识别 VIN，也可以手动输入）	□是 □否
	进行全车模块自动扫描，待扫描完成后，查看各模块状态	□是 □否

项目一 新能源汽车维护基础

（续）

(3) 单个模块诊断

作业图例	作业内容	结果记录
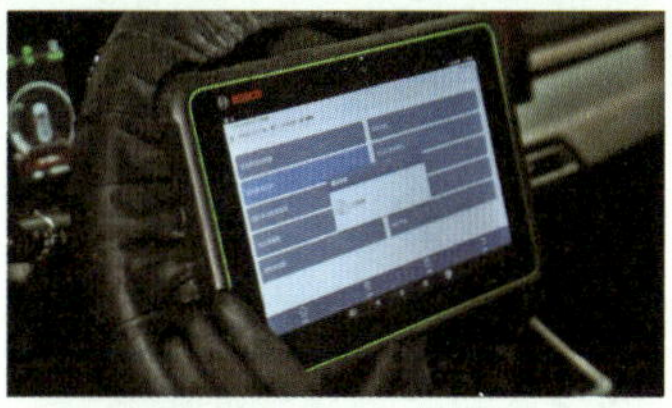	选择蓄电池管理系统为例，主要以"故障检测"和"数据流"两个最常用的功能为例，进行演示	□是 □否
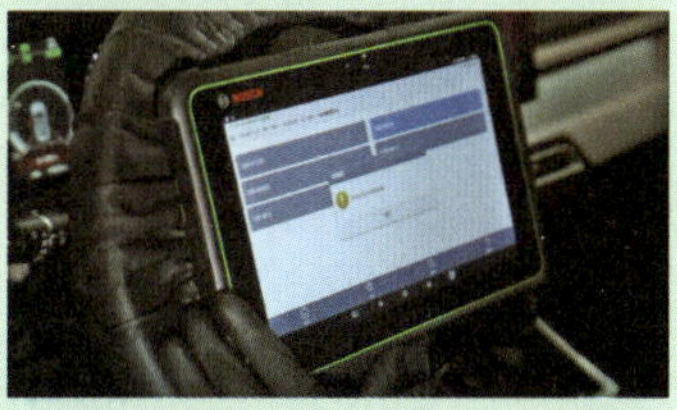	单击"故障检测"，读取蓄电池管理系统故障码	□是 □否
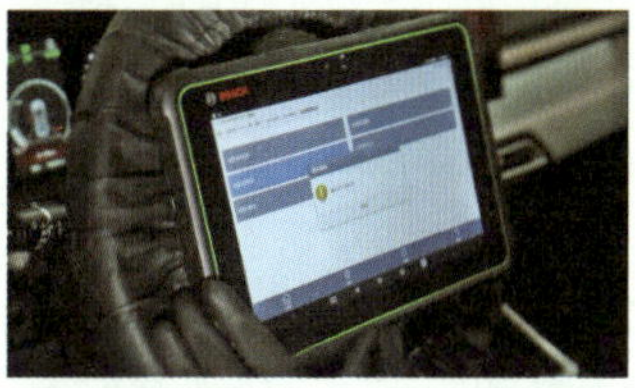	单击"清除故障"清除该模块相关故障码	□是 □否
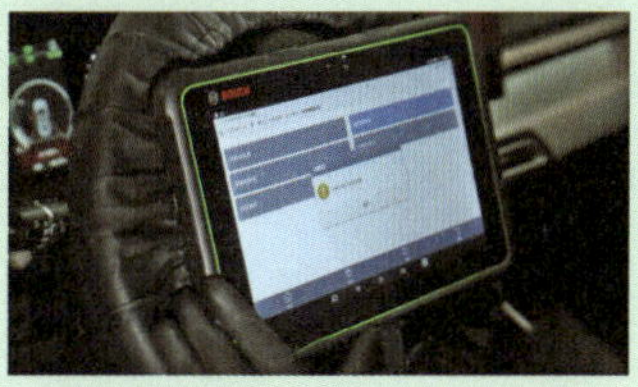	单击"读取故障码"再次读取蓄电池管理系统故障码	□是 □否
	单击"数据流"读取蓄电池管理系统数据流	□是 □否
	根据故障码和相关数据流判断动力蓄电池当前状态	□是 □否
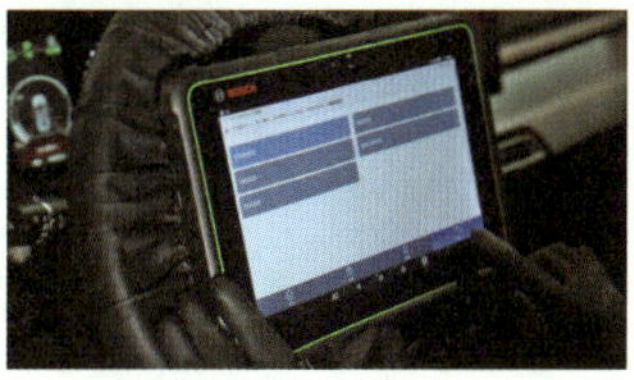	依次退出诊断程序，回到诊断仪主机主界面，关闭诊断仪主机电源	□是 □否

（续）

作业图例	作业内容	结果记录
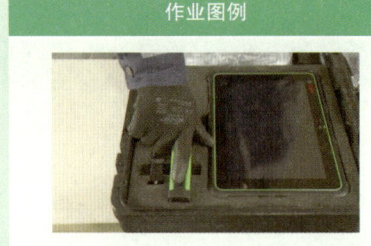	关闭车辆起动开关，将诊断线从车辆诊断座取下，整理平板诊断设备、车辆通信接口设备和诊断线，放置到指定位置	□是　□否

8. 6S 规范

作业图例	作业内容	结果记录
	关闭车辆起动开关	□是　□否
	收起并整理车内四件套和车外三件套	□是　□否
	关闭设备电源，清洁、整理工具与仪器设备并归位	□是　□否
	收起车辆挡块、安全警示牌、隔离护栏	□是　□否
	清洁实训场地并恢复到原标准工位布置状态	□是　□否

五、检查与评价

1. 小组自查

小组根据任务实施的记录结果，对本小组的作业内容进行再次检查确认。

序号	检查项目	权重	检查结果
1	知识准备完成情况	20	□是　□否
2	制订计划的合理性	10	□是　□否
3	实施过程完成的正确性	45	□是　□否
4	学生在实施过程中的参与程度	15	□高　□中　□低
5	安全防护与 6S 规范	10	□是　□否

2. 自我评价与反思

结合自己在实训过程中的表现，进行自我评价及自我反思。

3. 教师评价

新能源汽车维护常用工具及检测仪器的使用评分表

项目	评分要点	配分	得分
知识准备 （10 分）	□了解数字万用表、绝缘电阻测试仪和数字钳形表的结构及功能	5	
	□了解汽车诊断仪的结构及功能	5	
任务计划 （20 分）	□制订实训计划	10	
	□协同小组成员进行合理分工	5	
	□能在实施前准备好所需要的仪器、工具	5	

(续)

项目		评分要点	配分	得分
工作组织与安全（20分）	作业准备	□检查设置隔离护栏 □设置安全警示牌 □检查灭火器压力值（水基/干粉） □安装车辆挡块 □安装车外三件套 □安装车内四件套 □落下驾驶人侧车窗玻璃 □进行胎压检查	3	
	防护工具准备	□检查绝缘手套，测量高压部分电路应佩戴绝缘手套 □检查防护电池电解液酸碱性手套，触碰蓄电池包部分应佩戴防护电池电解液酸碱性手套 □检查护目镜，测量高压部分电路应佩戴护目镜 □检查绝缘安全帽，车辆底部作业应佩戴绝缘安全帽 □检查确认电子驻车制动和档位 □上高压电时要向实训指导教师报告	2	
	设备使用	□初次使用，应正确进行万用表检查 □初次使用绝缘电阻测试仪，应正确进行断路测试、短路测试 □正确连接仪器、仪表和测试设备到车辆 □正确操作车辆到测试条件并直接进行测试	1.5	
	操作规范	□断开模块插头时，先关闭起动开关，再断开辅助蓄电池负极，并对辅助蓄电池负极进行防护；断开高压插头后验电 □完成所有任务后，按规定力矩紧固蓄电池极桩 □测试完成后恢复车辆，主要包括拆卸下的部件正确安装、起动开关等其他开关正确复位	2	
	安全操作	□在操作过程中，对测试设备和车辆可能造成损坏而被实训指导教师制止的，每次扣4分 □未规范操作造成车辆熔丝烧掉，每次扣4分	10	
	6S规范	□仪器、工具、零部件跌落或摆放凌乱，每次扣0.5分 □设备使用完成后关闭电源，合理归位 □恢复工位到原标准工位布置状态	1.5	
任务实施（40分）		□规范完成新能源汽车维护常用工具及检测仪器的使用操作，每漏一项扣2分，检查不规范或操作不规范扣1分	40	
自我评价与反思（10分）		□学生能对自身表现情况进行客观评价及反思	10	
得分（满分100）				

任务四　新车交付检查

学习目标

知识目标
1. 了解新车交付检查的分类及目的。
2. 掌握新车交付检查的基本要求。
3. 掌握纯电动汽车新车交付检查项目。

能力目标
1. 能够规范完成纯电动汽车接车 PDI 流程。
2. 能够规范完成纯电动汽车销售 PDI 流程。

素质目标
1. 通过新车交付检查工作任务的引入，培养学生的用户服务意识。
2. 通过依据标准进行新车交付检查，培养学生严谨细致、精益求精的新时代工匠精神。
3. 通过思想提升浸润善作善成的思政元素，培养学生热爱劳动、诚实劳动的精神。
4. 通过严格执行 6S 规范，提高学生的职业素养。

知识储备

新车交付检查（Pre-Delivery Inspection，PDI）是确保车辆质量状态的检查，在供应商、运输商、汽车经销商和最终客户接收商品车时，共同发现车辆是否存在缺陷问题，通过检查标准涵盖的项目和方法，清晰告知乘用车 PDI 相关信息，保护消费者和经营者的合法权益。

一、PDI的分类及目的

一辆车从生产下线到客户手中，一般要进行四次 PDI，即生产线下线（OK 线）PDI、出库 PDI、接车 PDI 和销售 PDI。

1. 生产线下线（OK 线）PDI

生产线下线（OK 线）PDI 是指成车生产下线后，入库前进行的质量状态检查，检查单位是供应商，目的是：检验新车的质量，保证新车入库前性能正常；形成检查报告，分析提出质量提升计划。

2. 出库 PDI

出库 PDI 是指商品车交付物流公司发运前进行的质量状态检查，检查单位是供应商，目的是：检验新车的性能，保证新车能经由经销商进行销售；形成检查报告，分析提出质量提升计划。

3. 接车 PDI

接车 PDI 是指商品车送达经销商处，进行车辆质量状态验收检查，检查单位是经销商，目的是：保证从物流公司（运输单位）运来的新车是完好无损的，对有问题的车辆进行责任界定并形成处理方案。

4. 销售 PDI

销售 PDI 是指商品车交付客户前进行的车辆质量状态检查，检查单位是经销商，目的是：验证新车状况并将发现的问题进行记录，提出处理意见；恢复新车的正常工作状态。

二、PDI的基本要求

中国汽车流通协会 2017 年 3 月 10 日发布的《乘用车新车售前检查服务指引（试行）》主要针对传统燃油乘用车新车售前检查做了规定，乘用车新车售前管理主要包括物流方将乘用车新车运抵经销商处的验收检查、乘用车新车到经销商处后的检查、乘用车新车存储管理检查和乘用车新车交付消费者前检查四部分。乘用车新车交付消费者时，应向消费者提供乘用车 PDI 单。

实践技能

三、新能源汽车PDI

新能源汽车 PDI 包括随车附件检查、车身检查、前机舱检查、车辆底部检查、路试和诊断仪检查等，见表 1-4-1，其中，合格的打 "√"，异常的打 "×"。

表 1-4-1 某品牌全系车型（纯电/插混）销售 PDI 单

车型				车辆识别代号		
发动机型号				行驶里程		
检查日期				服务店名称		
各项检查结果做标记：合格打 "√" 异常打 "×"						
操作程序	序号	检查项目			结果	备注
随车附件检查	1	检查铭牌及前风窗玻璃处的车辆识别代号与合格证的内容、实车是否相符				
	2	检查随车文件	使用手册			
			质量保证书			
			合格证			
	3	检查随车物品	备胎/补胎液/反光衣			
			工具包（千斤顶、扳手、螺丝刀等）			
			三角警示牌			
车身外部检查	4	检查车身漆面、外饰件、车灯外观、全车玻璃是否完好				
	5	检查轮胎及轮辋状态，并调整轮胎充气压力至规定值				
	6	检查天窗是否漏水、积水				
	7	检查各外观件配合间隙是否均匀				
	8	检查刮水器	检查刮水器护套是否取下			
			检查是否更换了正常刮水器片			
			检查刮水器是否能正常工作			
			检查排水槽（孔）是否有泥沙、树叶等杂物并进行清理			
	9	检查油箱盖、充电口盖的外观和开启是否正常				
	10	检查行李舱	检查行李舱外观是否正常			
			检查开启、关闭是否正常无异响			
			检查内部是否清洁无脏污			
			检查内饰是否完好无破损			

(续)

操作程序	序号	检查项目		结果	备注
车身内部检查	11	使用遥控钥匙、机械钥匙解闭门锁，检查智能钥匙、机械钥匙的各项功能是否正常			
	12	检查车门	检查车门门内/外把手功能是否正常		
			检查车门是否都能正常打开和关闭		
			检查车门开闭是否无异响		
			检查车门安全警告灯是否正常		
			检查后门儿童锁是否正常		
	13	检查车窗玻璃升降、外后视镜调整及天窗功能是否正常			
	14	检查内饰件各部位是否清洁，外观是否完好			
	15	检查座椅	检查座椅外观是否正常		
			检查座椅的前后、上下移动是否正常		
			检查靠背的倾斜是否正常		
			检查头枕的安装是否正常		
			检查后排座椅的折叠是否正常		
	16	检查安全带	检查安全带是否扭曲、脏污或损坏		
			检查安全带能否平顺拉伸、收缩		
			检查安全带的锁止功能是否正常		
			检查肩带固定点的调整是否顺畅		
	17	检查转向盘调节功能是否正常			
	18	检查车内外照明灯、指示灯、喇叭的功能是否正常			
	19	检查刮水器及清洗装置、前照灯清洗功能是否正常			
	20	检查化妆镜、内后视镜（行车记录仪）、出风口等是否完好			
	21	检查所有电器及开关、仪表指示（灯）是否正常			
	22	检查多媒体系统功能是否正常（包括夜视功能、全景影像、语音服务、导航、触屏、蓝牙、SD、USB、AUX 等接口）			
	23	检查空调的操作及功能是否正常			
	24	检查 220V 车载充电系统功能及仪表上指示是否正常			
前机舱检查	25	检查前机舱盖开启是否正常，锁扣、铰链、撑杆、护板等固定情况是否正常			
	26	检查发动机号与合格证内容是否相符			
	27	检查各油液液位高度及壶盖的紧固情况	发动机润滑油		
			冷却液		
			助力转向液		
			玻璃清洗液		
			制动液		
	28	检查前机舱中的部件是否有渗漏及损伤			
	29	检查前机舱中螺栓和卡箍等是否有严重锈蚀的情况			
	30	检查空调的高低压管路、压力开关、充注阀部位的泄漏及干涉情况			
	31	检查前机舱线束的连接及固定情况			
	32	辅助蓄电池	安装是否到位		
			负极是否连接		
			静态电压（低于 12.5V 需更换或充电）	电压 /V	

项目一　新能源汽车维护基础

(续)

操作程序	序号	检查项目		结果	备注
车身底部检查	*33	检查发动机、驱动电机、变速器、动力转向器、制动器、冷却管及加热水管、油管等是否有泄漏或损伤			
	*34	检查传动轴油封、传动轴球笼及防尘套是否有泄漏或损伤			
	*35	检查蓄电池包外观是否有磕碰、损伤			
	*36	检查排气管(包括消声器、三元催化转化器等)有无漏气及损伤			
	37	检查底盘可见螺母/螺栓是否缺失或明显松动			
路试	*38	检查踏板踩下及回弹是否正常	离合器		
			加速踏板		
			制动踏板		
	*39	检查行驶性能	起步性能		
			驱动电机性能		
			加速性能		
			动力蓄电池性能		
	*40	检查辅助蓄电池和起动机的工作及各警告灯显示情况			
	*41	检查制动器及驻车制动,包括制动效果、制动时是否跑偏			
	*42	检查转向盘组合仪表设置、自动巡航开关控制情况			
诊断仪检查	*43	使用诊断仪对整车进行扫描、更新,记录相关故障码后并清除			
	*44	用诊断仪读取电源管理器相关信息:动力蓄电池总电压_____ 单体蓄电池电压(≥3.3V) 最高电压_____ 最低电压_____ 标称容量_____　　SOC_____ SOC需介于30%~50%之间,每三个月一次满充满放;库存超过6个月的,需进行整车满充电,并将电量放至SOC 40%~60%进行存储			
	45	使用诊断仪中的蓄电池管理系统中心软件对新能源汽车的动力蓄电池进行极差判断			

		检查中发现的不合格项及处理结果	
所属程序	对应序号	问题描述	备注

※注:本PDI单所列项目也许是您所检查特定车型所没有的,请结合实际车型进行检查。

注: 1. 因混合动力车型及纯电动车型涉及高压,所以在进行车辆检查时需按要求穿戴绝缘安全装备,使用新能源工具检查时不要插拔任何高压线束(橙色线束),如需维修,具体操作步骤见维修手册
   2. 在静态检测无问题时,请进行动态检测
   3. 检查表中标"*"为交车必检项,入库时可根据实际情况进行检查
   4. 路试时对制动效果、仪表显示进行检测,并检查是否有异响
   5. 跑完后再次读取各系统版本和故障码,若正常,进行充电,充电完成后交车
   6. 新车交付消费者时,主要系统及零部件(包括但不限于发动机、制动系统、转向系统、悬架系统、车身等)更换或修复过的,服务店必须尽到主动告知消费者的义务
      PDI时对以上项目的正确安装、调试及操作已做过检查

特此证明
(盖章)

检查员签字:　　　　　　　　　　　　日期:

任务实施

实训工单四　纯电动汽车销售 PDI

姓名		学号	
小组成员		日期	
实训指导教师		实训成绩	
实训设备	纯电动汽车、绝缘电阻测试仪、诊断仪、数字钳形表、万用表、绝缘工具一套、维修手册、电路图等。		

一、任务接收

安全、规范地完成纯电动汽车销售 PDI 的各项任务。

二、知识准备

1. _____（Pre-Delivery Inspection），简称 PDI，是确保车辆_____的检查。
2. 一辆车从生产下线到客户手中，一般要进行四次 PDI，即生产线下线（OK 线）PDI、_____PDI、_____PDI 和销售 PDI。
3. 销售 PDI 是指商品车交付客户前进行的车辆质量状态检查，检查单位是_____。
4. 新能源汽车 PDI 项目包括随车附件检查、_____、前机舱检查、_____、_____和诊断仪检查等。
5. 因混合动力车型及纯电动车型涉及_____，所以在进行车辆检查时需按要求穿戴绝缘安全装备，使用新能源工具检查时不要插拔任何_____线束，如需维修，具体操作步骤见维修手册。
6. 新车交付消费者时，主要系统及零部件（包括但不限于发动机、制动系统、转向系统、悬架系统、车身）_____或_____过的，服务店必须尽到主动告知消费者的义务。

三、决策与计划

根据任务要求和纯电动汽车维护作业技术规范，制订纯电动汽车销售 PDI 作业计划，并对小组成员进行合理分工。

纯电动汽车销售 PDI 作业计划			
操作人：			监护人：
序号	作业项目	检测仪器、工具	操作要点
1			
2			
3			
4			
5			
计划审核	审核意见： 签字：　　　　　　　　　　　　　　年　　月　　日		

四、操作步骤

1. 记录车辆基本信息

项目	内容	
品牌		
车辆识别代号		
制造年月		
驱动电机	型号：	峰值功率：
动力蓄电池	额定电压：	额定容量：
行驶里程	km	

新车交付检查（销售 PDI）

（续）

2. 随车附件检查

作业图例	作业内容	结果记录
	检查铭牌及前风窗玻璃处的车辆识别代号与合格证的内容、实车是否相符	□是 □否
	检查使用手册、质量保证书、合格证是否齐全	□是 □否
	检查备胎/补胎液/反光衣、工具包（千斤顶、扳手、螺丝刀等）、三角警示牌是否齐全	□是 □否

3. 检查车身外部

作业图例	作业内容	结果记录
	检查车身漆面、外饰件、车灯外观、全车玻璃是否完好	□是 □否
	检查轮胎及轮辋状态，并调整轮胎充气压力至规定值	□是 □否
	检查天窗是否漏水、积水	□是 □否
	检查各外观件配合间隙是否均匀	□是 □否

(续)

作业图例	作业内容	结果记录
	检查刮水器护套是否取下 检查是否更换了正常刮水器片 检查刮水器是否能正常工作 检查排水槽（孔）是否有泥沙、树叶等杂物并进行清理	□是　□否
	检查充电口盖的外观和开启是否正常	□是　□否
	检查行李舱外观是否正常 检查开启、关闭是否正常无异响 检查内部是否清洁无脏污 检查内饰是否完好无破损	□是　□否

4. 检查车身内部

作业图例	作业内容	结果记录
	使用遥控钥匙、机械钥匙解闭门锁，检查智能钥匙、机械钥匙的各项功能是否正常	□是　□否
	检查车门门内/外把手功能是否正常 检查车门是否都能正常打开和关闭 检查车门开闭是否无异响 检查车门安全警告灯是否正常 检查后门儿童锁是否正常	□是　□否
	安装车内四件套 检查车窗玻璃升降、外后视镜调整及天窗功能是否正常	□是　□否

（续）

作业图例	作业内容	结果记录
	检查内饰件各部位是否清洁，外观是否完好	□是　□否
	检查座椅外观是否正常 检查座椅的前后、上下移动是否正常 检查靠背的倾斜是否正常 检查头枕的安装是否正常 检查后排座椅的折叠是否正常	□是　□否
	检查安全带是否扭曲、脏污或损坏 检查安全带能否平顺拉伸、收缩 检查安全带的锁止功能是否正常 检查肩带固定点的调整是否顺畅	□是　□否
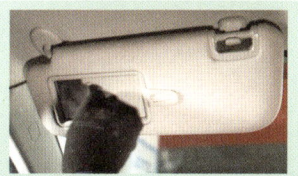	检查转向盘调节功能是否正常	□是　□否
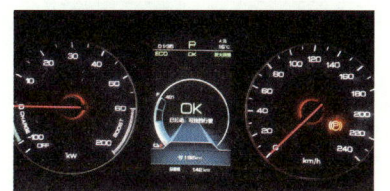	检查车内外照明灯、指示灯、喇叭的功能是否正常	□是　□否
	检查刮水器及清洗装置、前照灯清洗功能是否正常	□是　□否
	检查化妆镜、内后视镜（行车记录仪）、出风口等是否完好	□是　□否
	检查所有电器及开关、仪表指示（灯）是否正常	□是　□否

(续)

作业图例	作业内容	结果记录
	检查多媒体系统功能是否正常（包括夜视功能、全景影像、语音服务、导航、触屏、蓝牙、SD、USB、AUX等接口）	□是　□否
	检查空调的操作及功能是否正常	□是　□否
	检查220V车载充电系统功能及仪表上指示是否正常	□是　□否

5. 检查前机舱

作业图例	作业内容	结果记录
	检查前机舱盖开启是否正常，锁扣、铰链、撑杆、护板等固定情况是否正常	□是　□否
	检查冷却液、制动液、玻璃清洗液等液位高度及壶盖的紧固情况是否正常	□是　□否
	检查前机舱中的部件是否有渗漏及损伤	□是　□否
	检查前机舱中螺栓和卡箍等是否有严重锈蚀的情况	□是　□否

（续）

作业图例	作业内容	结果记录
	检查空调的高低压管路、压力开关、充注阀部位的泄漏及干涉情况	□是　□否
	检查前机舱线束的连接及固定情况	□是　□否
	检查辅助蓄电池安装是否到位 负极是否连接 测量静态电压（低于12.5V需更换或充电）	□是　□否 静态电压： _____V

6. 检查车身底部

作业图例	作业内容	结果记录
	举升车辆，检查驱动电机、变速器、动力转向器、制动器、冷却管及加热水管、油管等是否有泄漏或损伤	□是　□否
	检查传动轴油封、传动轴球笼及防尘套是否有泄漏或损伤	□是　□否
	检查蓄电池包外观是否有磕碰、损伤	□是　□否
	检查底盘可见螺母/螺栓是否缺失或明显松动	□是　□否

(续)

7. 路试

作业图例	作业内容		结果记录
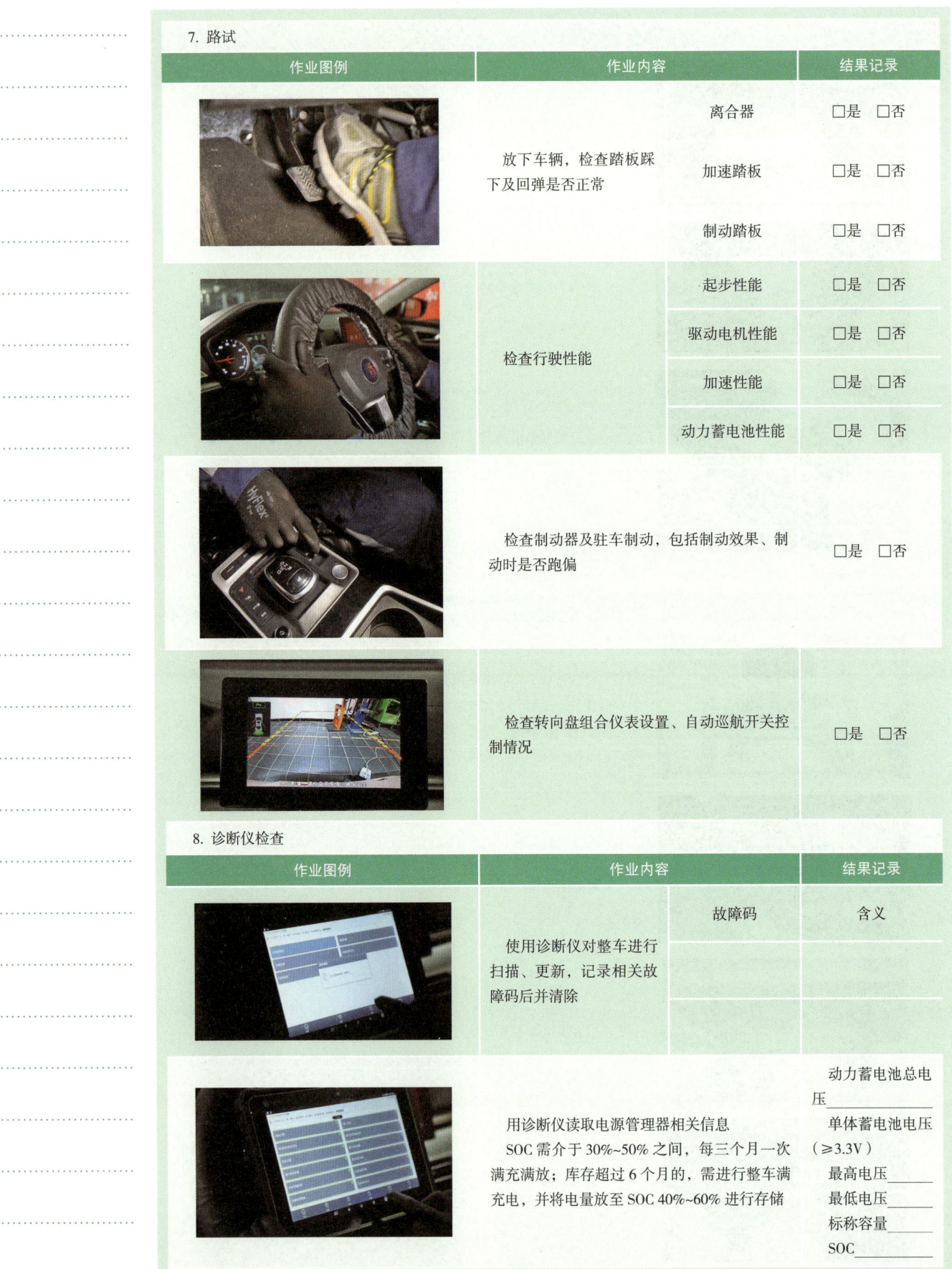	放下车辆,检查踏板踩下及回弹是否正常	离合器	□是 □否
		加速踏板	□是 □否
		制动踏板	□是 □否
	检查行驶性能	起步性能	□是 □否
		驱动电机性能	□是 □否
		加速性能	□是 □否
		动力蓄电池性能	□是 □否
	检查制动器及驻车制动,包括制动效果、制动时是否跑偏		□是 □否
	检查转向盘组合仪表设置、自动巡航开关控制情况		□是 □否

8. 诊断仪检查

作业图例	作业内容	结果记录	
	使用诊断仪对整车进行扫描、更新,记录相关故障码后并清除	故障码	含义
	用诊断仪读取电源管理器相关信息 SOC 需介于 30%~50% 之间,每三个月一次满充满放;库存超过 6 个月的,需进行整车满充电,并将电量放至 SOC 40%~60% 进行存储	动力蓄电池总电压_____ 单体蓄电池电压(≥3.3V) 最高电压_____ 最低电压_____ 标称容量_____ SOC_____	

（续）

作业图例	作业内容	结果记录
	使用诊断仪中的蓄电池管理系统中心软件对新能源车辆的动力蓄电池进行极差判断	□是 □否

9. 6S规范

作业图例	作业内容	结果记录
	关闭车辆起动开关	□是 □否
	收起并整理车内四件套和车外三件套	□是 □否
	关闭设备电源，清洁、整理工具与仪器设备并归位	□是 □否
	收起车辆挡块、安全警示牌、隔离护栏	□是 □否
	清洁实训场地并恢复到原标准工位布置状态	□是 □否

五、检查与评价

1. 小组自查

小组根据任务实施的记录结果，对本小组的作业内容进行再次检查确认。

序号	检查项目	权重	检查结果
1	知识准备完成情况	20	□是 □否
2	制订计划的合理性	10	□是 □否
3	实施过程完成的正确性	45	□是 □否
4	学生在实施过程中的参与程度	15	□高 □中 □低
5	安全防护与6S规范	10	□是 □否

2. 自我评价与反思

结合自己在实训过程中的表现，进行自我评价及自我反思。

3. 教师评价

纯电动汽车销售PDI评分表

项目	评分要点		配分	得分
知识准备 （10分）	□了解PDI的分类及目的		5	
	□掌握PDI的基本要求		5	
任务计划 （20分）	□制订实训计划		10	
	□协同小组成员进行合理分工		5	
	□能在实施前准备好所需要的仪器、工具		5	
工作组织 与安全 （20分）	作业准备	□检查设置隔离护栏 □设置安全警示牌 □检查灭火器压力值（水基/干粉） □安装车辆挡块 □安装车外三件套 □安装车内四件套 □落下驾驶人侧车窗玻璃 □进行胎压检查	3	

(续)

项目		评分要点	配分	得分
工作组织与安全（20分）	防护工具准备	□检查绝缘手套，测量高压部分电路应佩戴绝缘手套 □检查防护电池电解液酸碱性手套，触碰蓄电池包部分应佩戴防护电池电解液酸碱性手套 □检查护目镜，测量高压部分电路应佩戴护目镜 □检查绝缘安全帽，车辆底部作业应佩戴绝缘安全帽 □检查确认电子驻车制动和档位 □上高压电时要向实训指导教师报告	2	
	设备使用	□初次使用，应正确进行万用表检查 □初次使用绝缘电阻测试仪，应正确进行断路测试、短路测试 □正确连接仪器、仪表和测试设备到车辆 □正确操作车辆到测试条件并直接进行测试	1.5	
	操作规范	□断开模块插头时，先关闭起动开关，再断开辅助蓄电池负极，并对辅助蓄电池负极进行防护；断开高压插头后验电 □完成所有任务后，按规定力矩紧固蓄电池极桩 □测试完成后恢复车辆，主要包括拆卸下的部件正确安装、起动开关等其他开关正确复位	2	
	安全操作	□在操作过程中，对测试设备和车辆可能造成损坏而被实训指导教师制止的，每次扣4分 □未规范操作造成车辆熔丝烧掉，每次扣4分	10	
	6S规范	□仪器、工具、零部件跌落或摆放凌乱，每次扣0.5分 □设备使用完成后关闭电源，合理归位 □恢复工位到原标准工位布置状态	1.5	
任务实施（40分）		□规范完成纯电动汽车销售PDI操作，每漏一项扣2分，检查不规范或操作不规范扣1分	40	
自我评价与反思（10分）		□学生能对自身表现情况进行客观评价及反思	10	
得分（满分100）				

延伸阅读

十年磨一剑 从汽车大国迈向汽车强国

自21世纪以来，新一轮科技革命和产业变革逐步走向纵深，前沿技术和颠覆性变革不断涌现，在数字经济、新能源和低碳经济、生物经济等领域涌现出一批高速增长的新兴产业。在全球低碳转型和碳达峰碳中和目标驱动下，新能源产业是增长最迅速、前景最广阔的产业新赛道之一。发展新能源汽车，是我国从汽车大国迈向汽车强国的必由之路。我国新能源产业经历了一个从无到有、从小到大再到强的发展过程，不仅成为国内经济的亮点和经济增长的重要推动力，也在国际上展现出强大的竞争力。我国新能源汽车产销量自2015年至2024年连续十年世界第一，2023年汽车出口量超越日本成为全球第一。以新能源汽车为代表的我国新能源产业的快速发展展现出我国产业升级的良好态势和经济的强劲韧性。我国不仅以比亚迪为代表的传统车企的新能源汽车生产形成了较大规模，而且蔚来、小鹏、理想、小米等造车"新势力"发展迅猛。在动力蓄电池领域，我国也形成一批国际竞争力领先的企业，2023年全球电动汽车动力蓄电池装车量TOP10的企业中，我国占据六席，市场占有率达到63.5%。

项目二
新能源汽车基本使用

项目描述

相较于传统燃油汽车，新能源汽车加速快、操作轻便、静谧性好，但续驶里程受温度影响较大，尤其是在夏季和冬季，对于新能源汽车的使用需要特别注意。

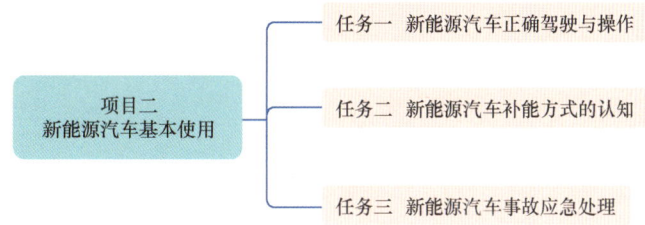

任务一　新能源汽车正确驾驶与操作

学习目标

知识目标
1. 掌握纯电动汽车仪表指示灯的含义。
2. 掌握纯电动汽车的驾驶要领。

能力目标
1. 能够正确使用电子驻车（EPB）。
2. 具有机动车驾驶证的学生能够正确驾驶纯电动汽车。

素质目标
1. 通过新能源汽车正确驾驶与操作工作任务的引入，培养学生与时偕行的职业精神。
2. 通过掌握纯电动汽车的驾驶要领，培养学生智慧劳动的精神。
3. 通过思想提升浸润善作善成的思政元素，培养学生爱岗敬业、勇于创新的新时代劳模精神。
4. 通过严格执行6S规范，提高学生的职业素养。

知识储备

一、新能源汽车的正确驾驶

1. 驾驶前的安全检查

（1）车辆外部

1）轮胎：目视检查四个轮胎胎压是否大概一致，并仔细检查是否存在切口、损坏或过度磨损。

2）车轮螺母：确认没有螺母松脱或遗失。

3）渗漏：车停下稍许过后，检查车底是否有冷却液或其他液体（因开空调而产生的水滴是正常的）渗漏。

4）照明：确认前照灯、制动灯、示廓灯、转向信号灯和其他照明全部工作，检查前照灯灯光强度。

（2）车辆内部

1）安全带：检查带扣是否能扣牢。确认安全带没有磨损或擦伤。

2）组合仪表：特别要确认维护提示指示灯、仪表照明和除霜器工作正常。

3）制动踏板：确认制动踏板具有足够的运动空间。

（3）前机舱内部

1）备用熔丝：确认备有各类熔丝，应具备熔丝盒中各种额定电荷量的规格。

2）冷却液液位：确认冷却液液位正常。

3）蓄电池和电缆：检查接头有无腐蚀或松脱，蓄电池壳体有无裂痕。

2. 驾驶前的准备工作

① 进入车内之前，须检查一下车辆四周的情况。

② 调节座椅位置、座椅靠背角度、座椅坐垫高度、头部保护装置高度及转向盘角度。

③ 调节内后视镜和外后视镜。

④ 关上所有的车门，系好安全带。

3. 车辆的起动方法

（1）正常的起动方法

① 携带有效的智能钥匙，踩制动踏板的同时，按"起动/停止"按钮，当仪表上 OK 或 READY 指示灯点亮，表示车辆达到可行驶状态。

② 将档位置于 D 位或 R 位，电子驻车会自动释放，听到电子驻车系统电动机的释放声音即可行驶。

（2）车辆不能起动的情况　在下列情况下，车辆将不能起动：

① 按下起动按键时，如果智能钥匙系统警告灯点亮，车辆中的扬声器鸣叫，且组合仪表上中间信息显示屏显示"未检测到钥匙"，则表明电子智能钥匙不在车内或受干扰车辆检测不到。

② 电子智能钥匙在车内，却放在地板上、杯托内、行李舱内或右置物盒内这些不正确的位置时，也可能无法起动车辆。

按下起动按键时，起动功能不能正常起作用，可能由下列原因引起：如果电子智能钥匙不起作用，组合仪表上的智能钥匙系统警告灯闪烁，且组合仪表上中间的信息显示屏显示提示信息"钥匙蓄电池电量低",则钥匙的蓄电池电量可能已耗尽。请尽快更换电子智能钥匙蓄电池。

4. 车辆起动后的检查

1)组合仪表:确认维护提示指示灯及速度表工作正常。

2)制动器:在安全的地方,确认在制动时不偏向任何一方。

3)其他不正常现象:检查是否有松脱的部分和渗漏,确认是否有异响。

实践技能

二、驾驶要领

1. 驾驶经过积水路段注意的事项

1)驶入积水路段前必须清楚积水深度,积水高度不得超过车身下边缘。

2)如要涉水行车,在车辆起步前将空调关掉,减速慢行,然后轻踩加速踏板且不要松脚,以稳定而缓慢的速度通过积水路段。

3)驾驶经过深水时可能会弄湿制动器,应小心驾驶。顺利涉水通过积水区后,必须连续轻踩制动踏板数次将制动盘上的水蒸发,以便尽快恢复正常的制动性能。

2. 冬季驾驶要领

1)确认冷却液具有正确的防冻保护作用。使用与原车型号相同的冷却液,根据环境温度选择合适的冷却液型号加注到冷却系统中。使用不恰当的冷却液,将损坏冷却系统。

2)使用含有抗冻剂的洗涤液。水和抗冻剂的混合比率要根据厂商的说明进行。

3)避免挡泥板的下方积有冰雪。挡泥板的下方积有冰雪,会造成转向困难。在严寒的冬季驾驶时,应时常停车,检查挡泥板下是否积有冰雪。

4)根据行驶路况的不同,建议携带若干必要的紧急用具或物品。防滑链、车窗刮刀、一袋沙或盐、小铲及连接电缆等物最好能放在车中。

5)低温条件下行驶后建议及时充电。避免因长时间停驶导致动力蓄电池温度过低,造成用电浪费和充电延时。

3. 夏季/雨季驾驶要领

1)雨季行车前应做日常检查,检查内容主要包括辅助蓄电池电量,刮水器、车辆空调除雾功能是否正常。

2)暴雨时尽量不要行驶,若一定要行驶,车速不应超过 20km/h。

3)在泥泞路面上行驶时,不要急踩加速踏板或制动踏板,以免发生侧滑。

4)勿驶入深水中,以免发生漏电或短路等事故。

5)当车辆被积水浸泡时,不要继续行驶,应迅速断电并离开车辆,尽量不要与车身金属接触,以免触电。

6)避免在高温下充电。考虑到动力蓄电池的温度特性,车辆高速行驶后,夏季建议停放 30min 后,在阴凉、通风处进行充电。

7)避免在暴雨或打雷时进行充电。当车辆在露天或地势较低的位置充电时,若开始下雨应终止充电,以免积水高度超过充电口发生短路。

8)避免车辆暴晒。将车辆停放在阴凉、通风处,以防车内温度过高,造成安全隐患。

三、组合仪表的认知

1. 新能源汽车仪表指示灯／警告灯的含义及检查方法

（1）新能源汽车仪表指示灯／警告灯的含义　新能源汽车的仪表都设计了与控制系统相关的指示灯或警告灯，与传统汽车一样，仪表的绿色灯是指示灯，表示对应的系统处于正常工作，如 OK 或 READY 指示灯；黄色灯是警告灯，表示提醒或一般警告，如动力蓄电池电量不足警告灯；红色灯是严重故障警告，表示车辆无法行驶或行驶可能出现严重事故，如动力蓄电池故障警告灯或驱动电机及电机控制器过热警告灯。

常见新能源汽车仪表指示灯／警告灯及其含义见表 2-1-1。

表 2-1-1　常见新能源汽车仪表指示灯／警告灯及其含义

指示灯／警告灯	颜色	功能含义
OK READY	绿色	车辆准备就绪指示灯（READY 或 OK）：只有该灯亮时，车辆才可以正常行驶，且驾驶过程中常亮
	黄色	动力蓄电池电量低警告灯：当电量低于 20%（不同品牌车型有所差别），此警告灯点亮
	红色	充电系统警告灯：如果在驾驶中此灯点亮，表示 DC 系统或动力蓄电池系统存在问题。关闭空调、风扇和收音机等，建议将车直接开到最近的授权服务店进行修理
	红色	动力蓄电池过热警告灯：如果此警告灯点亮，表示动力蓄电池温度过高，须停车降温 在下列工作条件中，动力蓄电池可能会产生过热现象，例如，在炎热的天气进行长时间长途爬坡；在长时间停停走走的交通状况，频繁急加速、急制动的状况，或长时间车辆运转得不到休息的状况
	红色	动力蓄电池故障警告灯：当整车电源档位处于"OK"档时，此灯点亮。如果动力蓄电池系统工作正常，则几秒钟后此灯熄灭。如果系统发生故障，此灯将再次点亮。建议与授权服务店联系检查车辆 如果发生任何一种下列情况，则表示由警告灯系统监控的部件中发生故障，建议尽快与授权服务店联系检查车辆：当整车电源档位处于"OK"档时，此灯持续点亮；驾驶中此灯持续或偶然点亮
	红色	充电连接指示灯：当车辆连接充电枪（充电口盖开启）或正在充电时常亮，此时车辆无法行驶
	黄色	驱动功率限制警告灯：驱动电机功率受到限制时，该警告灯点亮
	红色	驱动电机过热警告灯：当驱动电机或电机控制器过热时，该警告灯常亮
	红色	动力系统故障警告灯：如果动力系统发生故障，此警告灯点亮 如果发生下列任何一种情况，则表示由警告灯系统监控的部件中某处发生故障，建议尽快与授权服务店联系检查车辆：整车电源档位处于"OK"档时，此警告灯持续点亮；驾驶中此警告灯点亮 在操作中，此警告灯短暂点亮不表示有问题

（2）新能源汽车仪表指示灯／警告灯的检查方法　当新能源汽车仪表出现黄色或红色故障警告灯点亮的情况后，可以遵循"一看、二查、三清"的原则进行相应的检查。

一看：看仪表上显示警告灯的含义，定位故障原因。

二查：查故障码内容和系统状态（数据流），找到故障原因。

三清：清除故障码；故障排除以后，利用诊断仪重新清除故障码，从而熄灭仪表上的警告灯。

2. 典型纯电动汽车仪表指示灯及显示信息介绍

纯电动汽车的组合仪表能实时显示功率、车速、档位、瞬时电耗、累计平均电耗、动力蓄电池电量、总里程等多项信息，让驾驶人及时获取车辆状况。组合仪表显示内容如图 2-1-1 所示和见表 2-1-2。

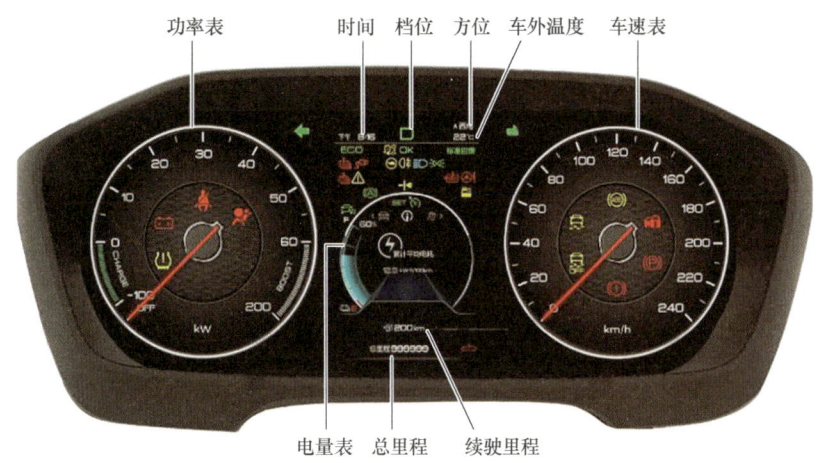

图 2-1-1　比亚迪秦纯电动汽车组合仪表

表 2-1-2　比亚迪秦纯电动汽车组合仪表指示灯/警告灯

指示灯/警告灯	功能含义	指示灯/警告灯	功能含义
← →	转向指示灯	⫶D0⫶	示廓灯指示灯
≡D	远光灯指示灯	0⫶	后雾灯指示灯
OK	OK 指示灯		定速巡航主指示灯
SET	定速巡航控制指示灯	ECO/SPORT	经济/运动模式指示灯
	放电指示灯	(A)	自动驻车指示灯（进入待命状态，指示灯显示白色）
	车门状态指示灯		雪地模式指示灯
	智能钥匙系统警告灯	(ABS)	防抱死制动系统故障警告灯
⚠	主告警指示灯		车身电子稳定系统故障警告灯
	车身电子稳定系统 OFF 警告灯		动力蓄电池电量低警告灯
(!)	胎压故障警告灯		驱动功率限制警告灯
	安全带未系指示灯		安全气囊故障警告灯
	转向系统故障警告灯	(!)	驻车系统故障警告灯
(P)	电子驻车指示灯		充电系统警告灯
	充电连接指示灯		动力蓄电池故障警告灯
	动力蓄电池过热警告灯		驱动电机过热警告灯
	动力系统故障警告灯		车辆防盗指示灯

纯电动汽车驾驶操作方法

任务实施

实训工单一　纯电动汽车安全驾驶

姓名		学号	
小组成员		日期	
实训指导教师		实训成绩	
实训设备	纯电动汽车、绝缘电阻测试仪、诊断仪、数字钳形表、万用表、绝缘工具一套、维修手册、电路图等。		

一、任务接收

安全、规范地完成纯电动汽车安全驾驶的各项任务。

二、知识准备

1. 驾驶前的准备工作
① 进入车内之前，须检查一下_____的情况。
② 调节座椅位置、座椅靠背角度、座椅坐垫高度、头部保护装置高度及_____。
③ 调节内后视镜和_____。
④ 关上所有的车门，系好_____。
2. 车辆的正常起动方法
① 携带有效的智能钥匙，_____的同时，按"起动/停止"按钮，当仪表上_____或_____指示灯点亮，表示车辆达到可行驶状态。
② 将档位置于_____或_____位，_____会自动释放。
3. 驾驶经过深水时可能会弄湿制动器，应小心驾驶。顺利涉水通过积水区后，必须连续_____数次将制动盘上的水蒸发，以便尽快恢复正常的制动性能。

三、决策与计划

根据任务要求和纯电动汽车维护作业技术规范，制订纯电动汽车安全驾驶作业计划，并对小组成员进行合理分工。

纯电动汽车安全驾驶作业计划			
操作人：		监护人：	
序号	作业项目	检测仪器、工具	操作要点
1			
2			
3			
4			
5			
计划审核	审核意见： 签字　　　　　年　月　日		

项目二 新能源汽车基本使用

(续)

四、操作步骤

1. 记录车辆基本信息

项目	内容
品牌	
车辆识别代号	
制造年月	
驱动电机	型号：　　　　　　　　峰值功率：
动力蓄电池	额定电压：　　　　　　额定容量：
行驶里程	km

2. 驾驶前的准备工作

作业图例	作业内容	结果记录
	检查车辆周围、底部是否有障碍物	□是　□否
	检查车底是否有冷却液或其他液体（因开空调而产生的水滴是正常的）渗漏	□是　□否
	检查轮胎气压是否正常，轮胎是否存在切口、损坏或过度磨损	□是　□否
	检查车窗玻璃、内外后视镜是否工作正常，并调节至合适位置	□是　□否
	检查前照灯、制动灯、示廓灯、转向信号灯和其他照明是否工作正常	□是　□否
	调节座椅位置、座椅靠背角度、座椅坐垫高度、头部保护装置高度及转向盘角度	□是　□否
	检查制动踏板、加速踏板、驻车制动器是否工作正常	□是　□否

（续）

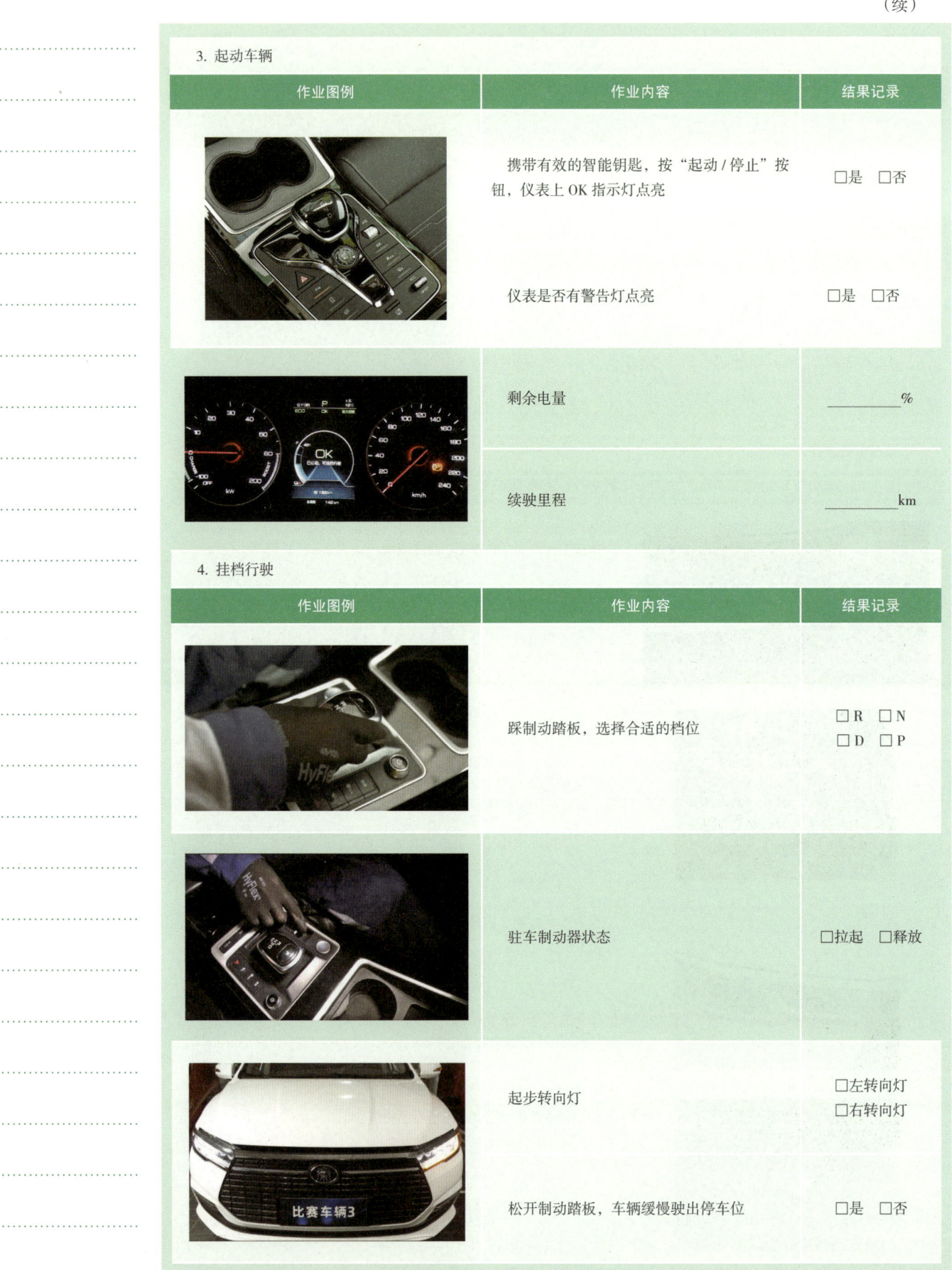

项目二　新能源汽车基本使用

（续）

5. 行驶一段距离后靠边停车

作业图例	作业内容	结果记录
	行驶时的档位	☐R　☐N ☐D　☐P
	靠边停车转向灯	☐左转向灯 ☐右转向灯
	踩下制动踏板，选择合适的档位	☐R　☐N ☐D　☐P
	驻车制动器状态	☐拉起　☐释放
	按"起动/停止"按钮，关闭车辆起动开关	☐是　☐否

6. 6S 规范

作业图例	作业内容	结果记录
	关闭车辆起动开关	☐是　☐否
	收起并整理车内四件套和车外三件套	☐是　☐否
	关闭设备电源，清洁、整理工具与仪器设备并归位	☐是　☐否
	收起车辆挡块、安全警示牌、隔离护栏	☐是　☐否
	清洁实训场地并恢复到原标准工位布置状态	☐是　☐否

(续)

五、检查与评价

1. 小组自查

小组根据任务实施的记录结果，对本小组的作业内容进行再次检查确认。

序号	检查项目	权重	检查结果
1	知识准备完成情况	20	□是 □否
2	制订计划的合理性	10	□是 □否
3	实施过程完成的正确性	45	□是 □否
4	学生在实施过程中的参与程度	15	□高 □中 □低
5	安全防护与6S规范	10	□是 □否

2. 自我评价与反思

结合自己在实训过程中的表现，进行自我评价及自我反思。
_____

3. 教师评价

纯电动汽车安全驾驶评分表

项目		评分要点	配分	得分
知识准备 （10分）		□掌握纯电动汽车换档方式和档位设置	5	
		□掌握纯电动汽车仪表指示灯的含义	5	
任务计划 （20分）		□制订实训计划	10	
		□协同小组成员进行合理分工	5	
		□能在实施前准备好所需要的仪器、工具	5	
工作组织 与安全 （20分）	作业准备	□检查设置隔离护栏 □设置安全警示牌 □检查灭火器压力值（水基/干粉） □安装车辆挡块 □安装车外三件套 □安装车内四件套 □落下驾驶人侧车窗玻璃 □进行胎压检查	3	
	防护工具 准备	□检查绝缘手套，测量高压部分电路应佩戴绝缘手套 □检查防护电池电解液酸碱性手套，触碰蓄电池包部分应佩戴防护电池电解液酸碱性手套 □检查护目镜，测量高压部分电路应佩戴护目镜 □检查绝缘安全帽，车辆底部作业应佩戴绝缘安全帽 □检查确认电子驻车和档位 □上高压电时要向实训指导教师报告	2	
	设备使用	□初次使用，应正确进行万用表检查 □初次使用绝缘电阻测试仪，应正确进行断路测试、短路测试 □正确连接仪器、仪表和测试设备到车辆 □正确操作车辆到测试条件并直接进行测试	1.5	

(续)

得分	评分要点		配分	得分
工作组织 与安全 （20分）	操作规范	□断开模块插头时，先关闭起动开关，再断开辅助蓄电池负极，并对辅助蓄电池负极进行防护；断开高压插头后验电 □完成所有任务后，按规定力矩紧固蓄电池极桩 □测试完成后恢复车辆，主要包括拆卸下的部件正确安装、起动开关等其他开关正确复位	2	
	安全操作	□在操作过程中，对测试设备和车辆可能造成损坏而被实训指导教师制止的，每次扣4分 □未规范操作造成车辆熔丝烧掉，每次扣4分	10	
	6S规范	□仪器、工具、零部件跌落或摆放凌乱，每次扣0.5分 □设备使用完成后关闭电源，合理归位 □恢复工位到原标准工位布置状态	1.5	
任务实施 （40分）	□规范完成纯电动汽车安全驾驶操作，每漏一项扣2分，检查不规范或操作不规范扣1分		40	
自我评价 与反思 （10分）	□学生能对自身表现情况进行客观评价及反思		10	
得分（满分100）				

任务二　新能源汽车补能方式的认知

学习目标

知识目标
1. 了解新能源汽车的补能方式及其特点。
2. 掌握新能源汽车充电操作的注意事项。

能力目标
1. 能够在充电前完成充电枪、车辆充电口的基本检查。
2. 能够规范完成纯电动汽车充电操作。

素质目标
1. 通过新能源汽车补能方式工作任务的引入，培养学生严谨细致、精益求精的新时代工匠精神。
2. 通过思想提升浸润善作善成的思政元素，培养学生爱岗敬业、勇于创新的新时代劳模精神。
3. 通过严格执行6S规范，提高学生的职业素养。

知识储备

一、新能源汽车补能方式

充电系统是新能源汽车（包含纯电动汽车和插电式混合动力汽车）的能源补给系统，为保障车辆持续行驶提供动力能源。

1. 常规充电（交流慢充）

常规充电使用 220V 交流电，根据动力蓄电池的充电曲线，应用传统的先恒流后恒压的充电方法给动力蓄电池充电，以便在整个充电过程中使充电特征与动力蓄电池的固有特性更接近，从而有效地防止动力蓄电池过充电或欠充电。常规充电也称为交流慢充，常被用于小型充电站和家用充电设施。交流充电桩，俗称"慢充桩"，与交流电网连接，为新能源汽车车载充电机提供交流电源的供电装置。交流充电桩只提供电力输出，需连接车载充电机为新能源汽车充电，只起到控制电源的作用。

常规充电的优点如下：

① 充电电流、充电功率小，相关充电机的安装成本和使用成本低。
② 充分利用电力低谷时段进行充电，降低了充电成本。
③ 充电电流小，有利于延长动力蓄电池的使用寿命。

常规充电的缺点：充电时间长，难以满足车辆紧急运行的需求。

2. 快速充电（直流快充）

使动力蓄电池在很短时间内接近或达到充满状态的充电方法称为快速充电，又称为直流快充。快速充电使用非车载充电机采用大电流直接给动力蓄电池充电，电流一般为 150~400A，充电电压为 200~750V，充电功率大于 50kW，充电时间一般为 20min~2h。快速充电需要建设专用的、可靠性高的电网，大多在 10kV 变电站附近进行，一般只适用于大型充电站。快速充电的控制策略是当动力蓄电池某个单体蓄电池达到设定电压时即停止充电，没有末端恒压小电流充电和电量修正，所以在车辆多次连续快充时会出现充不满现象，可以在使用快充后再用慢充充满，以进行修正。

S4 超快充是小鹏汽车自研的第四代高功率大电流直流超快充桩（图 2-2-1），800V 高压快充能实现高效率充电，官方表示，最高可实现充电 5min，续驶 200km 的补能速度。

图 2-2-1　小鹏 S4 超快充桩

图 2-2-2　华为全液冷超充站

2023 年国庆期间，华为数字能源助力打造的全液冷超充站在川藏南线暨理塘、亚丁公路（四川段）沿线多地正式上线，如图 2-2-2 所示。全液冷超充终端最大输出功率为 600kW，最大电流为600A，在高海拔区域依然能为新能源车主们带来充电如加油般的体验。全液冷技术确保设备的高可靠性，在高原区域实现耐高温、耐高湿、防灰尘、耐腐蚀等，适应沿线的多种复杂工况。匹配所有车型，来车即充，一次充电成功率高达99%，200~1000V充电范围匹配所有车型，包括特斯拉、小鹏、理想等乘用车及货拉拉等商用车。

快速充电的优点：充电时间短，一般为20min~2h。

快速充电的缺点如下：

① 长期使用快速充电会缩短动力蓄电池的使用寿命。

② 充电站建设成本较高。

3. 更换动力蓄电池充电（换电）

在新能源汽车动力蓄电池需要充电的时候，通过更换动力蓄电池来实现给新能源汽车供给能源的方法称为更换动力蓄电池充电，又称为换电。

蔚来搭建了"可充可换可升级"的全场景能源服务体系，如图2-2-3所示。蔚来第四代换电站在软硬件性能方面进一步提升，配备23个电池仓位，最大日服务480次，单次换电时间减少22%；装备60m²站顶光伏系统，每座站每年节约近1.8万度电，成为光储充换一体站。每次换电都会进行自检，确保整车和电池始终处于最佳状态。兼容多规格蓄电池包，支持多品牌共享换电。

4. 无线充电（无感补能）

汽车无线充电是利用电磁感应原理，将电能传输到汽车动力蓄电池中，如图2-2-4所示。一般是通过BMS中的控制器，将外部的电能传输到车辆动力蓄电池中进行充电的过程。首先需要在地下嵌入一个无线充电装置，再将车辆停靠在装置上方，通过传感器检测车辆位置和动力蓄电池充电状态，准确地将电量传输到车辆动力蓄电池中，实现车辆无线充电。《新能源汽车产业发展规划（2021—2035年）》和《关于进一步构建高质量充电基础设施体系的指导意见》中都提出要加强智能有序充电、大功率充电、无线充电等新型充电技术研发。相较于有线充电，无线充电具有自动化充电能力，可以减少用户参与度，使用户获得更佳充电体验。

图2-2-3 蔚来智能能源服务体系

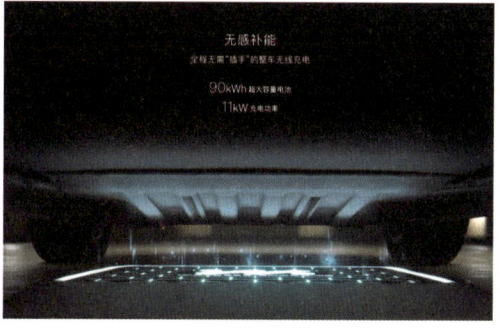

图2-2-4 智己L7支持整车无线充电

实践技能

二、纯电动汽车充电操作流程

1. 充电注意事项

1）电量低时电量进度条进入红色区域，并且点亮动力蓄电池电量低警告灯，表明动力蓄电池电量即将耗尽，请及时充电，否则会影响动力蓄电池的使用寿命。

2）为了避免对充电设备造成破坏，请勿撞击充电设备，注意防止跌落、外力冲撞等机械损伤；请勿把充电设备放在靠近空调加热器或其他热源的地方。

3）充电前插枪操作：先确保充电枪和充电口无异物，且充电枪端子的防触帽没有松动或变形；手握充电枪，将充电枪对准充电口并推入，确保充电枪插入到位。

4）充电结束拔枪操作：先停止充电，并确保充电口已经解锁；手握充电枪，并按住充电枪上的按钮，拔出充电枪；请勿在充电口锁止状态下强行拔出充电枪，否则会损坏充电口。

5）充电前，电源档位需处于 OFF 位。

6）停止充电时，应先将充电机或充电桩关闭，再断开充电插接器；家用便携式交流充电时，应先断开车辆端充电枪，再断开电源端供电插头。

7）起动车辆前，请确保充电设备已经断开，因为充电设备锁止机构在没有完全锁止的状态下，车辆可能会上 OK 档，并能够挂档行驶，会导致充电设备及车辆损坏。

8）如果车辆长时间不使用，为了延长动力蓄电池的使用寿命，建议每 3 个月充电 1 次。

9）当动力蓄电池温度过高或过低时，车辆充电时间会出现一定延长，极端环境会出现无法正常充电的情况。

10）低温环境下，建议在用车结束后立刻充电，此时动力蓄电池温度相对较高，可提升充电性能。充电时可将车辆置于地下车库或暖库等温度较高区域，以保持动力蓄电池活性。

11）充电完成前，为延长动力蓄电池使用寿命，会开启电池均衡，可能会存在末端充电时间较长的现象。

12）有加热配置车型充电注意事项：低温小功率交流充电，充电和动力蓄电池加热工作的时间将延长，总充电耗电量与直流充电相比可能会有所增加；在充电过程中，当动力蓄电池加热开启后，仪表显示充电功率可能有短时波动，属于正常现象。

13）无加热配置车型充电注意事项：对于无动力蓄电池加热配置的车型，低温环境下，基于锂离子蓄电池低温特性，可能出现无法满充现象。充电结束时，可能会出现 SOC 未达到 100% 的情况，这是低温环境下充电的正常表现。

2. 充电方法

（1）家用便携式交流充电　交流充电连接装置是随车配送的充电装置（图 2-2-5），将车辆与家用标准 220V/50Hz/10A 单相两极带地插座相连，为车辆充电。该装置由符合国家标准的供电插头、充电枪、充电枪保护盖和充电线缆组成，简称三转七。供电插头连接家用标准供电插座，充电枪连接车辆充电口。

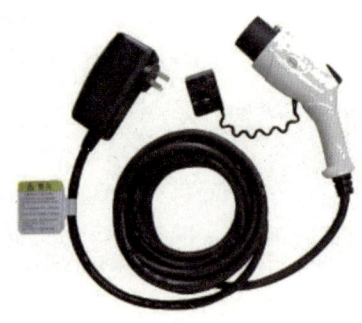

图 2-2-5　随车配送的充电装置

充电操作流程如下：

① 解锁充电口盖，打开充电口盖和充电口保护盖。

② 连接供电端：将三转七的供电插头插入家用插座中，三转七电源指示灯常亮（红色灯），若车辆检测到充电完成，则绿色灯常亮。

③ 连接车辆接口：将三转七的充电枪连接至充电口，并可靠锁止；插好充电枪，组合仪表充电连接指示灯点亮，如图 2-2-6 所示。三转七充电指示灯会闪烁（绿色灯）。

④ 在充电过程中，仪表显示相关充电参数，同时显示充电画面。此时，可以通过仪表设

置预约充电。

⑤ 结束充电：电量充满车辆会自动结束充电。

⑥ 断开充电口连接：若电锁工作模式为启用防盗，整车闭锁状态下，需要按钥匙解锁按钮或按下门把手上微动开关（钥匙在附近时），再按下充电枪的机械按钮，缓慢拔出充电枪，以防拔枪方式不当，对充电口造成损伤，如图 2-2-7 所示。

图 2-2-6　连接车辆接口

图 2-2-7　断开充电口连接

⑦ 断开供电插头。

⑧ 关闭充电口保护盖和车辆充电口盖，将三转七放入行李舱储物盒内。

（2）**充电桩单相交流充电**　使用随车配送的充电盒或公共场所的单相交流充电桩，通过交流充电桩/盒的充电枪将车辆与交流充电桩/盒相连，实现交流充电。

> **注意事项**：充电时，充电连接线不能盘放，会影响散热；不建议使用外加的电线或者适配器/转接器；拔出充电枪前，请操作整车解锁，以解除充电口的电锁，并在 30s 内拔出充电枪，否则充电口的电锁会重新锁止。

充电操作流程如下：

① 解锁充电口盖，打开充电口盖和充电口保护盖。

② 连接车辆接口：将充电装置的充电枪连接至车辆充电口，并可靠锁止。

③ 充电设置：对于随车配送的单相交流充电盒（图 2-2-8）或公共场所没有设置选项的交流充电桩，可跳过此步骤；对于公共场所有设置选项的交流充电桩/盒，需要刷卡或扫二维码等操作。

④ 组合仪表充电连接指示灯点亮。

⑤ 在充电过程中，组合仪表显示相关充电参数，同时显示充电画面，可以通过仪表设置预约充电。

⑥ 结束充电：充电设备设置提前结束或电量充满车辆自动结束充电。

⑦ 断开充电口连接：参照家用便携式交流充电断开充电口连接。

⑧ 关闭交流充电口保护盖和车辆充电口盖（参照家用便携式交流充电）。

⑨ 整理充电设备，并妥善放置。若使用交流充电桩/盒，将充电枪放到充电桩/盒的指定位置。

直流充电口如图 2-2-9 所示。

> **注意事项**：当外部电网短时间断电并再次供电时，比亚迪充电设备会自动重新启动充电，不用重新连接充电设备；在未充满电的情况下，需要提前结束充电，请通过充电设备的设置提前结束充电，尽量不要带载断电。

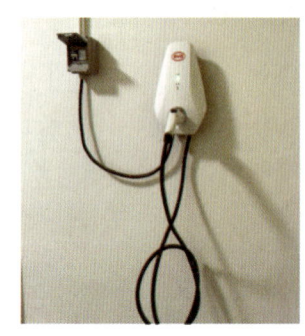

图 2-2-8　单相交流充电盒

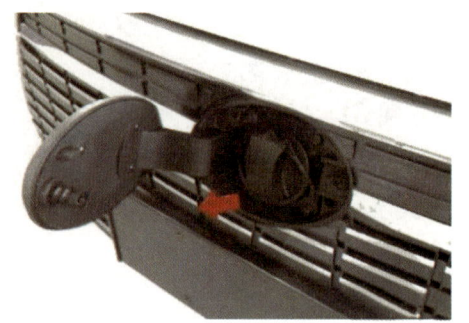

图 2-2-9　直流充电口

任务实施

实训工单二　纯电动汽车充电

纯电动汽车充电操作流程

姓名		学号	
小组成员		日期	
实训指导教师		实训成绩	
实训设备	纯电动汽车、绝缘电阻测试仪、诊断仪、数字钳形表、万用表、绝缘工具一套、维修手册、电路图等。		

一、任务接收

安全、规范地完成纯电动汽车充电的各项任务。

二、知识准备

1. _____是新能源汽车（包含纯电动汽车和插电式混合动力汽车）的能源补给系统，为保障车辆持续行驶提供动力能源。
2. 常规充电也称为交流慢充，使用_____V交流电，根据动力蓄电池的充电曲线，应用传统的_____的充电方法给动力蓄电池充电。
3. 交流充电桩与交流电网连接，为新能源汽车_____提供交流电源的供电装置，只提供电力输出，起到控制电源的作用。
4. 快速充电的控制策略是当动力蓄电池某个单体蓄电池达到设定_____时即停止充电，没有末端_____和_____，所以在车辆多次连续充电时会出现充不满现象，可以在使用快充后再用_____，以进行修正。
5. 汽车无线充电是利用_____原理，将电能传输到汽车动力蓄电池中。

三、决策与计划

根据任务要求和纯电动汽车维护作业技术规范，制订纯电动汽车充电作业计划，并对小组成员进行合理分工。

纯电动汽车充电作业计划			
操作人：		监护人：	
序号	作业项目	检测仪器、工具	操作要点
1			
2			
3			
4			
5			
计划审核	审核意见： 签字：　　　　　　　　　年　　月　　日		

(续)

四、操作步骤

1. 记录车辆基本信息

项目	内容
品牌	
车辆识别代号	
制造年月	
驱动电机	型号：　　　　　　　　峰值功率：
动力蓄电池	额定电压：　　　　　　额定容量：
行驶里程	km

2. 检查动力蓄电池电量

作业图例	作业内容	结果记录
	检查动力蓄电池电量及续驶里程	动力蓄电池电量____% 续驶里程____km

3. 解锁充电口盖，检查充电口

作业图例	作业内容	结果记录
	整车解锁，按下充电口盖，打开充电口盖和充电口保护盖	□是　□否
	检查充电口内是否有水或异物	□是　□否
	检查充电口金属端子是否生锈或腐蚀	□是　□否

4. 检查家用便携式交流充电装置或充电桩状态

作业图例	作业内容	结果记录
	检查充电装置或充电桩是否有壳体破裂、电缆磨损、插头生锈或有异物等情况	□是　□否
	检查充电枪接口处是否有异物、水渍	□是　□否
	检查供电插座是否搭铁良好	□是　□否

(续)

5. 连接供电口端和车辆接口

作业图例	作业内容	结果记录
	将家用便携式交流充电装置的供电插头插入供电插座中	指示灯颜色：_____
	将充电枪连接至车辆充电口，并可靠锁止	□是　□否
	组合仪表充电连接指示灯 🔌 是否点亮	□是　□否
	充电过程中，仪表是否显示相关充电参数	□是　□否

6. 结束充电

作业图例	作业内容	结果记录
	当达到设置的充电结束条件或电量充满时，会自动结束充电	动力蓄电池是否充满电 □是　□否
	解锁车辆或按下门把手上微动开关（钥匙在附近时），再按下充电枪的机械按钮，缓慢拔出充电枪	充电枪是否正常解锁 □是　□否
	断开供电插头，关闭充电口保护盖和车辆充电口盖	□是　□否

（续）

作业图例	作业内容	结果记录
	将家用便携式交流充电装置整理好，放入行李舱储物盒内，或将充电枪（使用充电桩充电）放回原处	□是 □否

7. 6S 规范

作业图例	作业内容	结果记录
	关闭车辆起动开关	□是 □否
	收起并整理车内四件套和车外三件套	□是 □否
	关闭设备电源、清洁、整理工具与仪器设备并归位	□是 □否
	收起车辆挡块、安全警示牌、隔离护栏	□是 □否
	清洁实训场地并恢复到原标准工位布置状态	□是 □否

五、检查与评价

1. 小组自查

小组根据任务实施的记录结果，对本小组的作业内容进行再次检查确认。

序号	检查项目	权重	检查结果
1	知识准备完成情况	20	□是 □否
2	制订计划的合理性	10	□是 □否
3	实施过程完成的正确性	45	□是 □否
4	学生在实施过程中的参与程度	15	□高 □中 □低
5	安全防护与 6S 规范	10	□是 □否

2. 自我评价与反思

结合自己在实训过程中的表现，进行自我评价及自我反思。

3. 教师评价

纯电动汽车充电评分表

项目	评分要点	配分	得分
知识准备 （10分）	□了解新能源汽车的充电方式及其特点	5	
	□掌握新能源汽车充电操作的注意事项	5	
任务计划 （20分）	□制订实训计划	10	
	□协同小组成员进行合理分工	5	
	□能在实施前准备好所需要的仪器、工具	5	

(续)

项目		评分要点	配分	得分
工作组织与安全（20分）	作业准备	□检查设置隔离护栏 □设置安全警示牌 □检查灭火器压力值（水基/干粉） □安装车辆挡块 □安装车外三件套 □安装车内四件套 □落下驾驶人侧车窗玻璃 □进行胎压检查	3	
	防护工具准备	□检查绝缘手套，测量高压部分电路应佩戴绝缘手套 □检查防护电池电解液酸碱性手套，触碰蓄电池包部分应佩戴防护电池电解液酸碱性手套 □检查护目镜，测量高压部分电路应佩戴护目镜 □检查绝缘安全帽，车辆底部作业应佩戴绝缘安全帽 □检查确认电子驻车制动和档位 □上高压电时要向实训指导教师报告	2	
	设备使用	□初次使用，应正确进行万用表检查 □初次使用绝缘电阻测试仪，应正确进行断路测试、短路测试 □正确连接仪器、仪表和测试设备到车辆 □正确操作车辆到测试条件并直接进行测试	1.5	
	操作规范	□断开模块插头时，先关闭起动开关，再断开辅助蓄电池负极，并对辅助蓄电池负极进行防护；断开高压插头后验电 □完成所有任务后，按规定力矩紧固蓄电池极桩 □测试完成后恢复车辆，主要包括拆卸下的部件正确安装、起动开关等其他开关正确复位	2	
	安全操作	□在操作过程中，对测试设备和车辆可能造成损坏而被实训指导教师制止的，每次扣4分 □未规范操作造成车辆熔丝烧掉，每次扣4分	10	
	6S规范	□仪器、工具、零件跌落或摆放凌乱，每次扣0.5分 □设备使用完成后关闭电源，合理归位 □恢复工位到原标准工位布置状态	1.5	
任务实施（40分）		□规范完成纯电动汽车充电操作，每漏一项扣2分，检查不规范或操作不规范扣1分	40	
自我评价与反思（10分）		□学生能对自身表现情况进行客观评价及反思	10	
		得分（满分100）		

任务三　新能源汽车事故应急处理

学习目标

知识目标

1. 掌握新能源汽车无法起动的原因。
2. 了解 IP 防护等级。
3. 掌握汽车落水自救逃生方法。

能力目标

1. 能够正常开展新能源汽车辅助蓄电池亏电导致的无法起动应急处理。
2. 能够灵活处理新能源汽车碰撞事故、火灾事故和涉水事故。

素质目标

1. 通过新能源汽车事故应急处理工作任务的引入，培养学生的安全责任意识，提升学生的安全防护技能。
2. 通过思想提升浸润善作善成的思政元素，培养学生严谨细致、精益求精的新时代工匠精神。
3. 通过严格执行 6S 规范，提高学生的职业素养。

实践技能

一、新能源汽车无法起动应急处理

无法起动是新能源汽车的常见故障之一，新能源汽车高压上电由低压电气系统和高压电气系统相互配合完成，从安全角度考虑，新能源汽车的控制策略是低压控制高压。

低压电气系统异常通常表现为整车电气设备均不能工作，即整车没电。由于新能源汽车的控制策略为低压控制高压，而低压电气系统由辅助蓄电池来供应电源，如果低压供电异常，即使动力蓄电池电量充足，车辆依然无法唤醒。

（1）造成低压电气系统异常的原因

① 熔丝、继电器等部件损坏。
② 启动继电器损坏。
③ 辅助蓄电池接触不良或亏电。

（2）辅助蓄电池亏电应急处理

1）跨接起动法。寻找一辆运行良好的车辆，利用跨接电缆起动救援车辆，具体操作步骤如下：

① 关闭两辆车的起动开关，除危险警告灯（如有需要）外，关闭两辆车的所有车灯和电气附件。
② 先将正极（+）电缆接到"被救援车"的辅助蓄电池正极（+），再将另一端接到"救

援车"的辅助蓄电池正极（+），再按照此方法搭接负极（-）。

③ 跨接完成后，起动"救援车"怠速运转4min后，再起动"被救援车"（一般被救援的车辆起动后，需要保持运转30min，给辅助蓄电池充电）。

④ 在被救援车起动后，即可取下跨接线缆线：先取"被救援车"的负极（-），再取"救援车"的负极（-）；然后取"救援车"的正极（+），再取"被救援车"的正极（+）。

2）应急电源法。当新能源汽车辅助蓄电池出现亏电现象，而短时间内也没有救援车辆时，可使用专用应急电源与车辆辅助蓄电池相连起动车辆，具体操作步骤如下：

① 关闭车辆起动开关，除危险警告灯（如有需要）外，关闭两辆车的所有车灯和电气附件。

② 将应急电源红色正极夹连接到辅助蓄电池正极，并确保连接牢固。

③ 将应急电源黑色负极夹连接到辅助蓄电池负极，并确保连接牢固。

④ 起动车辆，起动成功后先将应急电源黑色负极夹取下，再将应急电源红色正极夹从辅助蓄电池正极取下。

3）充电机充电法。仅适用于具备充电条件的维修车间使用。

与传统燃油汽车操作方法相同，用充电机向辅助蓄电池小电流缓慢充电。为了避免产生火花等发生危险，就车充电时充电电流应低于5A缓慢充电。

> ❓ 新能源汽车需要救援时，如何正确拖拽车辆？
>
> 新能源汽车的电驱动系统连接三相交流驱动电机，在拖拽车辆时，如果车辆驱动轮转动将产生电能。因此，对新能源汽车进行牵引，必须严格遵守生产厂商的要求，否则可能损坏驱动电机或变速单元。比亚迪秦纯电动汽车使用手册中建议：车辆发生故障需要牵引时，选择平板拖车是最佳方式，如图2-3-1所示。不推荐使用牵引钩方式托运车辆。

图2-3-1　平板拖车

二、新能源汽车碰撞事故应急处理

区别于传统燃油汽车，新能源汽车搭载有一整套高压电驱动系统，在碰撞过程中除了可能发生人员伤亡的情况，还存在碰撞后高压系统受损、高压泄漏、短路等安全风险；乘客和救援人员等在电动汽车碰撞过程中，也将面临新的风险和挑战。

纯电动汽车或混合动力汽车发生交通事故需要救援时，不要因为车辆运行比较安静就误以为车辆处于停机状态。当车辆处于"READY"或"OK"模式时（相应指示灯点亮），如图2-3-2所示，纯电动车型的大部分高压系统处于通电工作状态；混合动力车型的发动机可能会自动起动。所以在检查或维修车辆时，一定要先看仪表盘上"READY"或"OK"指示灯是否已经熄灭。

图2-3-2　新能源汽车仪表READY指示灯点亮

1. 在处理事故车辆之前，应执行断电操作步骤

① 确保驻车制动可靠工作，确认车辆处于 P 位。

② 关闭起动开关，并确认"READY"或"OK"指示灯熄灭。

③ 断开辅助蓄电池负极端子接线。

④ 根据车型拆卸高压维修开关或者高压熔丝或者高压互锁开关。

注意事项：如果车辆损伤严重，无法进入车内关闭起动开关，务必戴好绝缘手套，找到并断开辅助蓄电池负极端子接线、维修开关或高压部件的互锁开关；与传统燃油汽车一样，新能源汽车发生交通事故时，应根据交通法的规定处理事故，进行人员施救，并联系 120 急救、交警、保险公司等。

2. 漏液处置

事故车辆泄漏的不明液体有可能是冷却液、变速器齿轮油、空调水等普通油水，也有可能是动力蓄电池破损溢出电解液。电解液属于碱性（镍氢电池）或酸性（锂离子蓄电池）的腐蚀性液体，因此不要触碰，尽量戴上绝缘手套。

1）作为驾乘人员，若当车辆碰撞后动力蓄电池发生漏液或车内有酸液气味或车外有明显酸液流出、蓄电池包内部出现烟雾，处置程序如下：

① 请将车辆退电至 OFF 位，并在条件允许下断开前机舱辅助蓄电池。

② 建议立即拨打汽车授权服务店的服务电话请求救援。

2）作为专职救援人员，漏液处置程序如下：

① 当出现除电解液外的其他液体从车辆中漏出时，按照燃油车辆处置方法进行处置。

② 电解液泄漏时，有大量的有毒气体逸出，需要佩戴全套呼吸防护装备，并控制外部火源，避免电解液被引燃。

③ 如有可能，尽量使用吸附材料等收集电解液，防止其污染环境。

3. 碰撞事故处置程序

1）作为驾乘人员，如果车辆发生碰撞，请根据实际情况按照以下方法对车辆进行操作：

① 将车辆退电至 OFF 位，并在条件允许的情况下断开前机舱蓄电池。

② 立即拨打汽车授权服务店的服务电话请求救援。

③ 在条件允许的情况下，可自行进行简单检查：查看动力蓄电池托盘边缘是否开裂，有无明显液体流出。

2）作为专职救援人员，碰撞事故救援处置程序如下：

① 设置警戒标志。

② 识别车辆，评估后确定救援方案。

③ 做好救援人员的安全防护。

④ 操作之前固定车辆、切断电源。

⑤ 确定动力蓄电池及部件位置。

⑥ 人员搜救及车辆处置。

⑦ 现场清理。

警告：请勿触碰泄漏出的液体，远离发生泄漏的车辆或动力蓄电池。当人体不慎接触电解液时，应立即用大量清水冲洗 10~15min，并及时就医。

动力蓄电池燃烧会释放有毒气体，请佩戴自给正压式呼吸器，穿消防防护服，并在上风口进行救援，避免吸入有毒气体。

三、新能源汽车火灾事故应急处理

由交通事故、自身设备故障或被引燃等原因造成的车辆起火（图 2-3-3），可能会导致人员伤亡和财产损失等严重后果。

GB/T 38283—2019《电动汽车灾害事故应急救援指南》中建议：动力蓄电池未出现明火时，可按照传统车辆火灾处置方法进行灭火。当动力蓄电池着火时，大量消防水的使用可降低动力蓄电池及其内部的温度，可有效阻止燃烧和防止复燃，因此需要使用大量的、持续的消防水，如扑灭动力蓄电池着火的乘用车时应确保10t以上的消防水。现场清理时应妥善处理受损动力蓄电池，合理采取转运方式，防止事故车辆在转运及后期静置过程中起火。

图 2-3-3　交通事故引发火灾

1）作为驾乘人员，如果车辆起火，请根据实际状况按照以下方法继续对车辆进行操作：

① 将车辆退电至OFF位，并离开车辆。

② 在保证人身安全的条件下，若火势较小、较慢，请使用干粉灭火器进行灭火，并立即拨打求救电话。

③ 如果现场火势较大，发展较快，请立即远离车辆等待救援。

2）作为专职救援人员，火灾事故救援处置程序如下：

① 设置警戒标志。

② 识别车辆，评估后确定采取的灭火方案。

③ 做好救援人员防护。

④ 火灾扑灭后固定车辆。

⑤ 如有需要，进行断电。

⑥ 现场清理。

四、新能源汽车涉水事故应急处理

GB 18384—2020《电动汽车安全要求》中规定：高压部件下表面距地面高度小于30cm，就要满足IPX7等级的防水要求。《电动汽车用动力蓄电池安全要求及试验方法》中明确规定了相关安全指标及试验方法。

1. IP防护等级

IP（INGRESS PROTECTION）防护等级系统是由IEC（国际电工委员会）所起草的，将电器依其防尘防湿气之特性加以分级。IP防护等级是由两个数字所组成的，第1个数字表示电器防尘、防止外物侵入的等级，最高级别是6；第2个数字表示电器防湿气、防水浸入的密闭程度，数字越大表示其防护等级越高，最高级别是9，见表2-3-1。

表 2-3-1　IP防护等级

防尘等级	防护范围	说明
0	无防护	对外界的人或物无特殊的防护
1	防止直径大于50mm的固体异物	防止人体（如手掌）因意外而接触到电器内部的零件，防止较大尺寸（直径大于50mm）的外物侵入
2	防止直径大于12.5mm的固体异物	防止人的手指接触到电器内部的零件，防止中等尺寸（直径大于12.5mm）的外物侵入
3	防止直径大于2.5mm的固体异物	防止直径或厚度大于2.5mm的工具、电线及类似的小型外物侵入而接触到电器内部的零部件

（续）

防尘等级	防护范围	说明
4	防止直径大于 1.0mm 的固体异物	防止直径或厚度大于 1.0mm 的工具、电线及类似的小型外物侵入而接触到电器内部的零部件
5	防尘	完全防止外物侵入，虽不能完全防止灰尘侵入，但灰尘的侵入量不会影响电器的正常运作
6	尘密	无灰尘进入

防水等级	防护范围	说明
0	无防护	对水或湿气无特殊防护
1	防止垂直方向滴水	防持续至少 10min 垂直方向滴水
2	防止当外壳在 15° 倾斜时垂直方向滴水	当外壳的各垂直面在 15° 倾斜时，每一个倾斜位置持续至少 2.5min 垂直滴水无有害影响
3	防淋水	当外壳的垂直面在 60° 范围内淋水，持续至少 5min 无有害影响
4	防溅水	防持续至少 5min 的溅水
5	防喷水	防持续至少 3min 的低压喷水
6	防强烈喷水	防持续至少 3min 的大量喷水
7	防短时间浸水影响	在深达 1m 的水中防 30min 的浸泡影响
8	防持续浸水影响	在深度超过 1m 的水中防持续浸泡影响，准确的条件由制造商针对各设备指定
9	防高温 / 高压喷水影响	防持续至少 3min 的高温 / 高压喷水

上述新能源汽车的涉水能力只能防止短暂的浸水危害，涉水后的安全情况和涉水时间的长短息息相关。新能源汽车的电压一般为 200~750V，如果长时间浸泡在水中，超过 30min 后容易发生漏水漏电的危险。驱动电机一般安装在传统燃油汽车发动机的位置，虽然位置离地面较高，而且也是全密封的，但是和动力蓄电池一样，不能进水，而且机舱里各种线束沾水后存在短路危险，甚至会引发火灾。

2. 涉水事故处置程序

"车辆涉水"通常指的是车辆在低洼、桥下等路段被强降雨导致的高水位所困，或者意外坠入水中。

1）作为驾乘人员，如果车辆落水，请根据实际状况按照以下方法自救逃生：

① 第一阶段：车辆刚落水时（最佳时机）。汽车刚刚落水时，逃生成功概率最大。此时车身大部分都在水面之上，车门、车窗、天窗都还比较容易打开，这是弃车逃生的最佳时机。需要特别注意的是：车辆落水后，应该第一时间打开电子中控锁并解开安全带，打开车门迅速逃生。也可以尝试用电子方式打开车窗和天窗，目的是避免车辆因进水断电而失灵锁死，从车窗或天窗逃生。

② 第二阶段：水已漫过车门（关键时机）。当水位漫过车门时，因为车辆内外存在水压差，此时车门已经很难打开，要用安全锤、头枕、灭火器等尖锐的物品，用力敲打侧方玻璃四角（图 2-3-4），砸碎后迅速逃离，全力游向水面寻求救援。注意砸车窗前深吸一口气，以防被砸开车窗后涌入的水流呛到。对于普通私家车，如果后排座椅可以翻倒且配备行李舱逃生装置（图 2-3-5），也可以尝试从行李舱进行逃生。

③ 第三阶段：水完全淹没车顶（最后时机）。如果错过前面两个时机，等待水完全灌入车内，车内外水压一致的那一刻，深吸一口气，用力打开车门逃离。但是水完全灌入车内的时间一般比人的憋气时间长，所以此阶段生还概率不大。

图 2-3-4 安全锤敲打侧方玻璃四角

图 2-3-5 行李舱逃生装置

总结：车辆涉水最重要的是——尽快离开车辆，这样才有最大的逃生机会。车辆落水之初——迅速开门开窗逃离；水已经漫过车门——砸碎车窗玻璃逃生；水即将灌满车辆——憋气用力开门逃生。

如果不会游泳，从车内逃脱后，脸部应尽量朝上仰起，用双脚向下踩水，双手横向划水，这样能让自己浮到水面上。同时，应迅速寻找周围的漂浮物帮助自己，给接下来的求救创造条件。电动汽车相比同级别的燃油汽车来说，车身会更重，这也导致车辆会更快地沉入水下，留给车内人员的自救逃生时间更短，生还率更低。

2）作为专职救援人员，水域事故救援处置程序如下：
① 识别车辆，侦察环境情况，评估后确定救援方案。
② 做好救援人员的安全防护。
③ 确定动力蓄电池及部件位置。
④ 解救被困人员。
⑤ 如果无人员被困，直接进行车辆处置。
⑥ 现场清理。

任务实施

实训工单三　纯电动汽车无法起动应急处理

姓名		学号	
小组成员		日期	
实训指导教师		实训成绩	
实训设备	纯电动汽车、绝缘电阻测试仪、诊断仪、数字钳形表、万用表、绝缘工具一套、维修手册、电路图等。		

一、任务接收
安全、规范地完成纯电动汽车无法起动应急处理的各项任务。

二、知识准备
1. ＿＿＿＿＿异常通常表现为整车电气设备均不能工作，即整车没电。
2. 车辆发生故障需要牵引时，选择＿＿＿＿＿是最佳方式。
3. 事故车辆泄漏的不明液体有可能是＿＿＿＿＿、＿＿＿＿＿、空调水等普通油水，也有可能是动力蓄电池破损溢出。
4. 动力蓄电池燃烧会释放＿＿＿＿＿，请佩戴＿＿＿＿＿，穿消防防护服，并在＿＿＿＿＿进行救援，避免吸入有毒气体。
5. 现场清理时应妥善处理受损动力蓄电池，合理采取转运方式，防止事故车辆在转运及后期静置过程中＿＿＿＿＿。
6. 当动力蓄电池着火时，＿＿＿＿＿的使用可降低动力蓄电池及其内部的温度，可有效阻止燃烧和防止复燃。
7. IP 防护等级是由两个数字所组成的，第 1 个数字表示电器＿＿＿＿＿的等级，第 2 个数字表示电器＿＿＿＿＿。

（续）

三、决策与计划

根据任务要求和纯电动汽车维护作业技术规范，制订纯电动汽车无法起动应急处理作业计划，并对小组成员进行合理分工。

纯电动汽车无法起动应急处理作业计划			
操作人：			监护人：
序号	作业项目	检测仪器、工具	操作要点
1			
2			
3			
4			
5			
计划审核	审核意见： 签字：　　　　　　年　月　日		

四、操作步骤

1. 记录车辆基本信息

项目	内容	
品牌		
车辆识别代号		
制造年月		
驱动电机	型号：	峰值功率：
动力蓄电池	额定电压：	额定容量：
行驶里程	km	

2. 确认车辆状态

作业图例	作业内容	结果记录
	检查遥控钥匙是否能解锁	□是　□否

(续)

3. 低压电气系统检查

作业图例	作业内容	结果记录
	检查整车上电界面	□有显示 □无显示
	检查低压电气系统是否运行	□是　□否
	检查高压电气系统是否运行	□是　□否

3. 低压电气系统检查

作业图例	作业内容	结果记录
	确认辅助蓄电池安装位置	□是　□否
	检查辅助蓄电池外观	□正常　□破损
	检查辅助蓄电池正、负极接线状态	□牢固　□松动
	检查辅助蓄电池搭铁状态	□牢固　□松动
	检查熔丝、继电器连接情况	□正常　□异常
	测量辅助蓄电池电压	测量值_____V

4. 使用应急电源起动车辆

作业图例	作业内容	结果记录
	检查车辆起动开关是否关闭	□是　□否
	连接应急电源正极至辅助蓄电池正极	□是　□否
	连接应急电源负极至辅助蓄电池负极	□是　□否
	起动车辆，检查 OK 指示灯状态	□亮　□熄灭 □亮后熄灭
	关闭起动开关	□是　□否
	取下应急电源负极	□是　□否
	取下应急电源正极	□是　□否

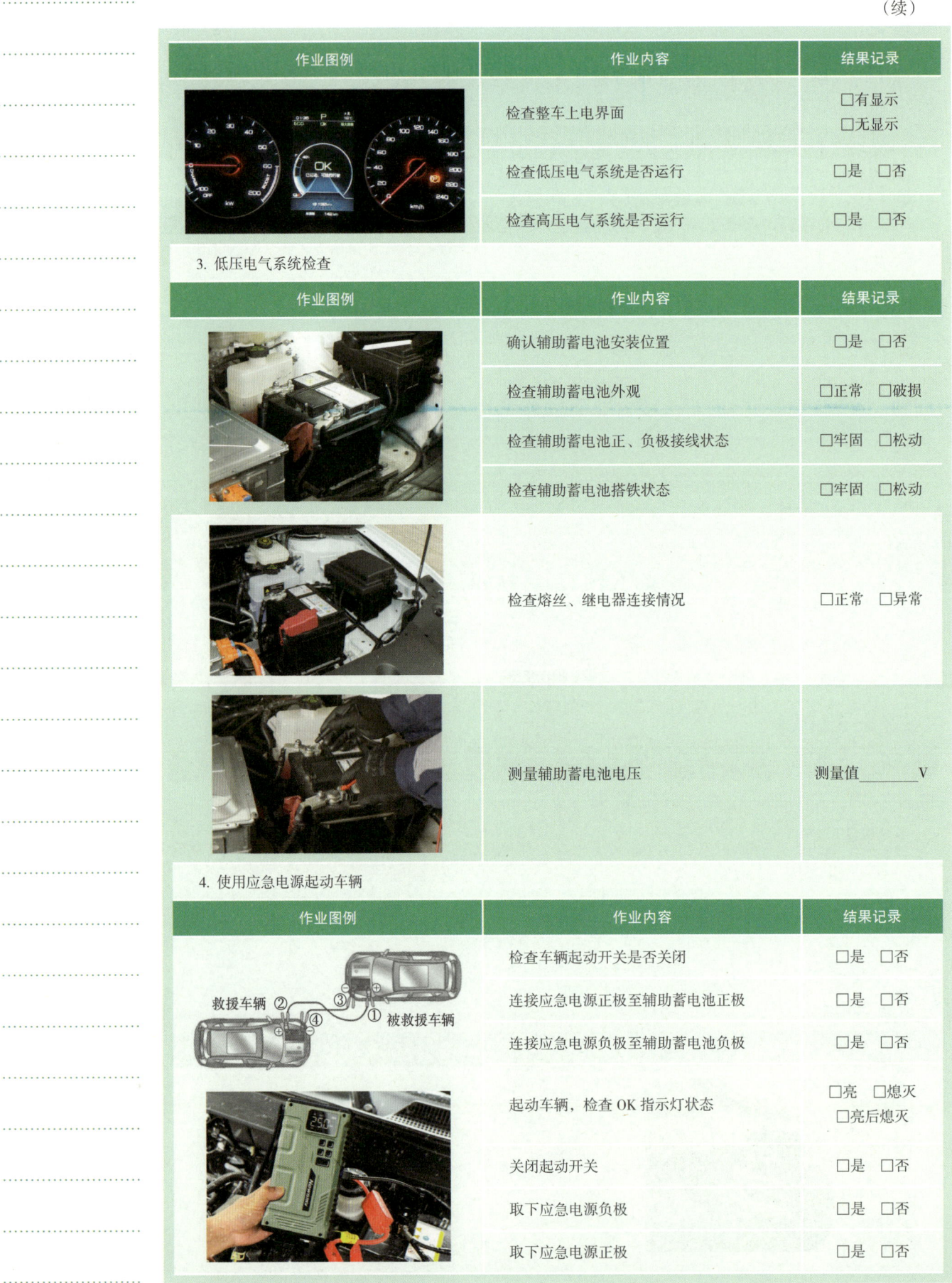

(续)

5. 辅助蓄电池补充充电

作业图例	作业内容	结果记录
	确认辅助蓄电池是否亏电	□是 □否
	正确连接充电机，选择合适模式充电	□是 □否
	充电机显示充满后，测量辅助蓄电池电压	测量值_____V

6. 再次确认车辆状态

作业图例	作业内容	结果记录
	检查遥控钥匙是否能解锁	□是 □否
	检查整车上电界面	□有显示 □无显示
	检查低压电气系统是否运行	□是 □否
	检查高压电气系统是否运行	□是 □否

7. 6S 规范

作业图例	作业内容	结果记录
	关闭车辆起动开关	□是 □否
	收起并整理车内四件套和车外三件套	□是 □否
	关闭设备电源，清洁、整理工具与仪器设备并归位	□是 □否
	收起车辆挡块、安全警示牌、隔离护栏	□是 □否
	清洁实训场地并恢复到原标准工位布置状态	□是 □否

(续)

五、检查与评价

1. 小组自查

小组根据任务实施的记录结果，对本小组的作业内容进行再次检查确认。

序号	检查项目	权重	检查结果
1	知识准备完成情况	20	□是 □否
2	制订计划的合理性	10	□是 □否
3	实施过程完成的正确性	45	□是 □否
4	学生在实施过程中的参与程度	15	□高 □中 □低
5	安全防护与 6S 规范	10	□是 □否

2. 自我评价与反思

结合自己在实训过程中的表现，进行自我评价及自我反思。

3. 教师评价

纯电动汽车无法起动应急处理评分表

项目		评分要点	配分	得分
知识准备 （10分）		□掌握新能源汽车无法起动的原因	5	
		□掌握新能源汽车火灾事故的主要原因	5	
任务计划 （20分）		□制订实训计划	10	
		□协同小组成员进行合理分工	5	
		□能在实施前准备好所需要的仪器、工具	5	
工作组织 与安全 （20分）	作业准备	□检查设置隔离护栏 □设置安全警示牌 □检查灭火器压力值（水基/干粉） □安装车辆挡块 □安装车外三件套 □安装车内四件套 □落下驾驶人侧车窗玻璃 □进行胎压检查	3	
	防护工具 准备	□检查绝缘手套，测量高压部分电路应佩戴绝缘手套 □检查防护电池电解液酸碱性手套，触碰蓄电池包部分应佩戴防护电池电解液酸碱性手套 □检查护目镜，测量高压部分电路应佩戴护目镜 □检查绝缘安全帽，车辆底部作业应佩戴绝缘安全帽 □检查确认电子驻车制动和档位 □上高压电时要向实训指导教师报告	2	
	设备使用	□初次使用，应正确进行万用表检查 □初次使用绝缘电阻测试仪，应正确进行断路测试、短路测试 □正确连接仪器、仪表和测试设备到车辆 □正确操作车辆到测试条件并直接进行测试	1.5	

(续)

项目		评分要点	配分	得分
工作组织与安全（20分）	操作规范	□断开模块插头时，先关闭起动开关，再断开辅助蓄电池负极，并对辅助蓄电池负极进行防护；断开高压插头后验电 □完成所有任务后，按规定力矩紧固蓄电池极桩 □测试完成后恢复车辆，主要包括拆卸下的部件正确安装、起动开关等其他开关正确复位	2	
	安全操作	□在操作过程中，对测试设备和车辆可能造成损坏而被实训指导教师制止的，每次扣4分 □未规范操作造成车辆熔丝烧掉，每次扣4分	10	
	6S规范	□仪器、工具、零部件跌落或摆放凌乱，每次扣0.5分 □设备使用完成后关闭电源，合理归位 □恢复工位到原标准工位布置状态	1.5	
任务实施（40分）		□规范完成纯电动汽车无法起动应急处理操作，每漏一项扣2分，检查不规范或操作不规范扣1分	40	
自我评价与反思（10分）		□学生能对自身表现情况进行客观评价及反思	10	
得分（满分100）				

延伸阅读

知常明变　守正创新

知常明变者赢，守正创新者进。对历史最好的继承就是创造新的历史，对人类文明最大的礼敬就是创造人类文明新形态。2024年，迈过70年历程的中国汽车工业站在"新十年"的起点。中国汽车业已走过"市场换技术"的阶段，中国在全球汽车业的定位，也从"世界工厂"变成"创新中心"。重大科技创新成果是国之重器、国之利器，必须牢牢掌握在自己手上，必须依靠自力更生、自主创新。无论是造车新势力还是传统车企，无论是外资车企、合资车企还是自主车企，只有形成可持续发展的商业模式，从各个维度建立起自己的创新优势，才能在快速变化的汽车市场中赢得赛点。

笔记栏

项目三
纯电动汽车高压系统维护

项目描述

纯电动汽车高压系统是指纯电动汽车内部B级以上电压与动力蓄电池直流母线相连或由动力蓄电池驱动的高压驱动零部件系统，主要包括但不限于动力蓄电池系统、高压配电系统（高压继电器、熔断器、电阻器、主开关等）、驱动电机系统、DC/DC变换器和车载充电机等。

本项目介绍了纯电动汽车动力蓄电池系统、驱动电机系统、冷却系统、空调系统的组成及原理，在此基础上进一步讲解高压系统的维护方法、维护时的注意事项等内容。

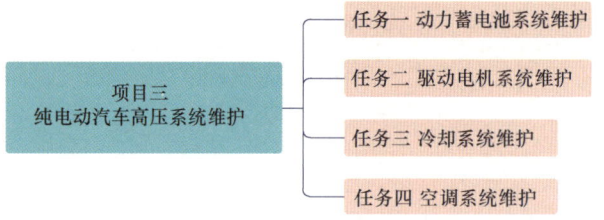

任务一 动力蓄电池系统维护

学习目标

知识目标

1. 了解动力蓄电池系统的定义及组成。
2. 了解动力蓄电池的类型。
3. 掌握动力蓄电池系统的诊断流程。

能力目标

1. 能够完成动力蓄电池不拆解检测。
2. 能够对接汽车维修工（三级）职业技能等级标准完成动力蓄电池外部维护。

素质目标

1. 通过动力蓄电池系统维护工作任务的引入，培养学生的安全责任意识和团结协作意识。

2. 通过思想提升浸润善作善成的思政元素，培养学生严谨细致、精益求精的新时代工匠精神。

3. 通过严格执行 6S 规范，提高学生的职业素养。

知识储备

一、纯电动汽车动力蓄电池系统基本知识

1. 动力蓄电池系统的定义

GB/T 19596—2017《电动汽车术语》中，动力蓄电池系统的定义为"一个或一个以上蓄电池包及相应附件（蓄电池管理系统、高压电路、低压电路、热管理设备以及机械总成）构成的为电动汽车整车的行驶提供电能的能量存储装置。"GB/T 31467—2023《电动汽车用锂离子动力电池包和系统电性能试验方法》附录 A 中提到"电池包是能量存储装置，包括单体或模块，通常还包括动力蓄电池电子部件、高压电路、过电流保护装置及与其他外部系统的接口（如冷却、高压、辅助低压和通信等）。对于大于 DC 60V 的蓄电池包，宜包括手动切断功能。所有部件应被安装在常用防撞电池箱内"。

2. 动力蓄电池系统的组成

为了结构表达更加清晰、完整，将动力蓄电池系统的组成划分为动力蓄电池、蓄电池管理系统和动力蓄电池热管理系统三部分。

（1）**动力蓄电池** 动力蓄电池是能从外部获取存储电能，并能对外输出电能的单元，是动力蓄电池系统的核心部件之一，是纯电动汽车的唯一动力源，为整车提供持续、稳定的能量，驱动车辆行驶。动力蓄电池的性能直接影响纯电动汽车的动力性能、续驶能力和安全性。

动力蓄电池主要由蓄电池模块、动力蓄电池箱、辅助元器件、蓄电池管理系统组件和动力蓄电池热管理系统组件等组成（图 3-1-1），有些动力蓄电池内部还配有高压维

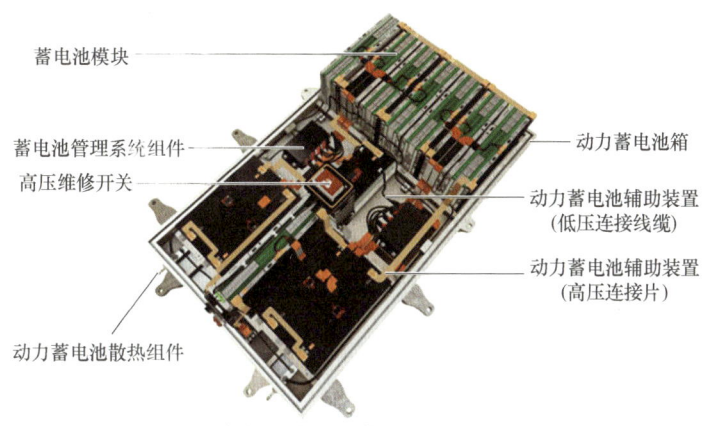

图 3-1-1　动力蓄电池结构示意图

修开关。其中，蓄电池模块是由多个单体蓄电池经并联或串联所形成的组合体。单体蓄电池是将化学能与电能进行相互转换的基本单元，是构成蓄电池模块的最小单元，通常包括电极、隔膜、电解质、外壳和端子，并被设计成可充电，也称作电芯。三元锂离子蓄电池的单体蓄电池额定电压一般在 3.7V 左右，磷酸铁锂离子蓄电池的单体蓄电池额定电压一般在 3.3V 左右。

动力蓄电池箱是用于盛装蓄电池组、蓄电池管理系统以及相应的辅助元器件，并包含机械连接、电气连接和防护等功能的总成。

辅助元器件主要包括动力蓄电池系统正常工作所需的蓄电池托架、冷却系统、温控系统等部件，如高压继电器、高压预充电阻、高压维修开关、电流传感器、温度传感器、高压熔断器、安全阀等。

(2) 蓄电池管理系统 GB/T 19596—2017《电动汽车术语》中，对蓄电池管理系统（Battery Management System，BMS）的描述是，监视蓄电池的状态（温度、电压、荷电状态等），可以为蓄电池提供通信、安全、电芯均衡及管理控制，并提供与应用设备通信接口的系统。

比亚迪秦纯电动汽车采用分布式蓄电池管理系统，由一个蓄电池管理控制器（BMC）、一个通信转换模块、四个级联的蓄电池信息采集器（BIC）及相关采样通信线束组成。BMC 的主要功能有充放电管理、接触器控制、功率控制、蓄电池异常状态报警和保护、SOC/SOH 计算、自检以及通信功能等；通信转换模块和 BIC 的主要功能有蓄电池电压采样、温度采样、电池均衡、采样线异常检测等。

(3) 动力蓄电池热管理系统 动力蓄电池温度过低，会影响动力蓄电池的容量；动力蓄电池温度过高，则会影响动力蓄电池的性能和循环寿命。因此，做好热管理对动力蓄电池的性能、使用寿命乃至整车的行驶里程都具有十分重要的意义。

动力蓄电池热管理系统实时监测动力蓄电池的温度，并根据监测到的数据控制相关元件（如 PTC 加热器和电子水泵）工作，从而将动力蓄电池的温度控制在合适工作范围内的系统，如图 3-1-2 所示，其主要功能有动力蓄电池温度的准确测量和监控，蓄电池模块温度过高时的有效散热和通风，低温条件下的快速加热，有害气体产生时的有效通风，保证蓄电池模块温度场的均匀分布。

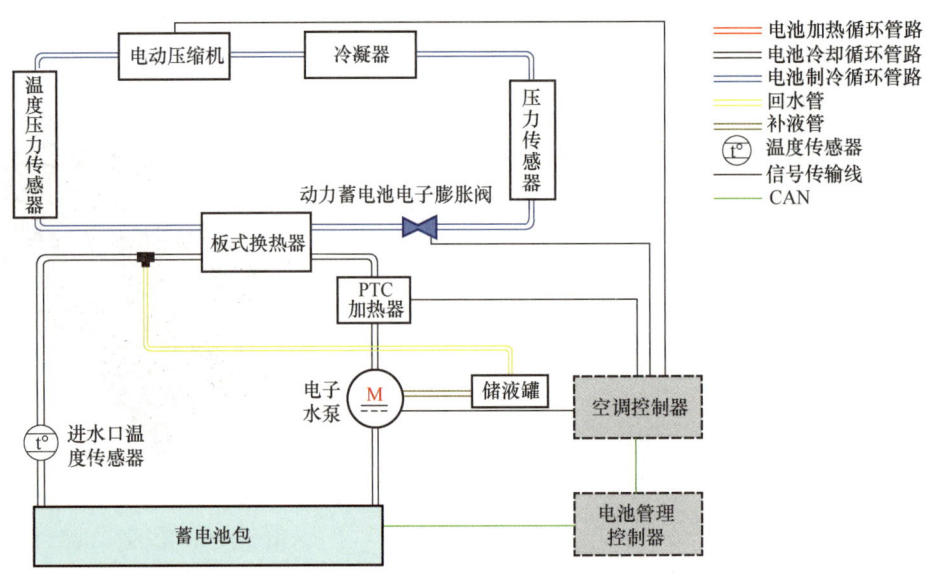

图 3-1-2　动力蓄电池热管理系统示意图

3. 动力蓄电池的类型

纯电动汽车上的蓄电池分为辅助蓄电池和动力蓄电池。辅助蓄电池是为低压辅助系统（低压电器）供电的蓄电池，采用铅酸蓄电池；动力蓄电池是为纯电动汽车高压系统（高压电器）提供能量的蓄电池，多采用锂离子蓄电池。根据锂离子蓄电池正极材料的不同，主流锂离子蓄电池可分为三元锂离子蓄电池和磷酸铁锂离子蓄电池。对比其技术特性，可以看出磷酸铁锂离子蓄电池在安全性、经济性、原材料丰富度和循环寿命方面优势明显，而三元锂离子蓄电池在能量密度、低温性能和充电效率方面优势明显。

实践技能

二、比亚迪秦纯电动汽车动力蓄电池系统

比亚迪秦纯电动汽车的动力蓄电池系统由蓄电池模块、动力蓄电池信息采集器、动力蓄电池串联线、动力蓄电池托盘、蓄电池包密封盖和动力蓄电池采样线等组成；额定电压为408.8V，总电量为53.1kW·h。蓄电池包内部有接触器和动力蓄电池信息采集系统，BMC通过电平信号控制接触器通断，通过CAN与BIC/BCC通信接收蓄电池模块基本信息。

动力蓄电池系统诊断流程如图3-1-3所示。

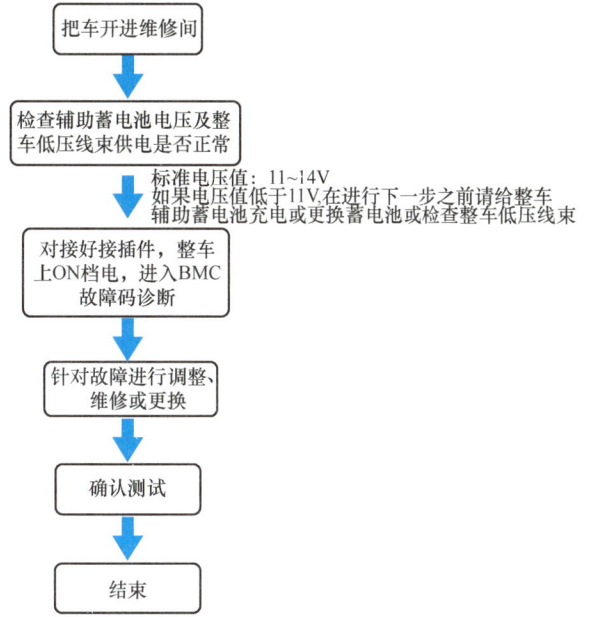

图 3-1-3　动力蓄电池系统诊断流程

三、纯电动汽车动力蓄电池系统检查与维护

动力蓄电池的维护可以分为动力蓄电池外部维护和动力蓄电池内部维护。常规维护时可以只对动力蓄电池的外部进行维护，但当需要进行多项目的维护或当动力蓄电池内部存在故障时，就需要对动力蓄电池进行内部维护。

1. 检查与维护前的准备工作

1）确认车辆停放可靠，关闭起动开关，取出车辆钥匙并安全存放。
2）断开辅助蓄电池负极，并进行绝缘处理，断开整车低压控制电源。
3）佩戴绝缘手套，断开高压维修开关。
4）举升车辆至合适高度，并安全锁止举升机。
5）断开动力蓄电池总正、总负高压接插器电缆和低压线束接插器。

2. 动力蓄电池外部维护

动力蓄电池外部维护的内容主要有动力蓄电池外观检查、动力蓄电池箱体密封性能检查、动力蓄电池外部绝缘性检查、动力蓄电池快充端正负极绝缘性检查和动力蓄电池冷却系统检查。

3. 动力蓄电池不拆解检查

1）连接车辆专用诊断仪，进入系统，读取车辆的相关信息。
2）读取动力蓄电池系统故障码，确认故障码是否与动力蓄电池系统故障相关。如有相关故障码，需进一步检修。
3）读取动力蓄电池系统相关数据流，检查是否存在异常数据，例如接触器状态、动力蓄电池温度、动力蓄电池电压等。

4. 动力蓄电池内部维护

动力蓄电池内部维护内容主要有动力蓄电池内部清洁、熔断器检查、继电器检查、预充电阻检查、动力蓄电池内部电缆及连接件检查、动力蓄电池的保温性能检查。

> 注意：由于动力蓄电池具有高压电，维修人员应穿戴好高压安全防护用具（绝缘鞋、绝缘手套等），以保证安全性。

任务实施

纯电动汽车动力蓄电池维护

实训工单一 动力蓄电池系统检查与维护

姓名		学号	
小组成员		日期	
实训指导教师		实训成绩	
实训设备	纯电动汽车、绝缘电阻测试仪、诊断仪、数字钳形表、万用表、绝缘工具一套、维修手册、电路图等。		

一、任务接收

安全、规范地完成动力蓄电池系统检查与维护的各项任务。

二、知识准备

1. 动力蓄电池系统是一个或一个以上_____及相应附件（蓄电池管理系统、_____、低压电路、_____以及机械总成）构成的为电动汽车整车的行驶提供电能的能量存储装置。
2. _____是将化学能与电能进行相互转换的基本单元，是构成动力蓄电池模块的_____，通常包括_____、隔膜、电解质、外壳和端子，并被设计成可充电，也称作_____。
3. BMS是监视蓄电池的状态（_____、_____、荷电状态等），可以为蓄电池提供_____、安全、_____及管理控制，并提供与应用设备通信接口的系统。
4. 动力蓄电池外部维护的内容主要有动力蓄电池外观检查、_____密封性能检查、动力蓄电池外部_____检查、动力蓄电池快充端正负极绝缘性检查和动力蓄电池_____检查。

三、决策与计划

根据任务要求和纯电动汽车维护作业技术规范，制订动力蓄电池系统检查与维护作业计划，并对小组成员进行合理分工。

动力蓄电池系统检查与维护作业计划			
操作人：		监护人：	
序号	作业项目	检测仪器、工具	操作要点
1			
2			
3			
4			
5			
计划审核	审核意见：		
	签字：　　　　　　　　　年　　月　　日		

项目三　纯电动汽车高压系统维护

(续)

四、操作步骤

1. 作业前准备

作业图例	作业内容	结果记录		
	作业准备	□设置隔离护栏 □设置安全警示牌 □检查灭火器压力值（水基/干粉） □安装车辆挡块 □安装车外三件套 □安装车内四件套 □落下驾驶人侧车窗玻璃 □进行胎压检查		
	防护工具准备	□规范着装 □检查绝缘安全帽 □检查护目镜 □检查绝缘手套 □检查绝缘鞋 □检查确认电子驻车制动和档位 □高压上电时向指导教师报告		
	设备使用	□检查万用表 □检查绝缘电阻测试仪 □检查诊断仪 □检查绝缘工具 □检查放电工装 □检查维修手册、电路图是否完备 □断开各模块插头时，先关闭起动开关，再断开辅助蓄电池负极，并做绝缘防护		
	测量绝缘地垫的绝缘电阻值	测量值	标准值	结果判别
		_____		□正常 □异常

2. 记录车辆基本信息

项目	内容		
品牌			
车辆识别代号			
制造年月			
驱动电机	型号：	峰值功率：	
动力蓄电池	额定电压：	额定容量：	
行驶里程	km		

(续)

3. 高压下电操作

作业图例	作业内容	结果记录
	关闭起动开关，将钥匙安全存放	□是　□否
	断开辅助蓄电池负极并做绝缘处理，静止等待 5min	□是　□否
	佩戴绝缘手套，拆卸维修开关并安全存放（如果相关车型没有装备维修开关，则拆卸某一高压部件的互锁开关）	□是　□否
	佩戴绝缘手套，断开动力蓄电池高压母线接插件	□是　□否
	测量动力蓄电池高压母线正、负极端子之间电压，如果大于 10V，需用_____进行放电	_____V
	动力蓄电池高压母线端子绝缘处理	□是　□否

4. 动力蓄电池外部维护
（1）动力蓄电池外观检查

作业图例	作业内容	结果记录
	检查动力蓄电池箱体是否有划痕、变形、开裂、破损、腐蚀、漏液等情况	□是　□否

(续)

作业图例	作业内容	结果记录
	检查动力蓄电池外部高、低压接插器线束及接插器连接有无松动、破损和腐蚀等情况	□是　□否
	检查动力蓄电池箱体与车辆底盘的紧固螺栓是否可靠，有无腐蚀、破损等情况	□是　□否
	使用扭力扳手按规定次序和力矩紧固动力蓄电池箱体紧固螺栓，紧固力矩参考车辆维修手册	□是　□否

（2）动力蓄电池箱体密封性能检查

作业图例	作业内容	结果记录
	使用真空泵及气泵管路连接动力蓄电池箱体，对动力蓄电池箱体进行抽真空操作，正常情况下在 3~5min 内，负压应达到 –40kPa；10min 后负压应保持在 –10kPa	负压值：_____ □正常 □异常

（3）动力蓄电池外部绝缘性检查

作业图例	作业内容	结果记录
	使用绝缘电阻测试仪 1000V 档位分别检查动力蓄电池总正、总负端子对地的绝缘电阻值，应不小于 20MΩ	_____

（4）动力蓄电池快充端正负极绝缘性检查

作业图例	作业内容	结果记录
	使用绝缘电阻测试仪 1000V 档位分别检查动力蓄电池快充端正、负极对地的绝缘电阻值，应不小于 20MΩ	_____

(续)

（5）动力蓄电池冷却系统检查

作业图例	作业内容	结果记录
	检查动力蓄电池冷却系统储液罐液位：当冷却系统处于冷态时，冷却液液面应保持在膨胀水箱总成上的 MIN（最低）和 MAX（最高）标记之间，低于"MIN"刻度线时需要适当添加冷却液	□是　□否
	查看冷却液颜色是否变浑浊，并使用冰点测试仪测量冷却液冰点	_____℃
	检查散热器及冷却系统管路外部是否存在老化、开裂、泄漏和堵塞等情况	□是　□否

（6）动力蓄电池不拆解检查

作业图例	作业内容	结果记录
	连接车辆专用诊断仪，进入系统，读取车辆的相关信息	□是　□否
	读取动力蓄电池系统故障码，确认故障码是否与动力蓄电池系统故障相关	故障码：_____
	读取动力蓄电池系统相关数据流，检查是否存在异常数据	异常数据流：_____

5. 高压上电操作流程

作业图例	作业内容	结果记录
	连接动力母线接插件	□是　□否

（续）

作业图例	作业内容	结果记录
	安装维修开关或某一高压部件的互锁开关	□是 □否
	连接辅助蓄电池负极	□是 □否
	车辆是否能够正常上电	□是 □否
	用诊断仪读取动力模块—蓄电池管理系统故障码，验证车辆是否有故障	□是 □否

6. 6S 规范

作业图例	作业内容	结果记录
	关闭车辆起动开关	□是 □否
	收起并整理车内四件套和车外三件套	□是 □否
	关闭设备电源，清洁、整理工具与仪器设备并归位	□是 □否
	收起车辆挡块、安全警示牌、隔离护栏	□是 □否
	清洁实训场地并恢复到原标准工位布置状态	□是 □否

五、检查与评价

1. 小组自查

小组根据任务实施的记录结果，对本小组的作业内容进行再次检查确认。

序号	检查项目	权重	检查结果
1	知识准备完成情况	20	□是 □否
2	制订计划的合理性	10	□是 □否
3	实施过程完成的正确性	45	□是 □否
4	学生在实施过程中的参与程度	15	□高 □中 □低
5	安全防护与 6S 规范	10	□是 □否

(续)

2. 自我评价与反思
结合自己在实训过程中的表现，进行自我评价及自我反思。
_____

3. 教师评价

动力蓄电池系统检查与维护评分表

项目	评分要点	配分	得分
知识准备（10分）	□了解动力蓄电池系统的定义与组成	5	
	□了解动力蓄电池的主要性能指标	5	
任务计划（20分）	□制订实训计划	10	
	□协同小组成员进行合理分工	5	
	□能在实施前准备好所需要的仪器工具	5	
工作组织与安全（20分）	作业准备 □检查设置隔离护栏 □设置安全警示牌 □检查灭火器压力值（水基/干粉） □安装车辆挡块 □安装车外三件套 □安装车内四件套 □落下驾驶人侧车窗玻璃 □进行胎压检查	3	
	防护工具准备 □检查绝缘手套，测量高压部分电路应佩戴绝缘手套 □检查防护电池电解液酸碱性手套，触碰动力蓄电池部分应佩戴防护电池电解液酸碱性手套 □检查护目镜，测量高压部分电路应佩戴护目镜 □检查绝缘安全帽，车辆底部作业应佩戴绝缘安全帽 □检查确认电子驻车制动和档位 □上高压电时要向实训指导教师报告	2	
	设备使用 □初次使用，应正确进行万用表的检查 □初次使用绝缘电阻测试仪，应正确进行断路测试、短路测试 □正确连接仪器、仪表和测试设备到车辆 □正确操作车辆到测试条件并直接进行测试	1.5	
	操作规范 □断开模块插头时，先关闭起动开关，再断开辅助蓄电池负极，并对辅助蓄电池负极进行防护；断开高压插头后验电 □完成所有任务后，按规定力矩紧固蓄电池极桩 □测试完成后恢复车辆，主要包括拆卸下的部件正确安装、起动开关等其他开关正确复位	2	
	安全操作 □在操作过程中，对测试设备和车辆可能造成损坏而被实训指导教师制止的，每次扣4分 □未规范操作造成车辆熔丝烧掉，每次扣4分	10	
	6S规范 □仪器、工具、零部件跌落或摆放凌乱，每次扣0.5分 □设备使用完成后关闭电源，合理归位 □恢复工位到原标准工位布置状态	1.5	
任务实施（40分）	□规范完成动力蓄电池系统检查与维护操作，每漏一项扣2分，检查不规范或操作不规范扣1分	40	
自我评价与反思（10分）	□学生能对自身表现情况进行客观评价及反思	10	
得分（满分100）			

任务二　驱动电机系统维护

学习目标

知识目标
1. 了解纯电动汽车驱动电机系统的组成。
2. 了解驱动电机的结构和工作原理。
3. 了解电机控制器的作用和工作原理。
4. 了解变速器的功用和工作原理。

能力目标
1. 能够对接汽车维修工（三级）职业技能等级标准完成驱动电机的检查与维护。
2. 能够对接"智能新能源汽车"职业技能等级标准完成电机控制器的检查与维护。
3. 能够完成变速器的检查与齿轮油的更换。

素质目标
1. 通过驱动电机系统维护工作任务的引入，培养学生的安全责任意识和团结协作意识。
2. 通过思想提升浸润善作善成的思政元素，培养学生严谨细致、精益求精的新时代工匠精神。
3. 通过严格执行6S规范，提高学生的职业素养。

知识储备

一、纯电动汽车驱动电机系统基本知识

驱动电机系统是驱动电机、电机控制器及其工作必需的辅助装置的组合。驱动电机是将电能转换成机械能为车辆行驶提供驱动力的电动机，该装置也可具备机械能转化成电能的功能。电机控制器是控制动力电源与驱动电机之间能量传输的装置，由控制信号接口电路、电机控制电路和驱动电路组成。

比亚迪秦纯电动汽车前驱电动总成由驱动电机、电机控制器（MCU）以及变速器三者集成，设置在整车前机舱，如图3-2-1所示。

1. 驱动电机

电机是将电能转换成机械能或将机械能转换成电能的装置，装有能做相对运动的部件，也是一种依靠电磁感应运行的电气装置。将电能转换成机械能的电机称为电动机，将机械能转换成电能的电机称为发电机。为纯电动汽车行驶提供驱动力的电机称为驱动电机，驱动电机既是电动机，又是发电机。驱动电机是纯电动汽车驱动系统的核心部件，是车辆行驶的主要执行机构，其特性决定了车辆的主要性能指标，直接影响车辆的动力性、经济性和舒适性。图3-2-2所示为比亚迪秦纯电动汽车的驱动电机铭牌。

图 3-2-1　比亚迪秦纯电动汽车前驱电动总成

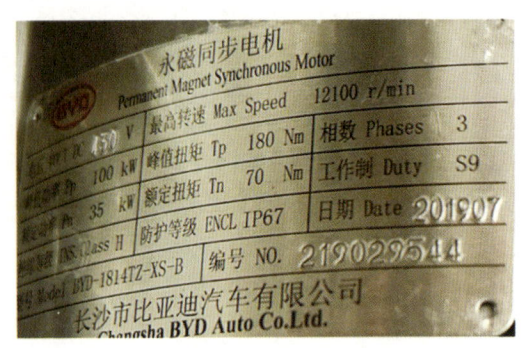
图 3-2-2　比亚迪秦纯电动汽车的驱动电机铭牌

由于纯电动汽车驱动电机的安装位置狭小，工作环境恶劣且复杂多变，因此对驱动电机的性能提出了更高的要求：

1）低速大转矩，高速宽调速。
2）体积小，重量轻，功率密度高。
3）效率高，控制精度高，动态响应快。
4）可靠性与安全性高。
5）成本低，噪声低。

新能源汽车驱动电机的类型主要有直流电机、交流异步电动机、永磁同步电机和开关磁阻电机。目前，满足上述要求并广泛应用的驱动电机主要是永磁同步电机和交流异步电动机。

2. 电机控制器

电机控制器是控制动力电源与驱动电机之间能量传输的装置，由控制信号接口电路、电机控制电路和驱动电路组成。电机控制器根据整车控制器（VCU）发出的各种指令、响应并反馈来实时调整驱动电机的输出，将动力蓄电池供给的高压直流电逆变成高压三相交流电，给驱动电机提供电源，从而使驱动电机产生旋转力矩，并通过传动装置将驱动电机的旋转运动传递给车轮，以实现整车的起动、怠速、前进、倒车、加速、减速、制动能量回收以及驻坡。电机控制器的另一个重要功能是通信和保护，实时进行状态和故障检测，确保汽车安全可靠运行。图 3-2-3 所示为比亚迪秦纯电动汽车的电机控制器。图 3-2-4 所示为比亚迪秦纯电动汽车前驱电动总成。

图 3-2-3　比亚迪秦纯电动汽车的电机控制器

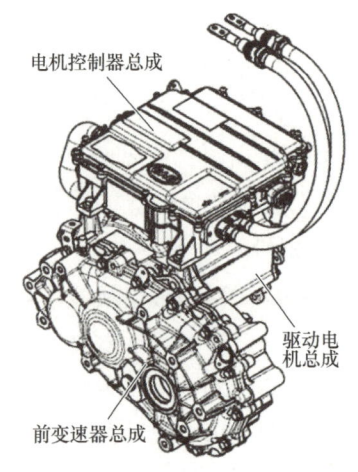
图 3-2-4　比亚迪秦纯电动汽车前驱电动总成

3. 变速器

汽车变速器主要起到减速增矩的作用，纯电动汽车和燃油汽车使用的变速器完全不同。燃油汽车使用的变速器主要有手动变速器、自动变速器、无级变速器、双离合变速器等。纯电动汽车使用的变速器一般与驱动电机和电机控制器集成一体，主要有单档变速器和两档变速器，单档变速器也称为减速器。

实践技能

二、驱动电机检查与维护

1. 检查与维护前的准备工作

1）确认车辆停放可靠，关闭起动开关，取出车辆钥匙并安全存放。

2）断开辅助蓄电池负极，并进行绝缘处理，断开整车低压控制电源。

3）佩戴绝缘手套，断开高压维修开关。

4）举升车辆至合适高度，并安全锁止举升机。

5）断开动力蓄电池总正、总负高压接插器电缆和低压线束接插器。

2. 驱动电机基本检查与清洁

1）检查驱动电机高压电缆外观是否有破损、老化、绝缘体脱落等现象。

2）检查驱动电机表面是否有油污、漏液现象，若有，则进行外部清洁，查明泄漏位置及原因。

3）检查驱动电机上、下水管是否有裂纹和泄漏，若有，则应查明泄漏位置及原因。

4）目视检查车辆底部护板、驱动电机是否有磕碰、损坏现象。

5）使用压缩空气或干布对驱动电机外观进行清洁，严禁使用水枪对驱动电机、电机控制器进行喷水清洗。

6）检查驱动电机高压接插件和低压接插件连接状态是否良好，目测各接插件是否存在退针、变形、松脱、过热和损坏等情况。若有，应及时维修或更换。

7）检查驱动电机各固定部分螺栓的紧固状态，使用扭力扳手按规定力矩和次序紧固驱动电机紧固螺栓，紧固力矩参考车辆维修手册。

3. 驱动电机定子绕组检查

检查驱动电机定子绕组，需要判断三相交流电定子绕组之间有无短接，使用数字万用表测量驱动电机的定子绕组 U 和 V 之间、V 和 W 之间、W 和 U 之间的阻值是否正常，三相线电阻值近似平衡相等为正常。

4. 驱动电机旋变传感器检查

1）驱动电机系统状态和故障信息会通过整车 CAN 网络上传给 VCU，传输通道是两根信号线，分别是驱动电机到电机控制器的低压接插件和电机控制器到 VCU 的低压接插件。检查确认是否连接到位，是否存在退针或虚接现象。

2）使用数字万用表测量驱动电机旋变传感器的阻值，分别测量旋变传感器励磁、正弦、余弦电阻值。若阻值为无穷大，说明旋变传感器有断路，应及时更换。

5. 驱动电机温度传感器检查

驱动电机温度传感器主要用于检测驱动电机的温度，通过测量其电阻值来检查驱动电机温度传感器。需要在常温状态测量驱动电机低压接插件中温度传感器两信号端子之间的电阻值，正常应在 1kΩ 左右，若阻值为无穷大，说明温度传感器有断路，应及时更换。

6. 驱动电机高压互锁端子检查

高压互锁是一个所有高压附件所组成的串联闭环电路。每个高压附件对应的两个高压互锁端子应为导通状态，如果不导通，相当于某个高压插件未连接或未连接到位，而造成高压互锁回路断路，从而引发整车报高压故障。检查驱动电机高压互锁端子需要测量驱动电机高压互锁的电阻值，若阻值为无穷大，则为断路。

7. 驱动电机绝缘性检查

驱动电机的绝缘性检查是纯电动汽车常规检查必须进行的项目，以确保纯电动汽车的使用安全性符合要求。

1）查看驱动电机铭牌，根据额定电压选择量程合适的绝缘电阻测试仪。

2）佩戴绝缘手套，选用专用绝缘工具拆下驱动电机三相线束盖板。

3）检查绝缘电阻测试仪是否正常，将红测试线插入"LINE"输入端口，黑测试线插入"EARTH"输入端口。

4）使用绝缘电阻测试仪 1000V 档位，检测驱动电机的绝缘性：将绝缘电阻测试仪黑表笔搭铁，红表笔逐个测量驱动电机三相交流电 U、V、W 端子，测得的搭铁绝缘电阻值应不小于 20MΩ；测量驱动电机三相交流电 U、V、W 端子两两之间的电阻值，测得的绝缘电阻值应为无穷大。若低于标准值，说明高压线存在漏电的可能性，需要进一步检查判断绝缘故障并更换相关部件。

5）安装驱动电机三相线束盖板。

三、电机控制器检查与维护

1. 电机控制器基本检查与清洁

1）检查电机控制器表面是否有油液污渍。

2）检查电机控制器冷却管是否有裂纹和渗漏，若有，应查明渗漏位置及原因。

3）目视检查电机控制器外观是否有磕碰、损坏现象，并使用压缩空气或干布对电机控制器外观进行清洁，严禁使用水枪对电机控制器进行喷水清洗。

4）检查电机控制器高压接插件和低压接插件连接状态是否良好，目测各接插件是否存在退针、变形、松脱、过热和损坏等情况。若有，应及时维修或更换。

5）检查电机控制器各固定部分螺栓的紧固状态，使用扭力扳手按规定力矩和次序紧固驱动电机紧固螺栓，紧固力矩参考车辆维修手册。

2. 电机控制器高压电缆绝缘性检查

车辆在充电或行驶中如有动力蓄电池绝缘故障，在检测其他高压系统绝缘电阻值正常的情况下，需检查电机控制器和连接电机控制器的高压电缆绝缘电阻值是否正常。使用绝缘电阻测试仪，黑表笔搭铁，红表笔逐个测量电机控制器上的高压端子和高压电缆端子的绝缘电阻值，测得的绝缘电阻值应不小于 20MΩ。

四、变速器检查与维护

1. 变速器维护周期

变速器总成采用浸油润滑方式，首次建议 24 个月或 40000km 更换变速器内的齿轮油，后续每 24 个月或 48000km（以先到者为准）更换一次齿轮油。

2. 变速器基本检查

1) 检查减速器外部是否有磕碰、变形，是否有渗油、漏油现象。

① 目视差速器两个油封位置（图3-2-5）或触摸检测，如果漏油，会有明显的油漏痕迹。

② 目视放油螺塞处或触摸检测，如果漏油，会有明显的油漏痕迹。

2) 检查差速器半轴防尘罩密封情况，检查防尘罩是否有破损、漏油，紧固卡环有无松动。

3. 变速器齿轮油检查和更换

1) 变速器齿轮油油位检查。

① 水平举升车辆至合适位置，并锁止举升机。

② 待变速器齿轮油冷却，使用套筒、接杆和指针式扭力扳手预松注油螺塞组件。

③ 用手旋出注油螺塞，观察油位应与注油孔下缘齐平。如果油位过低，应补加规定型号的齿轮油，直到注油孔有齿轮油流出为止。

④ 检查放油螺塞组件和O形密封圈是否完好，如果已损坏，需更换。重新安装并旋紧注油螺塞组件，紧固力矩为35~39N·m。

2) 前变速器齿轮油更换，如图3-2-6所示。

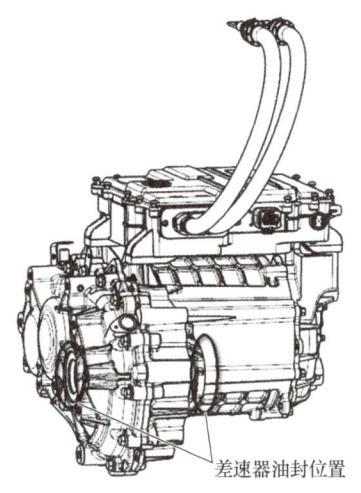

图3-2-5　差速器总成油封位置

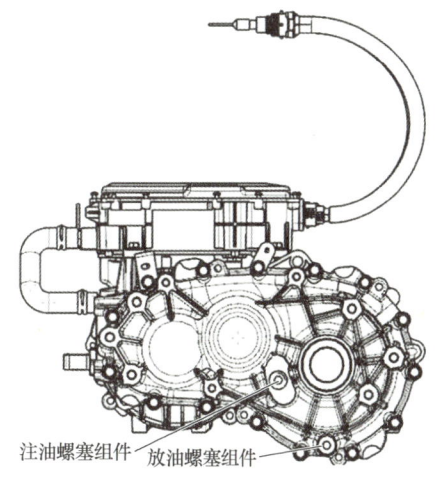

图3-2-6　前变速器齿轮油更换

① 水平举升车辆至合适位置，并锁止举升机。

② 将废油接收机放置到合适位置。

③ 使用套筒、接杆和指针式扭力扳手预松放、注油螺塞组件；使用套筒、接杆和棘轮扳手拆卸放、注油螺塞组件；用手旋出放、注油螺塞组件。

④ 将箱体内的齿轮油排放干净，同时检查放油螺塞组件和O形密封圈是否完好，如果已损坏，则需更换。

⑤ 用手旋入放油螺塞组件，使用套筒、接杆和预置式扭力扳手旋紧放油螺塞组件，紧固力矩为47~53N·m。

⑥ 从注油孔中加注适量规定型号的齿轮油，直到注油孔有齿轮油流出为止。

⑦ 观察是否有渗漏现象，如果有渗漏，将相应部位拆开，重新进行密封处理。

⑧ 检查放油螺塞组件和O形密封圈是否完好，如果已损坏，需更换。旋紧注油螺塞组件，紧固力矩为35~39N·m。

任务实施

实训工单二　驱动电机系统检查与维护

姓名		学号	
小组成员		日期	
实训指导教师		实训成绩	
实训设备	纯电动汽车、绝缘电阻测试仪、诊断仪、数字钳形表、万用表、绝缘工具一套、维修手册、电路图等。		

一、任务接收

安全、规范地完成驱动电机系统检查与维护的各项任务。

二、知识准备

1. 驱动电机是将_____转换成_____为车辆行驶提供驱动力的电动机，该装置也可具备_____转化成_____的功能。
2. 新能源汽车驱动电机的类型主要有直流电机、_____、_____和开关磁阻电机。
3. 电机控制器是控制_____与_____之间_____的装置，由控制信号接口电路、电机控制电路和驱动电路组成。
4. 纯电动汽车使用的变速器主要有单档变速器和_____变速器，单档变速器也称为_____。
5. 驱动电机温度传感器主要用于检测驱动电机的_____，通过测量其_____来检查驱动电机温度传感器。

三、决策与计划

根据任务要求和纯电动汽车维护作业技术规范，制订驱动电机系统检查与维护作业计划，并对小组成员进行合理分工。

驱动电机系统检查与维护作业计划			
操作人：		监护人：	
序号	作业项目	检测仪器、工具	操作要点
1			
2			
3			
4			
5			
计划审核	审核意见：	签字：　　　　　　　年　　月　　日	

四、操作步骤

1. 作业前准备

作业图例	作业内容	结果记录
	作业准备	□设置隔离护栏 □设置安全警示牌 □检查灭火器压力值（水基/干粉） □安装车辆挡块 □安装车外三件套 □安装车内四件套 □落下驾驶人侧车窗玻璃 □进行胎压检查

项目三　纯电动汽车高压系统维护

（续）

作业图例	作业内容	结果记录
	防护工具准备	□规范着装 □检查绝缘安全帽 □检查护目镜 □检查绝缘手套 □检查绝缘鞋 □检查确认电子驻车制动和档位 □高压上电时向指导教师报告
	设备使用	□检查万用表 □检查绝缘电阻测试仪 □检查诊断仪 □检查绝缘工具 □检查放电工装 □检查维修手册、电路图是否完备 □断开各模块插头时，先关闭起动开关，再断开辅助蓄电池负极，并做绝缘防护
	测量绝缘地垫的绝缘电阻值	测量值　　标准值　　结果判别 _____　_____　□正常 　　　　　　　　　　□异常

2. 记录车辆基本信息

项目	内容
品牌	
车辆识别代号	
制造年月	
驱动电机	型号：　　　　　峰值功率：
动力蓄电池	额定电压：　　　额定容量：
行驶里程	km

3. 高压下电操作

作业图例	作业内容	结果记录
	关闭起动开关，将钥匙安全存放	□是　□否

（续）

作业图例	作业内容	结果记录
	断开辅助蓄电池负极并做绝缘处理，静止等待5min	□是 □否
	佩戴绝缘手套，拆卸维修开关并安全存放（如果相关车型没有装备维修开关，则拆卸某一高压部件的互锁开关）	□是 □否
	佩戴绝缘手套，断开动力蓄电池高压母线接插件	□是 □否
	测量动力蓄电池高压母线正、负极端子之间电压，如果大于10V，需用_____进行放电	_____V
	动力蓄电池高压母线端子绝缘处理	□是 □否

4. 驱动电机检查

（1）驱动电机基本检查与清洁

作业图例	作业内容	结果记录
	检查驱动电机高压电缆外观是否有破损、老化、绝缘体脱落等现象	□是 □否
	检查驱动电机表面是否有油污、漏液现象 检查车辆底部护板、驱动电机是否有磕碰、损坏现象	□是 □否
	检查驱动电机上、下水管是否有裂纹和泄漏	□是 □否

（续）

作业图例	作业内容	结果记录
	使用压缩空气或干布对驱动电机外观进行清洁	□是 □否
	检查驱动电机高压接插件和低压接插件连接状态是否良好	□是 □否
	检查驱动电机各固定部分螺栓的紧固状态，使用扭力扳手按规定力矩和次序紧固驱动电机紧固螺栓	□是 □否

（2）驱动电机绝缘性检查

作业图例	作业内容	结果记录
	查看驱动电机铭牌，选择量程合适的绝缘电阻测试仪	□是 □否
	佩戴绝缘手套，选用专用绝缘工具拆下驱动电机三相线束盖板	□是 □否
	使用绝缘电阻测试仪 1000V 档位，分别测量驱动电机三相交流电 U、V、W 端子到车身搭铁绝缘电阻值 测量驱动电机三相交流电 U、V、W 端子两两之间的电阻值	U—搭铁：____ V—搭铁：____ W—搭铁：____ U—V：____ V—W：____ W—U：____
	安装驱动电机三相线束盖板	□是 □否

5. 电机控制器检查与维护
（1）电机控制器基本检查与清洁

作业图例	作业内容	结果记录
	检查电机控制器表面是否有油液污渍	□是 □否

纯电动汽车
电机控制器
维护

(续)

作业图例	作业内容	结果记录
	检查电机控制器冷却管是否有裂纹和渗漏	□是 □否
	检查电机控制器外观是否有磕碰、损坏现象，并使用压缩空气或干布对电机控制器外观进行清洁	□是 □否
	检查电机控制器高压接插件和低压接插件连接状态是否良好	□是 □否
	检查电机控制器各固定部分螺栓的紧固状态，使用扭力扳手按规定力矩和次序紧固驱动电机紧固螺栓	□是 □否

（2）电机控制器高压电缆绝缘性检查

作业图例	作业内容	结果记录
	使用绝缘电阻测试仪，黑表笔搭铁，红表笔逐个测量电机控制器上的高压端子和高压电缆端子的绝缘电阻值，测得的绝缘电阻值应不小于20MΩ	绝缘电阻值：_____

6. 变速器检查与维护
（1）变速器基本检查

作业图例	作业内容	结果记录
	检查减速器外部是否有磕碰、变形，是否有渗油、漏油现象	□是 □否
	检查防尘罩是否有破损、漏油，紧固卡环有无松动	□是 □否
	目视放油螺塞处或触摸检测是否漏油	□是 □否
	目视两个差速器油封位置或触摸检测是否漏油	□是 □否

（续）

（2）变速器齿轮油检查和更换

作业图例	作业内容	结果记录
	待变速器齿轮油冷却，预松注油螺塞组件，用手旋出注油螺塞，观察油位应与注油孔下缘齐平 如果油位过低，应补加规定型号的齿轮油，直到注油孔有齿轮油流出为止	□是　□否
	检查放油螺塞组件和O形密封圈是否完好，如果已损坏，需更换 重新安装并旋紧注油螺塞组件，紧固力矩为35~39N·m	□是　□否
	将废油接收机放置到合适位置	□是　□否
	预松放、注油螺塞组件 用手旋出放、注油螺塞组件	□是　□否
	将箱体内的齿轮油排放干净，同时检查放油螺塞组件和O形密封圈是否完好，如果已损坏，需更换	□是　□否
	旋紧放油螺塞组件，紧固力矩为47~53N·m	□是　□否
	从注油孔中加注适量规定型号的齿轮油，直到注油孔有齿轮油流出为止	□是　□否
	观察是否有渗漏现象，如果有渗漏，将相应部位拆开，重新进行密封处理	□是　□否

(续)

作业图例	作业内容	结果记录
	检查放油螺塞组件和O形密封圈是否完好，如果已损坏，需更换 旋紧注油螺塞组件，紧固力矩为35~39N·m	□是 □否

7. 高压上电操作流程

作业图例	作业内容	结果记录
	连接动力母线接插件	□是 □否
	安装维修开关或某一高压部件的互锁开关	□是 □否
	连接辅助蓄电池负极	□是 □否
	车辆是否能够正常上电	□是 □否
	用诊断仪读取动力模块——蓄电池管理系统故障码，验证车辆是否有故障	□是 □否

(续)

8. 6S 规范

作业图例	作业内容	结果记录
	关闭车辆起动开关	□是 □否
	收起并整理车内四件套和车外三件套	□是 □否
	关闭设备电源，清洁、整理工具与仪器设备并归位	□是 □否
	收起车辆挡块、安全警示牌、隔离护栏	□是 □否
	清洁实训场地并恢复到原标准工位布置状态	□是 □否

五、检查与评价

1. 小组自查

小组根据任务实施的记录结果，对本小组的作业内容进行再次检查确认。

序号	检查项目	权重	检查结果
1	知识准备完成情况	20	□是 □否
2	制订计划的合理性	10	□是 □否
3	实施过程完成的正确性	45	□是 □否
4	学生在实施过程中的参与程度	15	□高 □中 □低
5	安全防护与 6S 规范	10	□是 □否

2. 自我评价与反思

结合自己在实训过程中的表现，进行自我评价及自我反思。

_____

3. 教师评价

驱动电机系统检查与维护评分表

项目		评分要点	配分	得分
知识准备 （10分）		□了解纯电动汽车驱动电机系统的组成	5	
		□了解驱动电机、电机控制器、变速器的结构和工作原理	5	
任务计划 （20分）		□制订实训计划	10	
		□协同小组成员进行合理分工	5	
		□能在实施前准备好所需要的仪器、工具	5	
工作组织 与安全 （20分）	作业准备	□检查设置隔离护栏 □设置安全警示牌 □检查灭火器压力值（水基/干粉） □安装车辆挡块 □安装车外三件套 □安装车内四件套 □落下驾驶人侧车窗玻璃 □进行胎压检查	3	

（续）

项目	评分要点	配分	得分
工作组织 与安全 （20分）	防护工具 准备 □检查绝缘手套，测量高压部分电路应佩戴绝缘手套 □检查防护电池电解液酸碱性手套，触碰蓄电池包部分应佩戴防护电池电解液酸碱性手套 □检查护目镜，测量高压部分电路应佩戴护目镜 □检查绝缘安全帽，车辆底部作业应佩戴绝缘安全帽 □检查确认电子驻车制动和档位 □上高压电时要向实训指导教师报告	2	
	设备使用 □初次使用，应正确进行万用表检查 □初次使用绝缘电阻测试仪，应正确进行断路测试、短路测试 □正确连接仪器、仪表和测试设备到车辆 □正确操作车辆到测试条件并直接进行测试	1.5	
	操作规范 □断开模块插头时，先关闭起动开关，再断开辅助蓄电池负极，并对辅助蓄电池负极进行防护；断开高压插头后验电 □完成所有任务后，按规定力矩紧固蓄电池极桩 □测试完成后恢复车辆，主要包括拆卸下的部件正确安装、起动开关等其他开关正确复位	2	
	安全操作 □在操作过程中，对测试设备和车辆可能造成损坏而被实训指导教师制止的，每次扣4分 □未规范操作造成车辆熔丝烧掉，每次扣4分	10	
	6S规范 □仪器、工具、零部件跌落或摆放凌乱，每次扣0.5分 □设备使用完成后关闭电源，合理归位 □恢复工位到原标准工位布置状态	1.5	
任务实施 （40分）	□规范完成驱动电机系统检查与维护操作，每漏一项扣2分，检查不规范或操作不规范扣1分	40	
自我评价与反思 （10分）	□学生能对自身表现情况进行客观评价及反思	10	
得分（满分100）			

任务三　冷却系统维护

学习目标

知识目标

1. 了解纯电动汽车冷却系统的功用。
2. 了解纯电动汽车冷却系统的组成及工作原理。
3. 了解冰点测试仪的结构及功能。

能力目标

1. 能够正确使用冰点测试仪测量冷却液冰点。
2. 能够对接汽车维修工（三级）职业技能等级标准完成冷却系统的检查与维护。

素质目标

1. 通过冷却系统维护工作任务的引入，培养学生的安全责任意识和团结协作意识。
2. 通过思想提升浸润善作善成的思政元素，培养学生严谨细致、精益求精的新时代工匠精神。
3. 通过严格执行6S规范，提高学生的职业素养。

知识储备

一、纯电动汽车冷却系统基本知识

1. 冷却系统的功用

纯电动汽车冷却系统主要是对动力蓄电池、车载充电机、驱动电机、电机控制器和DC/DC变换器等多个电气单元进行冷却。其在轻量化、低能耗、高效率和低成本等方面上的要求与传统车辆的冷却系统一致，不同的是纯电动汽车冷却系统针对的是电气部件，受温度影响更加明显，所以对温度的控制要求更加精确。同时，由于纯电动汽车的动力系统和供电系统的电子部件耐受温度低，整车降噪小，使纯电动汽车对冷却系统的散热性能和噪声的要求较传统汽车更为严格。

目前，纯电动汽车的冷却系统主要分为两部分：一是对动力蓄电池和车载充电机的冷却，二是对驱动电机、电机控制器和DC/DC变换器等部件的冷却。

动力蓄电池在充放电过程中产生的热量累积，会造成各处温度不均匀，从而影响单体蓄电池的一致性。不仅降低动力蓄电池充放电循环效率，影响动力蓄电池的功率，严重时还将导致热失控，影响系统的可靠性。同时，动力蓄电池工作环境温度过低也会影响动力蓄电池的性能。动力蓄电池冷却系统的作用是通过对动力蓄电池进行冷却或加热，保持动力蓄电池的工作温度，以改善其运行效率并延长动力蓄电池使用寿命。

纯电动汽车在驱动与能量回收的过程中，驱动电机定子铁心、定子绕组在运动过程中都会产生损耗，这些损耗以热量的形式向外发散，需要有效的冷却介质及冷却方式来带走热量，保证驱动电机在一个稳定的冷热循环平衡的通风系统中安全可靠运行。

2. 液冷冷却系统的组成

液冷冷却系统主要由电动水泵、散热器、电子风扇、膨胀水箱、冷却管路、冷却液等组成，如图3-3-1所示。

（1）**电动水泵**　电动水泵是冷却液循环的动力原件，由低压电路驱动，如图3-3-2所示。在电动水泵的驱动下，冷却液经过驱动电机、电机控制器和车载充电机等热源时，将热量传递给冷却液，高温冷却液通过电动水泵提供的动力，流经散热器时将热量传递给散热器芯体，冷却空气通过热对流将热量带走，从而完成换热过程。

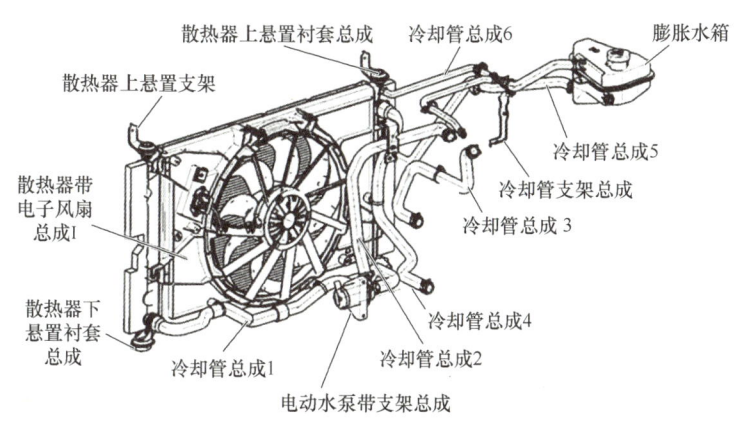

图3-3-1　液冷冷却系统的组成

（2）**散热器**　散热器主要由左储水室、右储水室、散热器翼片、散热器芯、进水管接口、出水管接口、放水螺塞以及溢流管接口等部件组成，如图3-3-3所示。散热器通过将携带热量的冷却液与外界空气进行热交换，将冷却液中的热量散发出去，从而降低冷却液的温度。

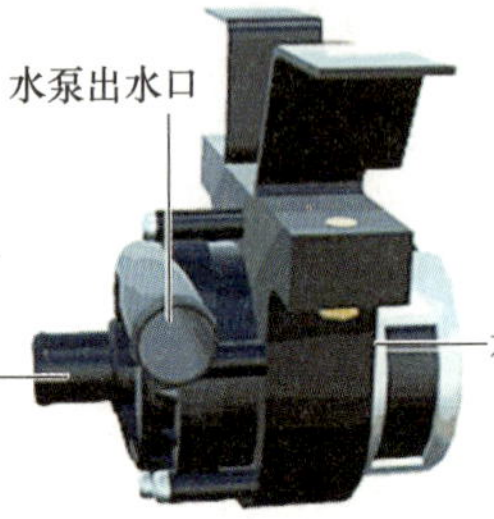

图 3-3-2　电动水泵

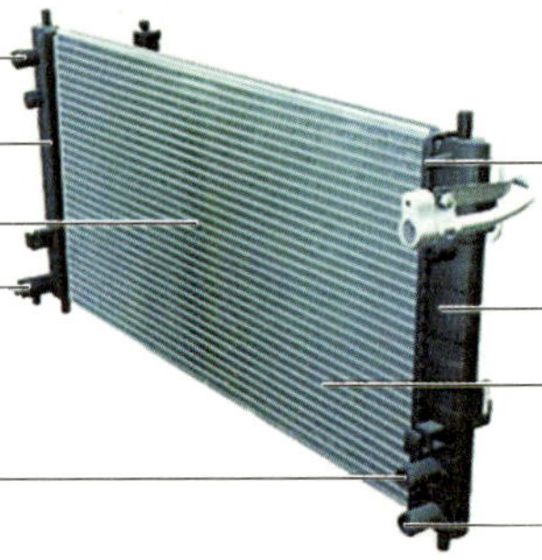

图 3-3-3　散热器

（3）电子风扇　电子风扇总成位于散热器的内侧，主要由导热罩、电动机和冷却风扇等部件组成。电子风扇用于提高流经散热器、空调冷凝器的空气流速和流量，增强散热器的散热能力，加速冷却液的冷却，并冷却机舱内的其他部件。

（4）膨胀水箱　膨胀水箱对冷却系统冷却液的排气、膨胀和收缩提供受压容积，补充冷却液和缓冲"热胀冷缩"的变化，同时也作为冷却液的加注口。膨胀水箱的位置要高于冷却系统的所有部件，目的是当冷却系统中冷却液受热膨胀至散热盖的蒸汽阀打开时，部分冷却液随高压蒸汽通过溢水管回到膨胀水箱中。

（5）冷却管路　冷却管路需要满足耐水解、耐油、耐高温、轻量化等多种要求。冷却管内、外胶为三元乙丙橡胶（EPDM），中间层由织物增强，耐温等级是Ⅰ级（125℃），爆破压力为1.3MPa。冷却管壁厚为4mm，端口有安装定位标识，装配时标识与散热器上的定位标识要对齐。

（6）冷却液　冷却液的全称应该叫作防冻冷却液，意为有防冻功能的冷却液，是机动车安全运行必不可少的传热介质。冷却液通过在机动车冷却系统内循环运转，起到散热、防冻及防腐等作用，从而保障机动车核心动力部件的正常动力输出。

纯电动汽车的冷却液是以防冻剂和缓蚀剂等原料复配而成的，用于纯电动汽车热管理系统中，是具有冷却、防腐、防冻及保温等作用的功能性液体，以乙二醇作为防冻剂，按含水量不同分为浓缩液和稀释液，按冰点分为 -25 号、-30 号、-35 号、-40 号、-45 号和 -50 号六个型号。传统冷却液是高电导率冷却液（2000μs/cm 以上），一旦泄漏接触电气部件，会引起不可控事故。三电系统进水可能造成动力蓄电池系统电气回路故障，极端情况下有引起动力蓄电池热失控的风险，存在安全隐患。冷却液微渗到驱动电机内，长期使用后可能减小高压系统的绝缘电阻值，极端情况下车辆可能无法起动。因此，相关国家标准中规定，电动汽车冷却液使用性能要求：电导率（25.0℃）/（μs/cm）≤100，见表 3-3-1。能显著降低冷却液导致高压电气安全问题发生的概率。

表 3-3-1　电动汽车冷却液通用要求

项目	质量指标
外观	无沉淀及悬浮物、清亮透明液体
颜色	有醒目颜色
气味	无刺激性异味
电导率（25.0℃）/（μs/cm）	≤100

实践技能

二、冷却系统检查与维护

1. 冷却系统基本检查

（1）冷却液液位检查　当冷却系统处于冷态时，冷却液液面应保持在膨胀水箱总成上的 MIN（最低）和 MAX（最高）标记之间，如图 3-3-4 所示。

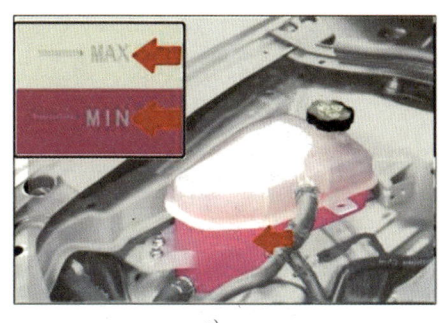
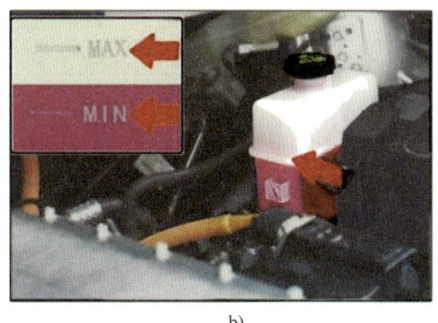

a)　　　　　　　　　　　　　　　　　　b)

图 3-3-4　冷却液液位检查

a）驱动电机冷却液膨胀水箱　b）蓄电池包冷却液膨胀水箱

（2）冷却液质量检查

① 冷却液外观检查。目测检查冷却液应清亮透明，无沉淀及悬浮物，无刺激性异味。

② 冷却液冰点检测。冰点直接关系到冷却液产品的防冻能力，冰点越低，防冻能力越强。冷却液保持优异的防冻能力，使之在寒冷条件下保持自由流动，防止冻结后造成液体膨胀而导致冷却系统胀裂。根据不同地区的最低冰点，一般冷却液产品要比当地最低气温低 5~10℃，即可满足防冻要求。使用冰点测试仪测量冷却液冰点，观察视场中有明显的蓝白分界线，分界线对应的刻度就是测量结果，如图 3-3-5 所示。

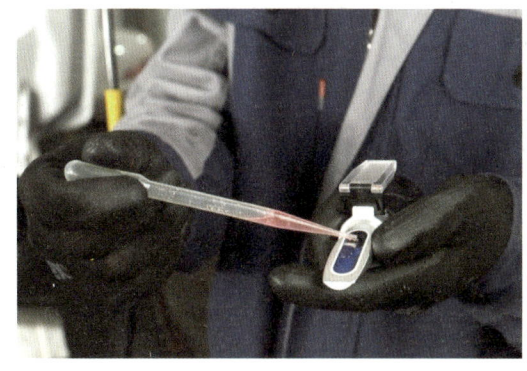
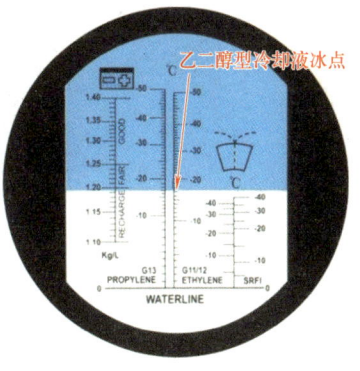

图 3-3-5　冷却液冰点检测

> 注意：在检查前机舱任何部件之前，需要关闭起动开关，断开辅助蓄电池负极，整车下电；打开膨胀水箱盖之前，用手触摸箱体，确认驱动电机、高压电控集成模块、膨胀水箱内部冷却液及散热器均已冷却，否则可能会导致冷却液喷出，造成严重烫伤。

（3）**冷却系统泄漏情况检查**　检查冷却系统各管路和各部件接口处有无冷却液泄漏、渗漏情况，环箍有无损坏，检查散热器盖和软管处有无泄漏，芯体是否老化、堵塞。若有，予以更换。

（4）**散热器检查**　检查散热器和空调散热片通风道，出现碎屑堆积时应进行清理。在散热器后部（驱动电机侧）使用压缩空气进行清洁。严禁使用水枪对散热器进行喷水清洗。

（5）**电子风扇检查**　检查风扇叶片是否有弯曲或损坏，若有，予以更换。损坏的风扇叶片不能保证平衡，在连续使用中可能出现故障和飞脱。

2. 电动水泵的检查

起动车辆后，检查电动水泵有无泄漏现象，工作过程中是否有异响，如图 3-3-6 所示。检查电动水泵的线束是否存在老化、破损、铜芯外露等现象。

图 3-3-6　电动水泵的检查

3. 膨胀水箱的检查

（1）**膨胀水箱盖测试**　驱动电机、电机控制器冷却以后，拆下膨胀水箱盖，用冷却液湿润其密封圈，然后将它装在压力测试仪上，如图 3-3-7 所示。施加 15kPa 的压力，检查压力是否下降。如果压力降低，更换膨胀水箱盖。

（2）**膨胀水箱测试**　驱动电机、电机控制器冷却以后，拆下膨胀水箱盖，给膨胀水箱注入冷却液，直至 MAX（最高）标记处。将压力测试仪安装在膨胀水箱上，连接压力测试仪，施加 15~45kPa 的压力，检查冷却液是否泄漏，如图 3-3-8 所示。如果膨胀水箱泄漏，更换膨胀水箱总成。拆除压力测试仪，重新安装膨胀水箱盖。

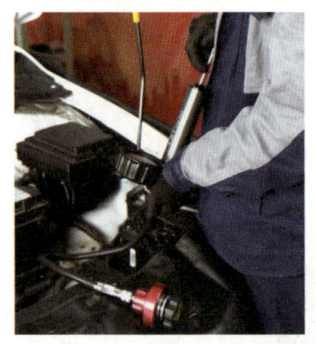
图 3-3-7　膨胀水箱盖测试

图 3-3-8　膨胀水箱测试

4. 冷却液的更换

按照品牌规定的时间或里程更换冷却液，例如，比亚迪秦纯电动汽车用户手册中规定，每 4 年或 100000km 更换长效有机酸型冷却液，以先到者为准。

冷却液的更换步骤如下：

1）用手触摸膨胀水箱箱体，确认膨胀水箱内部冷却液已冷却。

2）沿逆时针方向慢慢转动膨胀水箱盖，释放冷却系统中的残余压力。

3）取下膨胀水箱盖。

4）拆掉散热器出水管路，排尽冷却液。排出的冷却液应存储于合适的容器内，统一回收处理。

5）待冷却液排尽后，装配好散热器出水管。

6）将规定品牌型号的冷却液倒入膨胀水箱，直至达膨胀水箱 MAX 线，液位不再下降为止。

7）上电让电动水泵运转约 5min，运转过程中如膨胀水箱液位下降，同步向膨胀水箱加注冷却液，直至加注至 MAX 线不再下降为止断电停车。

8）重复上电、断电至少三个循环，每个循环电动水泵上电运转 5min，同步观察膨胀水箱内冷却液液位，并补加冷却液至 MAX 线不再下降为止。冷却系统的容量约为 4.25L。

9）盖上膨胀水箱盖并旋至最终停止位，彻底拧紧。

任务实施

实训工单三　冷却系统检查与维护

姓名		学号	
小组成员		日期	
实训指导教师		实训成绩	
实训设备	纯电动汽车、绝缘电阻测试仪、诊断仪、数字钳形表、万用表、绝缘工具一套、维修手册、电路图等。		

纯电动汽车冷却系统维护

一、任务接收

安全、规范地完成冷却系统检查与维护的各项任务。

二、知识准备

1. 纯电动汽车冷却系统主要是对_____、车载充电机、_____、电机控制器和 DC/DC 变换器等多个电气单元进行冷却。

2. 动力蓄电池冷却系统的作用是通过对动力蓄电池进行_____或_____，保持动力蓄电池的工作温度，以改善其_____并延长动力蓄电池使用寿命。

3. 电动汽车冷却液使用性能要求：电导率（25.0℃）/（μs/cm）≤_____。

4. 冷却液通过在机动车冷却系统内循环运转，起到_____、_____及_____等作用。

三、决策与计划

根据任务要求和纯电动汽车维护作业技术规范，制订冷却系统检查与维护作业计划，并对小组成员进行合理分工。

冷却系统检查与维护作业计划			
操作人：		监护人：	
序号	作业项目	检测仪器、工具	操作要点
1			
2			
3			
4			
5			
计划审核	审核意见： 签字：　　　　　　　　　　　　年　　月　　日		

（续）

四、操作步骤

1. 记录车辆基本信息

项目	内容
品牌	
车辆识别代号	
制造年月	
驱动电机	型号：　　　　　　　峰值功率：
动力蓄电池	额定电压：　　　　　额定容量：
行驶里程	km

2. 冷却系统基本检查

作业图例	作业内容	结果记录
(图)	当冷却系统处于冷态时，冷却液液面应保持在膨胀水箱总成上的 MIN（最低）和 MAX（最高）标记之间	□是　□否
(图)	目测检查冷却液应清亮透明，无沉淀及悬浮物，无刺激性异味	□是　□否
(图)	使用冰点测试仪测量冷却液冰点	冰点：_____
(图)	检查冷却系统各管路和各部件接口处有无冷却液泄漏、渗漏情况，环箍有无损坏，检查散热器盖和软管处有无泄漏，芯体是否老化、堵塞	□是　□否

项目三　纯电动汽车高压系统维护

（续）

作业图例	作业内容	结果记录
	检查散热器和空调散热片通风道，出现碎屑堆积时应进行清理。在散热器后部（驱动电机侧）使用压缩空气进行清洁	□是　□否
	检查风扇叶片是否有弯曲或损坏	□是　□否

3. 电动水泵的检查

作业图例	作业内容	结果记录
	起动车辆后，检查电动水泵有无泄漏现象，工作过程中是否有异响 检查电动水泵的线束是否存在老化、破损、铜芯外露等现象	□是　□否

4. 膨胀水箱的检查

作业图例	作业内容	结果记录
	驱动电机、电机控制器冷却以后，拆下膨胀水箱盖，用冷却液湿润其密封圈，然后将它装在压力测试仪上 施加 15kPa 的压力，检查压力是否下降。如果压力降低，更换膨胀水箱盖	□是　□否
	驱动电机、电机控制器冷却以后，拆下膨胀水箱盖，给膨胀水箱注入冷却液，直至 MAX（最高）标记处 将压力测试仪安装在膨胀水箱上，连接压力测试仪，施加 15~45kPa 的压力，检查冷却液是否泄漏	□是　□否

笔记栏

(续)

5. 冷却液的更换

作业图例	作业内容	结果记录
	用手触摸膨胀水箱箱体，确认膨胀水箱内部冷却液已冷却 沿逆时针方向慢慢转动膨胀水箱盖，释放冷却系统中的残余压力 取下膨胀水箱盖	□是 □否
	拆掉散热器出水管路，排尽冷却液	□是 □否
	待冷却液排尽后，装配好散热器出水管	□是 □否
	将规定品牌型号的冷却液倒入膨胀水箱，直至达膨胀水箱 MAX 线	□是 □否
	上电让电动水泵运转约 5min，运转过程中如膨胀水箱液位下降，同步向膨胀水箱加注冷却液，直至加注至 MAX 线不再下降为止断电停车	□是 □否
	重复上电、断电至少三个循环，每个循环电动水泵上电运转 5min，同步观察膨胀水箱内冷却液液位，并补加冷却液至 MAX 线不再下降为止	冷却系统的容量约为：_____

项目三　纯电动汽车高压系统维护

（续）

作业图例	作业内容	结果记录
	盖上膨胀水箱盖并旋至最终停止位，彻底拧紧	□是　□否

6. 散热器和风扇的更换

作业图例	作业内容	结果记录
	拆掉散热器出水管路，排尽冷却液	□是　□否
	拆除散热器上的软管与冷凝器紧固螺栓	□是　□否
	断开电子风扇开关插接器	□是　□否
	拆除上悬置支架、散热器上横梁，然后拉起散热器	□是　□否

(续)

作业图例	作业内容	结果记录
	拆除散热器上的电子风扇总成及其他部件	□是 □否
	按与拆卸相反的顺序安装散热器，确认上、下衬套安装就位且牢固	□是 □否
	按照冷却液更换方法加注冷却液 连接诊断仪，使用诊断仪中的动作测试功能，强制驱动冷却液风扇，检查风扇是否正常工作	□是 □否

7. 电动水泵的更换

作业图例	作业内容	结果记录
	拆掉散热器出水管路，排尽冷却液	□是 □否
	断开水泵接插件 拆开水泵进出水软管	□是 □否
	拆下紧固水泵的螺栓，拆除电动水泵	□是 □否

（续）

作业图例	作业内容	结果记录
	清除溢出的冷却液	□是 □否
	安装电动水泵 连接电动水泵进出水软管 连接电动水泵接插件	□是 □否
	按照冷却液更换方法加注冷却液 恢复车辆，起动车辆，是否能正常上电	□是 □否

8. 6S 规范

作业图例	作业内容	结果记录
	关闭车辆起动开关	□是 □否
	收起并整理车内四件套和车外三件套	□是 □否
	关闭设备电源，清洁、整理工具与仪器设备并归位	□是 □否
	收起车辆挡块、安全警示牌、隔离护栏	□是 □否
	清洁实训场地并恢复到原标准工位布置状态	□是 □否

五、检查与评价

1. 小组自查

小组根据任务实施的记录结果，对本小组的作业内容进行再次检查确认。

序号	检查项目	权重	检查结果
1	知识准备完成情况	20	□是 □否
2	制订计划的合理性	10	□是 □否
3	实施过程完成的正确性	45	□是 □否
4	学生在实施过程中的参与程度	15	□高 □中 □低
5	安全防护与 6S 规范	10	□是 □否

(续)

2. 自我评价与反思
结合自己在实训过程中的表现，进行自我评价及自我反思。

3. 教师评价

冷却系统检查与维护评分表

项目		评分要点	配分	得分
知识准备 （10分）		□了解纯电动汽车冷却系统的组成及工作原理	5	
		□了解冰点测试仪的组成及功能	5	
任务计划 （20分）		□制订实训计划	10	
		□协同小组成员进行合理分工	5	
		□能在实施前准备好所需要的仪器、工具	5	
工作组织 与安全 （20分）	作业准备	□检查设置隔离护栏 □设置安全警示牌 □检查灭火器压力值（水基/干粉） □安装车辆挡块 □安装车外三件套 □安装车内四件套 □落下驾驶人侧车窗玻璃 □进行胎压检查	3	
	防护工具 准备	□检查绝缘手套，测量高压部分电路应佩戴绝缘手套 □检查防护电池电解液酸碱性手套，触碰动力蓄电池部分应佩戴防护电池电解液酸碱性手套 □检查护目镜，测量高压部分电路应佩戴护目镜 □检查绝缘安全帽，车辆底部作业应佩戴绝缘安全帽 □检查确认电子驻车制动和档位 □上高压电时要向实训指导教师报告	2	
	设备使用	□初次使用，应正确进行万用表检查 □初次使用绝缘电阻测试仪，应正确进行断路测试、短路测试 □正确连接仪器、仪表和测试设备到车辆 □正确操作车辆到测试条件并直接进行测试	1.5	
	操作规范	□断开模块插头时，先关闭起动开关，再断开辅助蓄电池负极，并对辅助蓄电池负极进行防护；断开高压插头后验电 □完成所有任务后，按规定力矩紧固蓄电池极桩 □测试完成后恢复车辆，主要包括拆卸下的部件正确安装、起动开关等其他开关正确复位	2	
	安全操作	□在操作过程中，对测试设备和车辆可能造成损坏而被实训指导教师制止的，每次扣4分 □未规范操作造成车辆熔丝烧坏，每次扣4分	10	
	6S规范	□仪器、工具、零部件跌落或摆放凌乱，每次扣0.5分 □设备使用完成后关闭电源，合理归位 □恢复工位到原标准工位布置状态	1.5	
任务实施 （40分）		□规范完成冷却系统检查与维护操作，每漏一项扣2分，检查不规范或操作不规范扣1分	40	
自我评价与反思 （10分）		□学生能对自身表现情况进行客观评价及反思	10	
得分（满分100）				

任务四　空调系统维护

学习目标

知识目标
1. 了解传统汽车空调系统的结构与工作原理。
2. 掌握汽车空调制冷系统压缩、冷凝、膨胀、蒸发四个工作过程。
3. 掌握暖风系统的工作原理。

能力目标
1. 能够对接汽车维修工（三级）职业技能等级标准完成纯电动汽车空调系统的检查与维护。
2. 能完成制冷剂的回收及加注作业。

素质目标
1. 通过空调系统维护工作任务的引入，培养学生的安全责任意识和团结协作意识。
2. 通过思想提升浸润善作善成的思政元素，培养学生自主学习和自我管理能力。
3. 通过严格执行6S规范，提高学生的职业素养。

知识储备

一、空调系统基本知识

汽车空调系统由压缩机、冷凝器、节流原件、蒸发器、风机及必要的辅助设备和控制部件构成，用于调节汽车室内的温度、湿度和洁净度，给乘员提供舒适的环境。

纯电动汽车空调系统与传统燃油汽车空调系统在制冷、供暖、结构与工作原理等方面存在区别，主要区别如下：

压缩机驱动方式不同：纯电动汽车空调压缩机由高压三相交流电机驱动，而燃油汽车空调压缩机由发动机传动带通过电磁离合器驱动。

暖风系统热源不同：电动汽车的空调系统采用PTC加热器或热泵空调产生热风，而燃油汽车通过发动机的热量来提供暖风。

除了上述区别，纯电动汽车的空调系统还有一些其他特点。首先，纯电动汽车的空调系统通常更为高效，因为驱动电机驱动的空调系统比发动机驱动的系统更加节能。其次，纯电动汽车的空调系统可以更好地与动力蓄电池系统集成，以提高整体能源利用率。

二、空调系统的结构与工作原理

汽车空调系统按其功能可分为制冷系统、暖风系统、通风系统、空气净化系统和控制系统等主要部分。比亚迪秦纯电动汽车空调系统主要由压缩机、冷凝器、HVAC总成、制冷管路、暖风水管、风道、空调控制器等零部件组成，具有制冷、供暖、除霜除雾、通风换气等功能。

1. 制冷系统

汽车空调制冷系统对车内空气和由外部进入车内的新鲜空气进行冷却、除湿，使车内的空气变得凉爽舒适，工作原理图如图 3-4-1 所示，可分为压缩、冷凝、膨胀、蒸发四个工作过程。

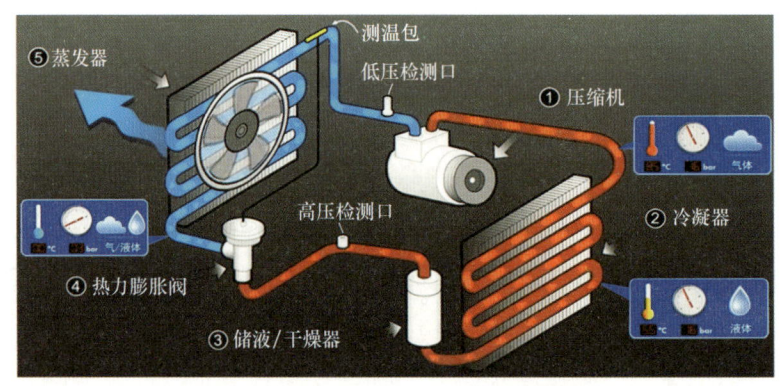

图 3-4-1　空调制冷系统工作原理图

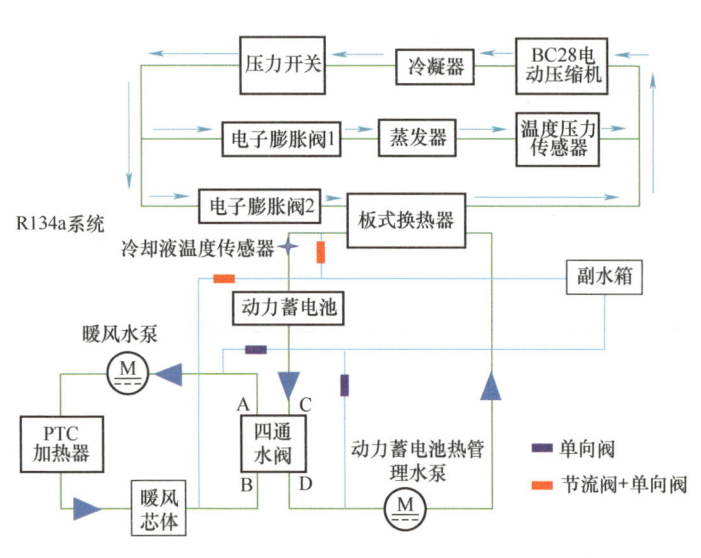

图 3-4-2　空调制冷系统示意图

纯电动汽车空调制冷系统的工作原理与燃油汽车相似，只是压缩机的驱动方式发生了变化。比亚迪秦纯电动汽车制冷是通过电动压缩机、冷凝器、电子膨胀阀、蒸发器、鼓风机、空调控制器（集成式车身控制器）和空调制冷管路等组件组合成的系统来实现，空调制冷系统示意图（包含动力蓄电池冷却）如图 3-4-2 所示。空调控制器（集成式车身控制器）通过控制电动压缩机转速、电子膨胀阀、鼓风机和冷暖风门来实现空调的制冷。

2. 暖风系统

汽车空调暖风系统对车内空气和由外部进入车内的新鲜空气进行加热，来实现供暖和除湿。目前，纯电动汽车空调暖风系统是通过 PTC 加热器或热泵空调系统来实现的。

（1）PTC 加热器　采用传统空调系统的纯电动汽车通常是通过 PTC（正温度系数热敏电阻）加热器的方式进行供暖，当有电流通过电阻时会产生热量，多采用 PTC 加热器加热空气或 PTC 加热器加热冷却液来制热。PTC 电加热器因其结构简单、成本低、加热速度快，但热能利用率低，耗电量大，对纯电动汽车续驶里程影响较大。

比亚迪秦纯电动汽车供暖是通过 PTC 加热器、暖风水泵、暖风芯体、鼓风机、空调控制器（集成式车身控制器）和空调供暖管路等组件组合成的系统来实现，空调暖风系统示意图如图 3-4-3 所示。空调控制器（集成式车身控制器）通过控制 PTC 加热器、暖风电动水泵、鼓风机和冷暖风门来实现空调的供暖。

（2）热泵空调　纯电动汽车热泵空调的工作原理主要基于热泵技术，这是一种通过逆循环过程将热量从低温物体转移到高温物体的技术。利用一个"四通电磁换向阀"，即可实现制冷循环或制热循环，使车内得到冷气或热气。在制冷模式下，热泵空调的工作原理与传统的空调相似。在制热模式下，热泵空调利用逆循环过程，通过压缩机将车外低温空气中的热量转移到车内。具体来说，热泵空调的压缩机将低温的制冷剂压缩成高温高压气体，然后通过冷凝器释放热量到车内，同时制冷剂变为中温高压液体。接着，高压液体制冷剂通过膨胀阀变为低温低压的雾状制冷剂，进入蒸发器。在蒸发器中，制冷剂吸收外界空气的热量并蒸发，使空气通过蒸发器时被加热。最后，加热后的空气通过鼓风机送入车内，提供温暖的环境。如图 3-4-4 所示，利

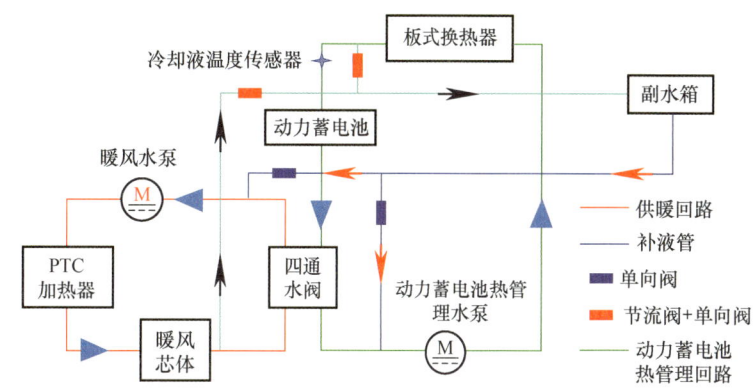

图 3-4-3　空调暖风系统示意图

用四管道的电磁换向阀，形成制冷剂顺向循环或逆向循环，从而制冷或制热。

热泵空调的优点在于，它能够有效地将车外的热量转移到车内，同时消耗的电能相对较少，因此更加节能。此外，即使在极冷的环境下，热泵空调也能通过吸收冷却液的热量或者使用 PTC 加热器辅助加热，确保车内温暖。

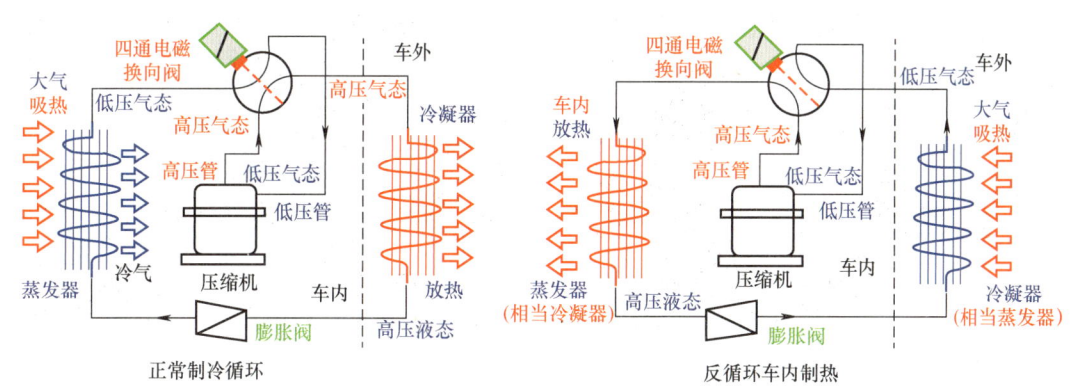

图 3-4-4　四通电磁换向阀制冷 / 制热原理示意图

3. 通风系统

汽车空调通风系统将车外的新鲜空气引入车内，排出二氧化碳及车内的其他有害气体，同时通风也可以对风窗玻璃进行除雾。通风系统主要由鼓风机、风门执行机构和通风管道等组成。

4. 空气净化系统

汽车空调空气净化系统能够有效地清除车内异味，净化车内空气，提高车内空气质量，从而减少驾驶人和乘客的疲劳感，提高驾乘舒适度。空气净化系统主要由空气滤清装置和静电集尘装置等组成。

5. 控制系统

汽车空调控制系统对空调制冷系统和暖风系统的温度、压力进行控制，并对车内空气的温度、风量、流向加以控制，满足驾驶人对车内环境的需求。控制系统主要由空调控制器、传感器、执行器及与执行器相对应的控制单元组成。

实践技能

三、空调系统检查与维护

1. 空调系统基本检查

（1）检查制冷系统外观（图3-4-5）

① 检查空调制冷系统各管路有无破损。

② 检查冷凝器、蒸发器等表面有无裂纹或油渍。如果冷凝器、蒸发器或其管路某处有油渍，可用皂泡法或制冷剂检漏仪重点检查渗漏部位：各管路的接头处和阀的连接处，软管及软管接头处，压缩机油封、密封垫等处，冷凝器、蒸发器等表面有刮伤变形处。

③ 检查空调进风口、散热器、冷凝器有无杂物，若有，用压缩空气及时清理。

（2）检查电路线束

① 检查电路线束及接插件连接是否到位，有无松动、破损、腐蚀、发热等情况。

② 检查插件内插针是否有退针和弯曲等异常现象。

（3）检查蒸发器排水口（图3-4-6） 检查蒸发器排水口固定状态及排水口是否堵塞，若发生堵塞需及时疏通，若发生排水管老化需及时更换。

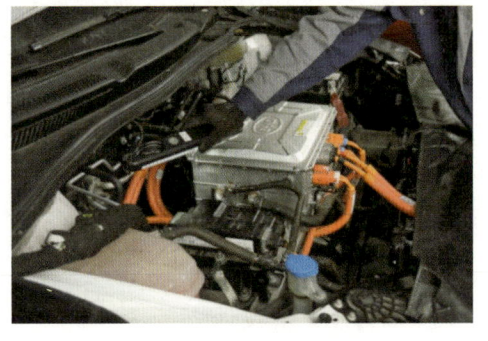

图3-4-5 制冷系统外观检查

图3-4-6 蒸发器排水口检查

（4）检查制冷系统工况

① 检查空调制冷系统高压端：接通空调开关，使制冷压缩机工作10~20min后，用手触摸空调系统高压端管路及部件。从压缩机出口→冷凝器→储液/干燥器→膨胀阀进口处，手感温度应是从热到暖。如果中间某处热泵热，说明其散热不良；如果这些部件发凉，说明空调制冷系统可能有阻塞、无制冷剂、压缩机不工作或工作不良等故障。

② 检查空调制冷系统低压端：接通空调开关，使制冷压缩机工作10~20min后，用手触摸空调系统低压端管路及部件。从蒸发器到压缩机进口处，手感温度应是从凉到冷。如果不凉或是某处出现了霜冻，均说明制冷系统有异常。

③ 检查压缩机出口端温度差：接通空调开关，使制冷压缩机工作10~20min后，用手触摸压缩机进出口两端，压缩机的高、低压端应有明显的温度差。如果温差不明显或无温差，可能是已完全无制冷剂或制冷剂严重不足。

④ 打开空调开关，调至制冷模式，切换不同出风模式，检查各出风口风量和温度是否正常。

（5）检查暖风系统工况 打开空调开关，调至暖风模式，切换不同出风模式，检查各出风口风量和温度是否正常。

（6）**检查通风系统工况**　打开空调开关，调至通风模式，切换不同出风模式，检查各出风口风量是否正常。

（7）**检查玻璃除霜功能**　打开空调开关，调至前风窗玻璃除霜模式，检查出风口是否有暖风。

（8）**检查压缩机**

① 检查压缩机表面有无裂纹或破损。

② 仔细听压缩机有无异响，压缩机是否工作。

③ 检查压缩机绝缘性：进行高压下电标准操作，使用绝缘电阻测试仪1000V档位，测量压缩机正、负极与车身搭铁之间绝缘电阻值，应不小于20MΩ。

（9）**检查PTC绝缘电阻**　进行高压下电标准操作，使用绝缘电阻测试仪1000V档位，测量PTC加热器正、负极与车身搭铁之间绝缘电阻值，应不小于20MΩ。

（10）**拆检空调滤清器**（图3-4-7）　空调滤芯位于副驾驶人前方杂物箱内侧，检查滤芯是否脏污，可用压缩空气清洁，要注意压缩空气吹的方向；若脏污严重需更换空调滤芯。更换空调滤清器时需要注意安装方向，空调滤清器侧面的箭头位置需对准进气方向，若安装方向错误会降低空调系统的空气过滤效率。

图3-4-7　拆检空调滤清器

2. 加注空调制冷剂

制冷剂又称为冷媒，是制冷循环的工作介质，利用制冷剂的相变来传递热量，即制冷剂在蒸发器中汽化时吸热，在冷凝器中凝结时放热。冷冻油是用于制冷压缩机内各运动部件润滑的油，主要起润滑、密封、降温及能量调节等作用。目前，新能源汽车常用的制冷剂为R134a和R410a，这两种制冷剂不可混用，且对应的冷冻油也不相同，应使用相应的制冷剂回收机。以AC350C制冷剂回收加注机（图3-4-8）为例，介绍空调制冷剂的加注过程，也可使用歧管压力表和真空泵（图3-4-9）。

图3-4-8　AC350C制冷剂回收加注机　　　　图3-4-9　歧管压力表和真空泵

按照以下步骤完成作业：排气→回收空调系统制冷剂→空调系统抽真空→充注空调系统制冷剂。

(1) 排气　排放工作罐中不可压缩的气体。

① 开启设备，按"排气"键，即开始排气 2s。

② 观察罐压表，如压力过高需继续排气，按"确认"键继续排气，按"取消"键退出排气。

(2) 回收空调系统制冷剂　回收车辆空调系统制冷剂。

① 将红、蓝色软管上的快速接头连接到汽车空调系统对应的高、低压接口上，如图 3-4-10 和图 3-4-11 所示。

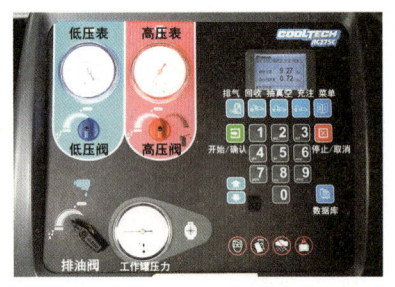  

图 3-4-10　控制面板说明　　　　　　　　图 3-4-11　红、蓝色软管连接到高、低压接口上

② 打开控制面板上红、蓝色高低压两个阀门（手柄箭头指向左边为开）。

 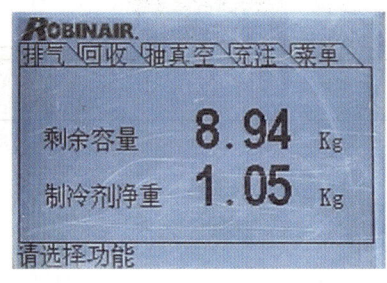

图 3-4-12　回收空调系统制冷剂

③ 按"回收"键直到显示屏上显示制冷剂的回收重量，可以通过数字键盘设定所需的回收重量，如图 3-4-12 所示。

④ 按开始/确认键，压缩机启动，系统将进行清理管路，时间为 1min。清理管路完成后，开始回收，屏幕显示已回收的制冷剂重量。当蓝色低压表压力低于 0 时，按停止/取消键，回收停止。显示屏交替显示已回收的制冷剂重量和排油提示。关闭面板上的红、蓝色两个阀门，回收停止 2min 后，检查蓝色低压表，如果压力值上升到 0 以上，重复回收步骤，直到压力值回到 0 以下，并保持 2min。

⑤ 确保排油瓶已腾空，显示屏交替显示已回收的制冷剂重量和排油提示。使设备在此状态至少 1min，打开控制面板上的排油阀，可观察到旧冷冻油流入排油瓶，排油时间大约需要 30s 或更长时间，当没有旧冷冻油及其他杂质流入排油瓶时，排油过程结束，关闭排油阀，如图 3-4-13 所示。根据排油瓶上的油面高度和瓶上的标尺，记录排出的旧冷冻油总量。充注制冷剂前，空调系统将要加入相应数量的新冷冻油。取下排油瓶，排空其中的旧冷冻油和杂质，清洁排油瓶，按停止/取消键，退到待机状态。

(3) 空调系统抽真空（图 3-4-14）

① 将设备的红、蓝色软管和汽车空调系统的高、低压接口连接。

② 打开控制面板上红、蓝色两个阀门。

图 3-4-13 排出旧冷冻油

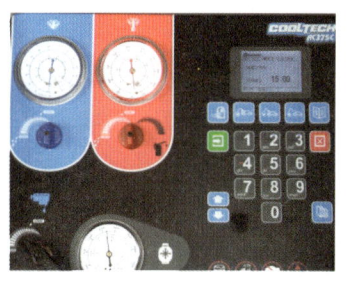

图 3-4-14 空调系统抽真空

③ 按"抽真空"键，直到屏幕出现"抽真空时间"，设备进入抽真空状态，可以通过数字键盘设定所需的抽真空时间，推荐值为 15min。按开始 / 确认键，设备开始抽真空操作，当抽真空的时间达到设定的时间，设备自动停止抽真空。

④ 抽真空完成后，按开始 / 确认键，保压 3min，观察高低压表的变化，如果压力没有回升，说明系统没有泄漏。空调系统被抽真空后，不得拆下歧管，否则会使汽车空调系统丧失真空度，造成充注无法顺利进行。

⑤ 保压完成，确定系统没有泄漏情况后，按开始 / 确认键，屏幕显示"注油量"，可以通过数字键盘设定注油量。参考汽车空调系统厂商提供的参数，确定要充注的冷冻油型号和重量。按开始 / 确认键，完成冷冻油加注。

（4）充注空调系统制冷剂　　在使用设备时请佩戴护目镜。所有软管都有可能有高压的液态制冷剂。当断开接头时请特别小心。

① 把低压阀关闭，进行单管充注。

② 参考汽车空调系统厂商提供的参数，确定要充注的制冷剂型号和重量，按"充注"键，直到屏幕出现"充注重量"，可以通过数字键盘设定充注重量。

③ 按开始 / 确认键，充注开始，屏幕上显示已充注制冷剂的重量，如图 3-4-15 所示。当已充注量达到设定量时，屏幕上显示充注完成和充注重量。

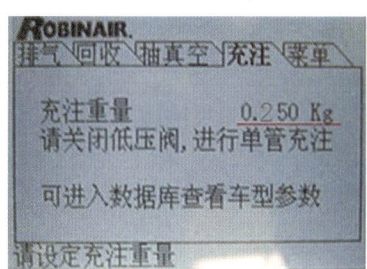 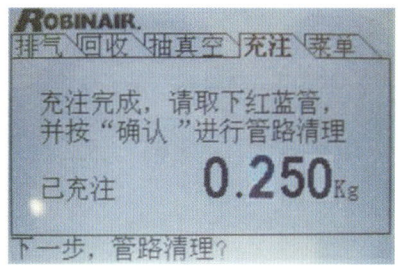

图 3-4-15 充注空调系统制冷剂

④ 起动汽车，打开空调制冷开关并调至最大，检查蒸发器出口温度，参考维修手册判断空调系统工作是否正常。

⑤ 关闭空调，关闭车辆起动开关，打开设备面板上的红、蓝色阀门，当两个压力表相等后，关闭快速接头上的阀门，从汽车空调系统上拆下快速接头。

⑥ 按开始 / 确认键，系统进行自动管路清理，清理软管中残余的制冷剂。

⑦ 当低压表压力低于 0 后，按停止 / 取消键，红、蓝色歧管中的制冷剂已被回收干净。

⑧ 按停止 / 取消键，退回待机状态，关闭控制面板上的阀门。

笔记栏

空调系统维护

实训工单四 空调系统检查与维护

姓名		学号	
小组成员		日期	
实训指导教师		实训成绩	
实训设备	纯电动汽车、绝缘电阻测试仪、诊断仪、数字钳形表、万用表、绝缘工具一套、维修手册、电路图等。		

一、任务接收

安全、规范地完成空调系统检查与维护的各项任务。

二、知识准备

1. 汽车空调系统由_____、_____、节流元件、_____、风机及必要的辅助设备和控制部件构成。
2. 纯电动汽车空调压缩机由_____驱动，而燃油汽车空调压缩机由_____通过电磁离合器驱动。

三、决策与计划

根据任务要求和纯电动汽车维护作业技术规范，制订空调系统检查与维护作业计划，并对小组成员进行合理分工。

空调系统检查与维护作业计划			
操作人：		监护人：	
序号	作业项目	检测仪器、工具	操作要点
1			
2			
3			
4			
5			
计划审核	审核意见： 签字：　　　　　　　　　年　月　日		

四、操作步骤

1. 作业前准备

作业图例	作业内容	结果记录
	作业准备	□设置隔离护栏 □设置安全警示牌 □检查灭火器压力值（水基/干粉） □安装车辆挡块 □安装车外三件套 □安装车内四件套 □落下驾驶人侧车窗玻璃 □进行胎压检查

（续）

作业图例	作业内容	结果记录
	防护工具准备	□规范着装 □检查绝缘安全帽 □检查护目镜 □检查绝缘手套 □检查绝缘鞋 □检查确认电子驻车制动和档位 □高压上电时向指导教师报告
	设备使用	□检查万用表 □检查绝缘电阻测试仪 □检查诊断仪 □检查绝缘工具 □检查放电工装 □检查维修手册、电路图是否完备 □断开各模块插头时，先关闭起动开关，再断开辅助蓄电池负极，并做绝缘防护

作业图例	作业内容	测量值	标准值	结果判别
	测量绝缘地垫的绝缘电阻值			□正常 □异常

2. 记录车辆基本信息

项目	内容		
品牌			
车辆识别代号			
制造年月			
驱动电机	型号：		峰值功率：
动力蓄电池	额定电压：		额定容量：
行驶里程			km

(续)

3. 空调系统基本检查

(1) 检查制冷系统外观

作业图例	作业内容	结果记录
	检查空调制冷系统各管路有无破损	□是 □否
	检查冷凝器、蒸发器等表面有无裂纹或油渍	□是 □否
	检查空调进风口、散热器、冷凝器有无杂物，若有，用压缩空气及时清理	□是 □否

(2) 检查电路线束

作业图例	作业内容	结果记录
	检查电路线束及接插件连接是否到位，有无松动、破损、腐蚀、发热等情况	□是 □否
	检查插件内插针是否有退针、弯曲等异常现象	□是 □否

(3) 检查蒸发器排水口

作业图例	作业内容	结果记录
	检查蒸发器排水口固定状态及排水口是否堵塞，若发生堵塞需及时疏通 若发生排水管老化需及时更换	□是 □否

（续）

(4) 检查制冷系统工况

作业图例	作业内容	结果记录
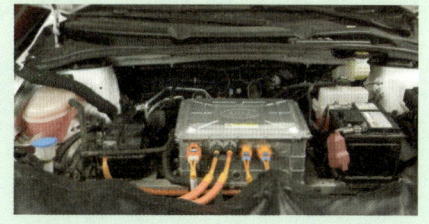	检查空调制冷系统高压端：接通空调开关，使制冷压缩机工作 10~20min 后，用手触摸空调系统高压端管路及部件 从压缩机出口→冷凝器→储液/干燥器→膨胀阀进口处，手感温度应是从热到暖	描述手感温度变化情况：_____
	检查空调制冷系统低压端：接通空调开关，使制冷压缩机工作 10~20min 后，用手触摸空调系统低压端管路及部件 从蒸发器到压缩机进口处，手感温度应是从凉到冷	描述手感温度变化情况：_____
	检查压缩机出口端温度差：接通空调开关，使制冷压缩机工作 10~20min 后，用手触摸压缩机进出口两端，压缩机的高、低压端应有明显的温度差	描述手感温度变化情况：_____
	打开空调开关，调至制冷模式，切换不同出风模式，检查各出风口风量、温度是否正常	□是　□否

(5) 检查暖风系统工况

作业图例	作业内容	结果记录
	打开空调开关，调至暖风模式，切换不同出风模式，检查各出风口风量、温度是否正常	□是　□否

（续）

（6）检查通风系统工况

作业图例	作业内容	结果记录
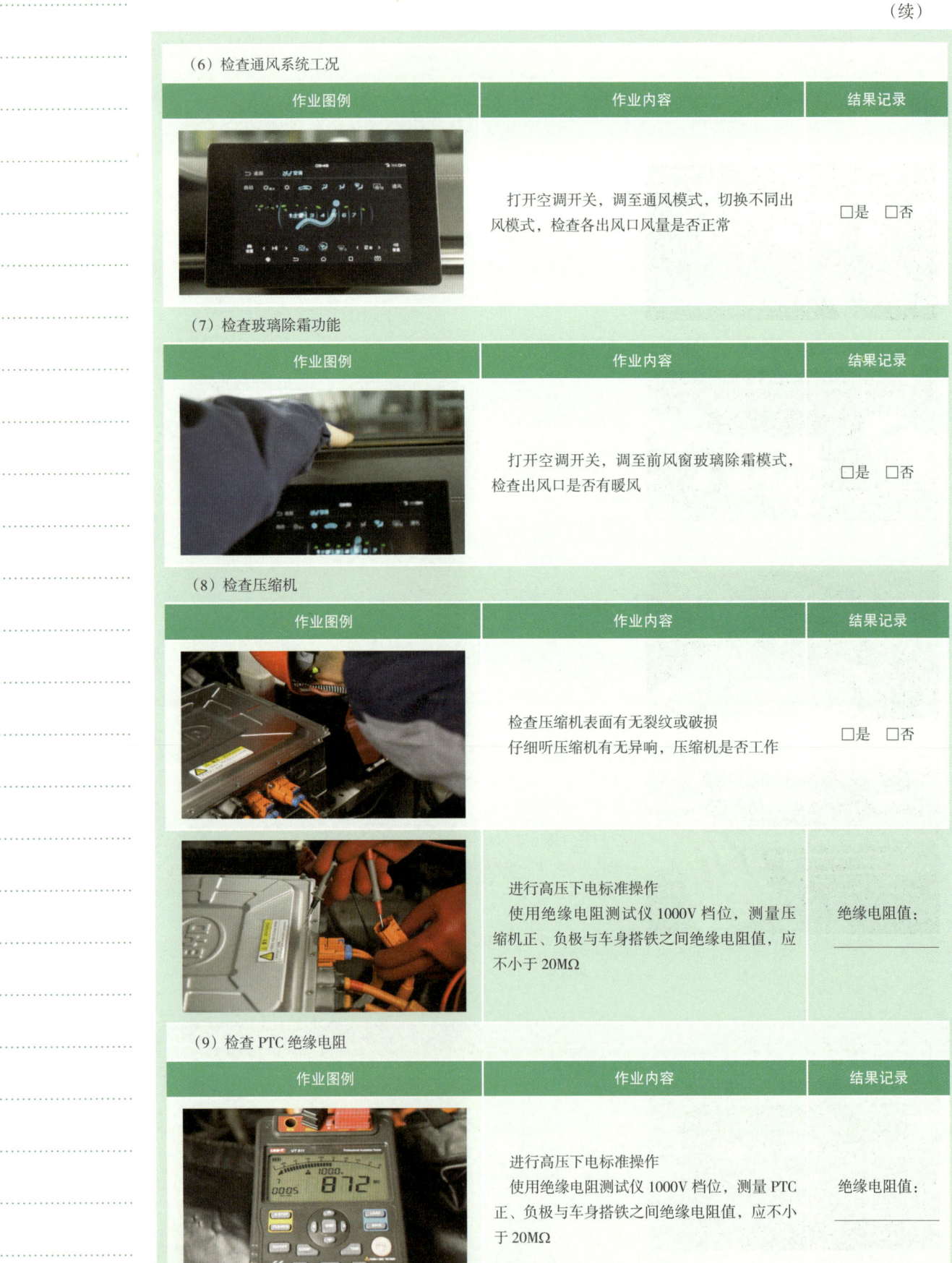	打开空调开关，调至通风模式，切换不同出风模式，检查各出风口风量是否正常	□是　□否

（7）检查玻璃除霜功能

作业图例	作业内容	结果记录
	打开空调开关，调至前风窗玻璃除霜模式，检查出风口是否有暖风	□是　□否

（8）检查压缩机

作业图例	作业内容	结果记录
	检查压缩机表面有无裂纹或破损 仔细听压缩机有无异响，压缩机是否工作	□是　□否
	进行高压下电标准操作 使用绝缘电阻测试仪1000V档位，测量压缩机正、负极与车身搭铁之间绝缘电阻值，应不小于20MΩ	绝缘电阻值：_____

（9）检查PTC绝缘电阻

作业图例	作业内容	结果记录
	进行高压下电标准操作 使用绝缘电阻测试仪1000V档位，测量PTC正、负极与车身搭铁之间绝缘电阻值，应不小于20MΩ	绝缘电阻值：_____

项目三　纯电动汽车高压系统维护

135

（续）

（10）拆检空调滤清器

作业图例	作业内容	结果记录
	空调滤芯位于副驾驶人前方杂物箱内侧，打开副驾驶人前方杂物箱，拆卸杂物箱固定卡扣	□是　□否
	取下杂物箱，拆卸杂物箱限位器	□是　□否
	按压固定卡扣，拆卸空调滤清器盖板，取出空调滤清器	□是　□否
	检查滤芯是否脏污，可用压缩空气清洁，要注意压缩空气吹的方向 若脏污严重需更换空调滤芯	□是　□否
	安装空调滤清器至合适位置，并推入固定位置 空调滤清器侧面的箭头位置需对准进气方向	□是　□否
	安装空调滤清器盖板 安装杂物箱限位器 对准限位卡扣，安放杂物箱，将杂物箱安装至原位置	□是　□否

笔记栏

（续）

4. 6S 规范

作业图例	作业内容	结果记录
	关闭车辆起动开关	□是 □否
	收起并整理车内四件套和车外三件套	□是 □否
	关闭设备电源，清洁、整理工具与仪器设备并归位	□是 □否
	收起车辆挡块、安全警示牌、隔离护栏	□是 □否
	清洁实训场地并恢复到原标准工位布置状态	□是 □否

五、检查与评价

1. 小组自查

小组根据任务实施的记录结果，对本小组的作业内容进行再次检查确认。

序号	检查项目	权重	检查结果
1	知识准备完成情况	20	□是 □否
2	制订计划的合理性	10	□是 □否
3	实施过程完成的正确性	45	□是 □否
4	学生在实施过程中的参与程度	15	□高 □中 □低
5	安全防护与 6S 规范	10	□是 □否

2. 自我评价与反思

结合自己在实训过程中的表现，进行自我评价及自我反思。

_____

3. 教师评价

空调系统检查与维护评分表

项目		评分要点	配分	得分
知识准备（10分）		□了解空调系统的组成	5	
		□掌握空调系统的维护方法	5	
任务计划（20分）		□制订实训计划	10	
		□协同小组成员进行合理分工	5	
		□能在实施前准备好所需要的仪器、工具	5	
工作组织与安全（20分）	作业准备	□检查设置隔离护栏 □设置安全警示牌 □检查灭火器压力值（水基/干粉） □安装车辆挡块 □安装车外三件套 □安装车内四件套 □落下驾驶人侧车窗玻璃 □进行胎压检查	3	

项目三　纯电动汽车高压系统维护

(续)

项目		评分要点	配分	得分
工作组织与安全 (20分)	防护工具准备	□检查绝缘手套，测量高压部分电路应佩戴绝缘手套 □检查防护电池电解液酸碱性手套，触碰动力蓄电池部分应佩戴防护电池电解液酸碱性手套 □检查护目镜，测量高压部分电路应佩戴护目镜 □检查绝缘安全帽，车辆底部作业应佩戴绝缘安全帽 □检查确认电子驻车制动和档位 □上高压电时要向实训指导教师报告	2	
	设备使用	□初次使用，应正确进行万用表检查 □初次使用绝缘电阻测试仪，应正确进行断路测试、短路测试 □正确连接仪器、仪表和测试设备到车辆 □正确操作车辆到测试条件并直接进行测试	1.5	
	操作规范	□断开模块插头时，先关闭起动开关，再断开辅助蓄电池负极，并对辅助蓄电池负极进行防护；断开高压插头后验电 □完成所有任务后，按规定力矩紧固蓄电池极桩 □测试完成后恢复车辆，主要包括拆卸下的部件正确安装、起动开关等其他开关正确复位	2	
	安全操作	□在操作过程中，对测试设备和车辆可能造成损坏而被实训指导教师制止的，每次扣4分 □未规范操作造成车辆熔丝烧掉，每次扣4分	10	
	6S规范	□仪器、工具、零部件跌落或摆放凌乱，每次扣0.5分 □设备使用完成后关闭电源，合理归位 □恢复工位到原标准工位布置状态	1.5	
任务实施 (40分)		□规范完成空调系统检查与维护操作，每漏一项扣2分，检查不规范或操作不规范扣1分	40	
自我评价与反思 (10分)		□学生能对自身表现情况进行客观评价及反思	10	
得分（满分100）				

延伸阅读

郑志明：先得热爱，才能走到更高的高度

"测量精度关系产品质量，一丝一毫都要计较。"广西汽车集团首席技能专家郑志明在钳台前，用锉刀来回研磨几下就消除了零部件存在的微米级误差。手工锉削零部件尺寸可控制在0.002mm内，手工画线钻孔位置度误差可控制在0.02mm内，带队研发的微型汽车后桥壳自动化焊接填补国内空白……"大国工匠"郑志明的奋斗起点是职高毕业的助理钳工，在扎根装备智能制造领域的20多年里，他不断地磨炼技能、开拓创新。不仅在操作上精益求精，郑志明还自学了自动化装备制造、UG三维建模技术等相关知识，不断加深复合技能的深厚储备。只要我们认认真真，脚踏实地，一步一个脚印地去努力，去学习新的知识技能，今后一定会有机会成长为各行各业的精英、各行各业的工匠、各行各业的大师。

项目四 底盘系统维护

项目描述

随着材料科技的不断进步，新能源汽车底盘将更多地融入智能化技术，实现底盘系统与车辆动力系统、辅助驾驶系统的互联互通，提高整车性能和安全性。新能源汽车底盘设计还将更加注重用户体验和舒适性，通过人性化设计和智能控制系统提升驾乘体验。

本项目介绍了纯电动汽车传动系统、行驶系统、转向系统和制动系统的组成及原理，在此基础上进一步讲解底盘系统的维护方法、维护时的注意事项等内容。

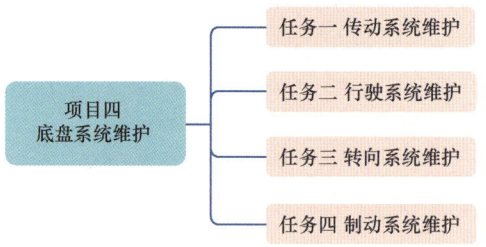

任务一 传动系统维护

学习目标

知识目标
1. 了解传统燃油汽车底盘的组成。
2. 了解纯电动汽车底盘的组成及布置形式。
3. 了解纯电动汽车传动系统的组成及功用。

能力目标
能够对接汽车维修工（三级）职业技能等级标准完成纯电动汽车传动系统的检查与维护。

项目四 底盘系统维护

素质目标

1. 通过传动系统维护工作任务的引入，培养学生的安全责任意识和团结协作意识。
2. 通过思想提升浸润善作善成的思政元素，培养学生严谨细致、精益求精的新时代工匠精神。
3. 通过严格执行6S规范，提高学生的职业素养。

知识储备

一、纯电动汽车底盘的布置形式

纯电动汽车底盘的布置形式与驱动轮数量、位置以及驱动电机系统的布置形式有关，主要有后轮驱动、前轮驱动和四轮驱动等形式。

1. 后轮驱动形式

后轮驱动是一种传统的布置形式，适用于中高级电动乘用车以及各种类型的电动客货车。有利于轴荷分配均匀，汽车操纵稳定性和行驶平顺性较好。

后轮驱动形式主要有传统后驱动布置形式、电机-驱动桥组合后驱动布置形式、单电机整体后驱动布置形式、双电机整体后驱动布置形式、轮边电机后驱动布置形式和轮毂电机后驱动布置形式等。其中，单电机整体后驱动布置形式和双电机整体后驱动布置形式较为常见。

（1）**单电机整体后驱动布置形式** 单电机整体后驱动的布置形式取消了机械式差速器，采用一个驱动电机，通过固定的减速器，驱动两个车轮，如图4-1-1所示。

（2）**双电机整体后驱动布置形式** 双电机整体后驱动布置形式取消了机械式差速器，两个驱动电机通过固定速比减速器分别驱动两个车轮；每个驱动电机的转速可以独立地调节控制，便于实现电子差速，不必选用机械差速器，如图4-1-2所示。电子差速器的优点是体积小、质量小，在汽车转弯时可以实现精确的电子控制，提高电动汽车的性能。

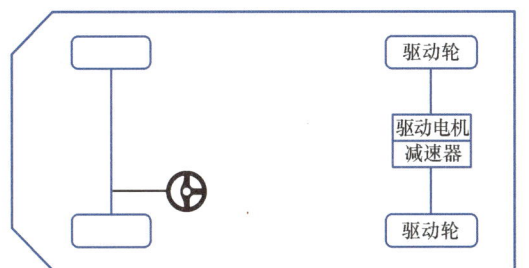

图4-1-1 单电机整体后驱动布置形式

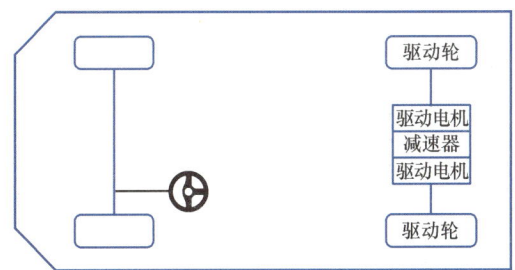

图4-1-2 双电机整体后驱动布置形式

（3）**轮边电机后驱动布置形式** 轮边电机与减速器集成后融入驱动桥上，采用刚性连接，减少高压电器数量和动力传输线路长度（图4-1-3）；优化后的驱动系统可降低车身高度，提高承载量，提升有效空间。

图4-1-4所示为仰望U8易四方技术平台，搭载四个轮边电机，每个轮边电机可以独立控制每个车轮，实现单个车轮的驱动、制动、前进和后退，让车辆具备超强的车身姿态调整能力，可以实现横向移动和原地掉头等功能。单轮边电机最大功率为220~240kW，最大转矩为320~420N·m。

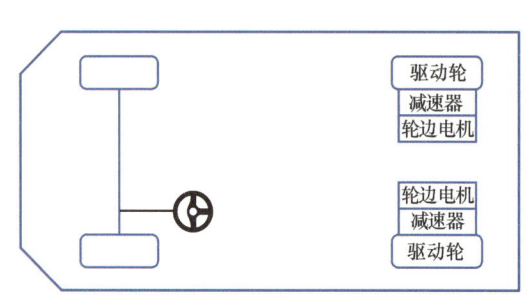

图 4-1-3　轮边电机后驱动布置形式　　　　图 4-1-4　仰望 U8 易四方技术平台轮边电机

（4）轮毂电机后驱动布置形式（图 4-1-5）　车轮内装电机技术（In-Wheel Motor）又称为轮毂电机，是一种将动力、传动和制动装置整合到车轮内部的技术。这一技术的最大特点是简化了电动汽车的机械部分。

图 4-1-6 所示为 NSK 轮毂电机样机，内置双电机与双速变速器最大功率为 25kW，低速最大转矩为 850N·m，高速与倒档最大转矩为 400N·m，轮毂电机通过变速器输出的转速可支持车辆以最高 135km/h 时速行驶。

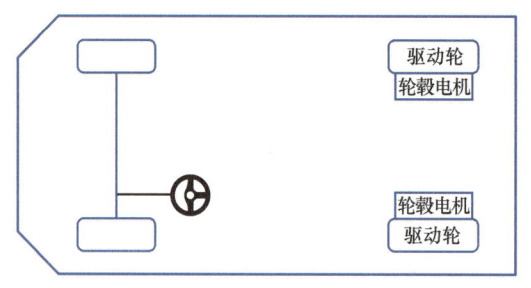

图 4-1-5　轮毂电机后驱动布置形式　　　　图 4-1-6　NSK 轮毂电机样机

2. 前轮驱动形式

前轮驱动纯电动汽车结构紧凑，有利于其他总成的安排，在转向和加速时行驶稳定性较好；前轮驱动兼转向，结构复杂，上坡时前轮附着力减小，易打滑。前轮驱动方式适合于中级及中级以下的电动乘用车。前轮驱动方式主要有电机-驱动桥组合前驱动布置形式、单电机整体前驱动布置形式（图 4-1-7）、双电机整体前驱动布置形式、轮边电机前驱动布置形式、轮毂电机前驱动布置形式等，其中以单电机整体前驱动布置形式为主。

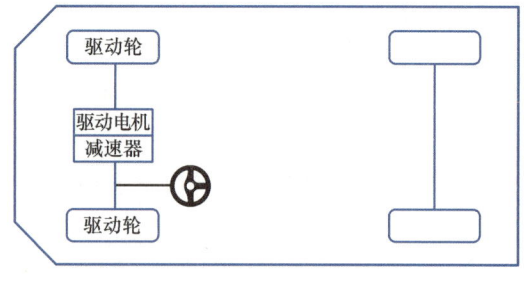

图 4-1-7　单电机整体前驱动布置形式

3. 四轮驱动形式

四轮驱动适合要求动力性强的电动乘用车或城市 SUV，与四轮驱动内燃机汽车相比，四轮驱动纯电动汽车能够取消部分传动零部件，提高了空间的利用率和动力的传递效率。四轮驱动形式主要有前后单电机驱动布置形式、前后双电机驱动布置形式、前后轮边电机驱动布置形式和前后轮毂电机驱动布置形式等，如图 4-1-8~图 4-1-11 所示。

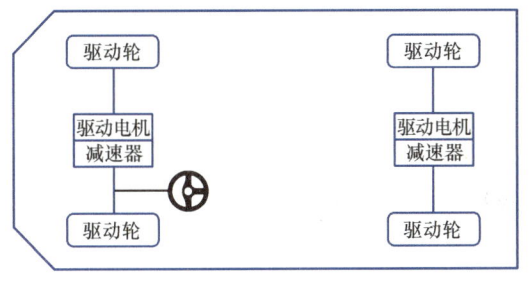

图 4-1-8　前后单电机驱动布置形式

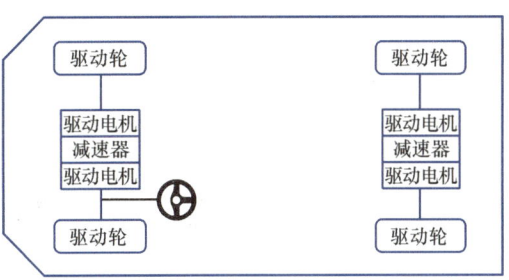

图 4-1-9　前后双电机驱动布置形式

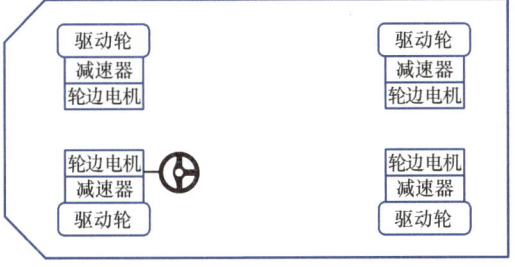

图 4-1-10　前后轮边电机驱动布置形式

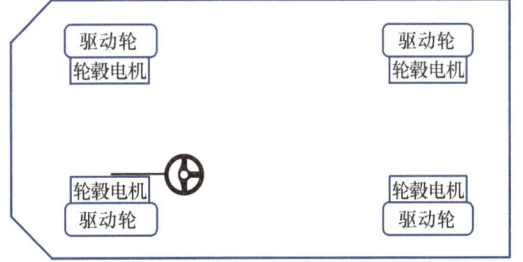

图 4-1-11　前后轮毂电机驱动布置形式

电机四轮驱动可以极大地节省空间，并且每个车轮都是一个独立的动力单元，因此能够实现对每一个车轮进行精准的转矩分配，反应更快、更直接，效率更高，这是目前传统四轮驱动汽车无法做到的。轮边电机和轮毂电机驱动布置形式是纯电动汽车驱动系统布置形式的发展趋势。随着电机技术和变速技术的发展，会有更多种驱动系统布置形式出现。电动汽车驱动系统布置的原则是简单、节省空间、效率高。

实践技能

二、传动系统检查与维护

纯电动汽车传动系统的基本原理在于将驱动电机的驱动力矩有效地传递至车辆的驱动轴。其核心特点是无须传统燃油汽车的复杂机械变速装置，如离合器和变速器。因为纯电动汽车由动力蓄电池供电，为驱动电机提供稳定、可调的电流，进而实现对驱动电机转向和转速的精准电子控制。

比亚迪秦纯电动汽车前传动半轴总成如图 4-1-12 所示。

1. 传动半轴基本检查

1）检查半轴 C 上的内防尘罩 A 和外防尘罩 B 有无裂纹、损坏、润滑脂泄漏及防尘罩卡箍 D 是否松动，如图 4-1-13 所示。如果检查到任何缺陷，更换防尘罩和防尘罩卡箍。

2）用手转动半轴，观察左、右半轴内球笼外花键与差速器内花键配合是否过于松动。

3）确认半轴没有扭曲，表面无锈蚀或裂纹，否则需要更换半轴。

4）检查内球笼和外球笼应摆动或滑动灵活，无卡滞现象，否则需要更换半轴。

5）用手转动半轴 C，确认轴转动灵活，无卡滞现象。

2. 变速器的检查与维护

参见项目三任务二驱动电机系统维护中相关内容。

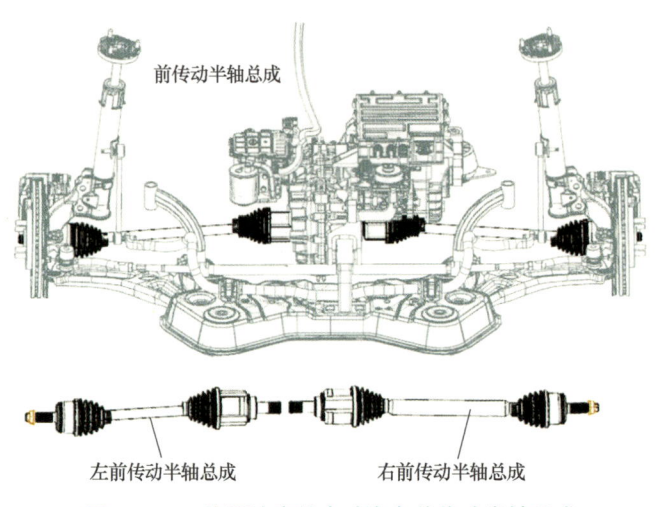

图 4-1-12　比亚迪秦纯电动汽车前传动半轴总成

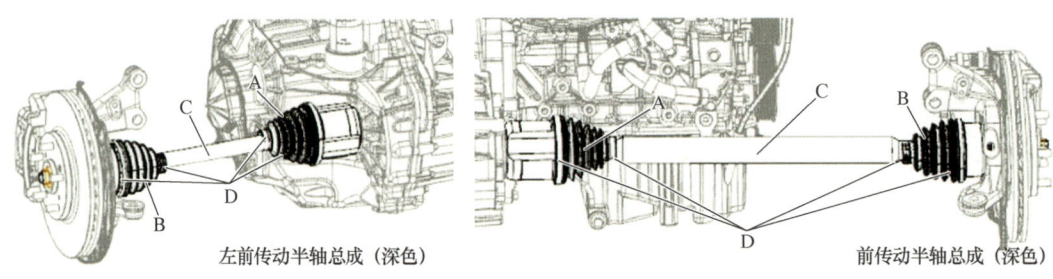

图 4-1-13　传动半轴基本检查

3. 加速踏板的检查与维护

（1）检查加速踏板

① 检查传感器接口 A 与线束接插件连接是否到位，如脱落或松动，将其安装到位。

② 检查加速踏板 B 是否有损伤或松动，如果有断裂和变形等损伤，更换加速踏板；如果加速踏板松动，将安装紧固件拧紧。

③ 将加速踏板踩到终止位置，松开后确认加速踏板能够在 400ms 时间内回位到初始位置。

（2）拆卸和安装加速踏板

① 断开加速踏板总成上的传感器接口 A，如图 4-1-14 所示。

② 用 10 号套筒或其他工具拆除加速踏板总成上的三个紧固件 C。

③ 从踏板安装支架 D 上取下加速踏板 B。

④ 安装加速踏板时，按与拆卸相反的顺序进行安装，加速踏板安装螺栓紧固力矩为（10±1）N·m。

4. 变速杆（图 4-1-15）动作检查

1）整车上 OK 档电。

2）档位检查。

① 不踩制动踏板，直接把变速杆推至每个档位，查看仪表是否有切换档位信号，若没有，代表正常。

② 踩制动踏板，把变速杆推至每个档位，检查换档过程是否灵活和易于操作，松开变速杆，是否可以自动复位。检查档位是否正确。

③ 检查变速杆能否被换入各个档位。

④ 检查当把变速杆从 N 位换到 D 位时，汽车是否前进；换到 R 位时，汽车是否后退。

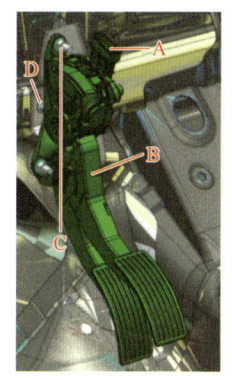

图 4-1-14　加速踏板组件

图 4-1-15　变速杆

任务实施

实训工单一　传动系统检查与维护

姓名		学号	
小组成员		日期	
实训指导教师		实训成绩	
实训设备	纯电动汽车、绝缘电阻测试仪、诊断仪、数字钳形表、万用表、绝缘工具一套、维修手册、电路图等。		

一、任务接收

安全、规范地完成传动系统检查与维护的各项任务。

二、知识准备

1. 纯电动汽车底盘的布置形式与_____、位置以及_____系统的布置形式有关。
2. 纯电动汽车传动系统的基本原理在于将_____的_____有效地传递至车辆的驱动轴。

三、决策与计划

根据任务要求和纯电动汽车维护作业技术规范，制订传动系统检查与维护作业计划，并对小组成员进行合理分工。

传动系统检查与维护作业计划			
操作人：		监护人：	
序号	作业项目	检测仪器、工具	操作要点
1			
2			
3			
4			
5			
计划审核	审核意见：　　　　　　　　　　　　　签字：　　　　　　　年　　月　　日		

(续)

四、操作步骤

1. 记录车辆基本信息

项目	内容
品牌	
车辆识别代号	
制造年月	
驱动电机	型号：　　　　　　　峰值功率：
动力蓄电池	额定电压：　　　　　　额定容量：
行驶里程	km

2. 传动系统维护

（1）传动半轴基本检查

作业图例	作业内容	结果记录
	检查半轴上的内防尘罩和外防尘罩有无裂纹、损坏、润滑脂泄漏及防尘罩卡箍是否松动	□是　□否
	用手转动半轴，观察左、右半轴内球笼外花键与差速器内花键配合是否过于松动	□是　□否
	确认半轴没有扭曲，表面无锈蚀或裂纹，否则需要更换半轴	□是　□否
	检查内球笼和外球笼应摆动或滑动灵活，无卡滞现象，否则需要更换半轴	□是　□否
	用手转动轴杆，确认轴转动灵活，无卡滞现象	□是　□否

（2）检查加速踏板

作业图例	作业内容	结果记录
	检查传感器接口与线束接插件连接是否到位，如脱落或松动，将其安装到位	□是　□否
	检查加速踏板是否有损伤或松动，如果有断裂、变形等损伤，更换加速踏板 如果加速踏板松动，将安装紧固件拧紧	□是　□否

（续）

作业图例	作业内容	结果记录
	将加速踏板踩到终止位置，松开后确认加速踏板能够在 400ms 时间内回位到初始位置	□是　□否

（3）变速杆动作检查

作业图例	作业内容	结果记录
	整车上 OK 档电，不踩制动踏板，直接把变速杆推至每个档位，查看仪表是否有切换档位信号，若没有，代表正常	□是　□否
	踩制动踏板，把变速杆推至每个档位，检查换档过程是否灵活和易于操作，松开变速杆，是否可以自动复位。检查档位是否正确	□是　□否
	检查变速杆能否被换入各个档位	□是　□否
	检查当把变速杆从 N 位换到 D 位时，汽车是否前进；换到 R 位时，汽车是否后退	□是　□否

3. 6S 规范

作业图例	作业内容	结果记录
	关闭车辆起动开关	□是　□否
	收起并整理车内四件套和车外三件套	□是　□否
	关闭设备电源，清洁、整理工具与仪器设备并归位	□是　□否
	收起车辆挡块、安全警示牌、隔离护栏	□是　□否
	清洁实训场地并恢复到原标准工位布置状态	□是　□否

(续)

五、检查与评价

1. 小组自查

小组根据任务实施的记录结果,对本小组的作业内容进行再次检查确认。

序号	检查项目	权重	检查结果
1	知识准备完成情况	20	□是 □否
2	制订计划的合理性	10	□是 □否
3	实施过程完成的正确性	45	□是 □否
4	学生在实施过程中的参与程度	15	□高 □中 □低
5	安全防护与 6S 规范	10	□是 □否

2. 自我评价与反思

结合自己在实训过程中的表现,进行自我评价及自我反思。

_____

3. 教师评价

传动系统检查与维护评分表

项目	评分要点	配分	得分
知识准备 (10分)	□了解传动系统的组成	5	
	□掌握传动系统的维护方法	5	
任务计划 (20分)	□制订实训计划	10	
	□协同小组成员进行合理分工	5	
	□能在实施前准备好所需要的仪器、工具	5	
工作组织 与安全 (20分)	作业准备 □检查设置隔离护栏 □设置安全警示牌 □检查灭火器压力值(水基/干粉) □安装车辆挡块 □安装车外三件套 □安装车内四件套 □落下驾驶人侧车窗玻璃 □进行胎压检查	3	
	防护工具 准备 □检查绝缘手套,测量高压部分电路应佩戴绝缘手套 □检查防护电池电解液酸碱性手套,触碰动力蓄电池部分应佩戴防护电池电解液酸碱性手套 □检查护目镜,测量高压部分电路应佩戴护目镜 □检查绝缘安全帽,车辆底部作业应佩戴绝缘安全帽 □检查确认电子驻车制动和档位 □上高压电时要向实训指导教师报告	2	
	设备使用 □初次使用,应正确进行万用表检查 □初次使用绝缘电阻测试仪,应正确进行断路测试、短路测试 □正确连接仪器、仪表和测试设备到车辆 □正确操作车辆到测试条件并直接进行测试	1.5	

(续)

项目		评分要点	配分	得分
工作组织与安全（20分）	操作规范	□断开模块插头时，先关闭起动开关，再断开辅助蓄电池负极，并对辅助蓄电池负极进行防护；断开高压插头后验电 □完成所有任务后，按规定力矩紧固蓄电池极桩 □测试完成后恢复车辆，主要包括拆卸下的部件正确安装、起动开关等其他开关正确复位	2	
	安全操作	□在操作过程中，对测试设备和车辆可能造成损坏而被实训指导教师制止的，每次扣4分 □未规范操作造成车辆熔丝烧掉，每次扣4分	10	
	6S规范	□仪器、工具、零部件跌落或摆放凌乱，每次扣0.5分 □设备使用完成后关闭电源，合理归位 □恢复工位到原标准工位布置状态	1.5	
任务实施（40分）		□规范完成传动系统检查与维护操作，每漏一项扣2分，检查不规范或操作不规范扣1分	40	
自我评价与反思（10分）		□学生能对自身表现情况进行客观评价及反思	10	
得分（满分100）				

任务二　行驶系统维护

学习目标

知识目标

1. 了解纯电动汽车行驶系统的组成及功用。
2. 了解车架、悬架、车桥和车轮的组成及功用。
3. 掌握轮胎规格的表示方法。

能力目标

1. 能够对接汽车维修工（三级）职业技能等级标准完成纯电动汽车行驶系统的检查与维护。
2. 能正确进行车轮拆装及车轮动平衡的操作。
3. 能够完成轮胎的检查与维护。

素质目标

1. 通过行驶系统维护工作任务的引入，培养学生的安全责任意识和团结协作意识。
2. 通过思想提升浸润善作善成的思政元素，培养学生严谨细致、精益求精的新时代工匠精神。
3. 通过严格执行6S规范，提高学生的职业素养。

知识储备

一、行驶系统基本知识

行驶系统由车架、悬架、车桥和车轮等组成。其功用是接收由发动机或驱动电机经传动系统传来的转矩并转变为汽车行驶的牵引力；支承汽车的重量并承受、传递路面作用在车轮上的各种力，减小振动和冲击，保证汽车平顺行驶；与转向系统配合，保证汽车操纵的稳定性。

二、车架

车架是连接各车桥之间的桥梁。其功用是安装汽车的各大总成和部件，使它们之间的相对位置准确无误地固定组合在一起，并承受来自各总成部件的各种静、动载荷。常用的汽车车架主要有边梁式、中梁式、综合式和无梁式四种类型。无梁式车架又称为承载式车身，是利用车身兼起车架的作用，没有专门的车架，所有的载荷均由车身来承受，在乘用车和大型客车上应用较多，如图 4-2-1 所示。

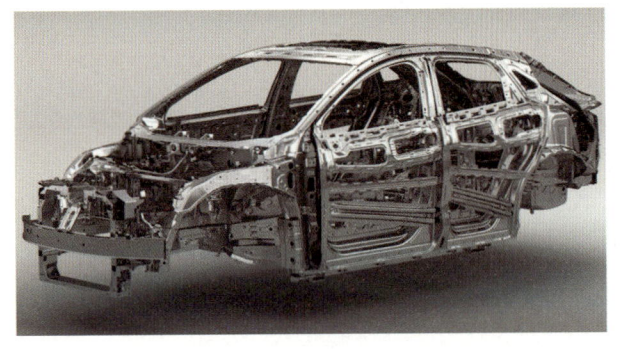

图 4-2-1　无梁式车架（承载式车身）

三、悬架

悬架是车架（或承载式车身）与车桥（或车轮）之间一切传力连接装置的总称，一般由弹性元件、减振器和导向装置三部分组成。弹性元件主要用来承受并传递垂直载荷，缓和不平路面引起的冲击，使车架（或承载式车身）与车桥（或车轮）之间保持弹性连接。减振器用来使弹性系统受冲击时产生的振动能迅速衰减，提高汽车的平稳性和乘坐舒适性。导向装置用来传递除垂直力以外的各种力和力矩，确保车轮相对于车架（或承载式车身）的运动关系，即起到导向的作用。

根据汽车两侧车轮运动是否相互关联，汽车悬架分为非独立悬架和独立悬架。

四、车桥

车桥通过悬架与车架（或承载式车身）相连接，其两端安装车轮总成，其功用是传递车架（承载式车身）与车轮总成之间的各种载荷。

按悬架结构型式的不同，车桥分为整体式和断开式两种。整体式车桥的中部是刚性实心或空心梁，与非独立悬架配用；断开式车桥为活动关节式结构，与独立悬架配用。按车桥上车轮的作用不同，车桥分为转向桥、驱动桥、转向驱动桥和支持桥（又称为支承桥）四种类型。

五、车轮

1. 车轮总成基本知识

汽车车轮总成由车轮和轮胎两部分组成，是汽车行驶系统的重要部件，其主要功用如下：
1）支承整车质量，包括在汽车质量上下运动时产生的惯性动载荷。
2）缓和来自路面的冲击载荷。
3）通过轮胎和路面之间的附着作用，为汽车提供驱动力和制动力。
4）产生平衡汽车转向离心力的侧向力，以便顺利转向，并通过轮胎产生的自动回正力矩，使车轮具有保持直线行驶的能力。

5）承担跨越障碍的作用，保证汽车的通过性。

2. 汽车备胎

常见的备胎种类有全尺寸备胎、非全尺寸备胎、折叠式备胎和零压续行轮胎等，此外，备胎的安装位置也有所不同，除了固定在行李舱槽内，还有悬挂在车底和外挂在尾门处两种。

（1）全尺寸备胎　全尺寸备胎的规格大小与原车其他四条轮胎完全相同，可以将其替换任何一只暂时或已经不能使用的轮胎，如图 4-2-2 所示。

（2）非全尺寸备胎　这种备胎的轮胎直径和宽度都要比其他四条轮胎略小，因此只能作为临时代替使用，而且只能用于非驱动轮，并且最高时速不能超过 80km/h，如图 4-2-3 所示。

图 4-2-2　全尺寸备胎

图 4-2-3　非全尺寸备胎

3. 纯电动汽车轮胎与普通轮胎的区别

（1）静音性能　纯电动汽车由于没有内燃机噪声，轮胎噪声变得尤为明显，因此需要选择静音效果更佳的轮胎。

（2）耐磨性　纯电动汽车起步、制动时转矩大且反应迅速，导致地面反作用力增强，加剧轮胎磨损，因此需要更耐磨的轮胎，以减少更换频率。

（3）承压能力　纯电动汽车质量较大，给轮胎带来更大压力，尤其是在过弯时更为明显，因此需要选择承压能力更强的轮胎，以保障操控性和安全性。

（4）轮胎宽度　纯电动汽车用的轮胎通常比传统汽车轮胎窄，从而减小轮胎上的空气阻力，延长行驶里程。

（5）抓地力和舒适性　新能源汽车轮胎具有更好的耐磨性、抓地力和舒适静音性能，有助于提高电动汽车的续驶能力和驾驶体验。

（6）安全性　新能源汽车轮胎的胎面设计更宽，支承力更强，抓地效果更佳，因此在行驶过程中能够提供更好的安全保障。

实践技能

六、行驶系统检查与维护

1. 行驶系统基本检查

1）将汽车停在水平地面上，并使各轮胎气压保持一致，目测汽车是否有倾斜。

2）通过上下摇动车身确定减振器的缓冲力大小，并且检查车身停止摇动需要的时间，时间应尽量短。

3）检查减振器是否有裂纹或漏油，防尘罩是否有损坏、裂纹或老化。

4）检查螺旋弹簧是否有损坏、变形、裂纹、折断或弹力下降，如有则更换。

5）检查稳定杆、下摆臂、副车架、扭转梁是否有弯曲、损坏或变形等情况。

6）检查球头的摆动与转动是否流畅，是否有松动现象。

7）检查各橡胶件是否有损坏、开裂或老化失效。

8）检查各螺栓、螺母连接是否松动，并按规定力矩紧固。

前悬架和后悬架如图 4-2-4 和图 4-2-5 所示。

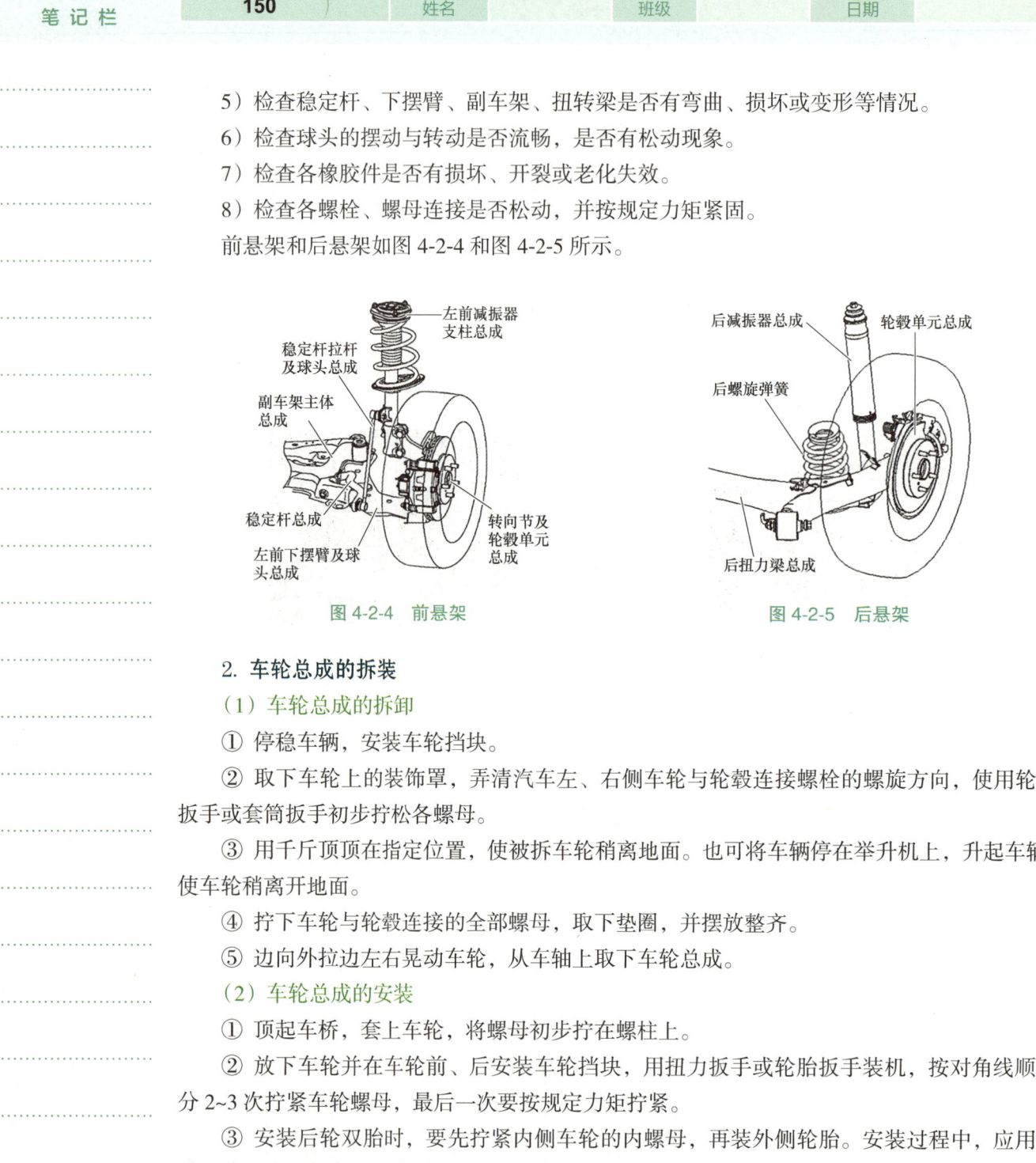

图 4-2-4　前悬架　　　　　　　图 4-2-5　后悬架

2. 车轮总成的拆装

（1）车轮总成的拆卸

① 停稳车辆，安装车轮挡块。

② 取下车轮上的装饰罩，弄清汽车左、右侧车轮与轮毂连接螺栓的螺旋方向，使用轮胎扳手或套筒扳手初步拧松各螺母。

③ 用千斤顶顶在指定位置，使被拆车轮稍离地面。也可将车辆停在举升机上，升起车辆，使车轮稍离开地面。

④ 拧下车轮与轮毂连接的全部螺母，取下垫圈，并摆放整齐。

⑤ 边向外拉边左右晃动车轮，从车轴上取下车轮总成。

（2）车轮总成的安装

① 顶起车桥，套上车轮，将螺母初步拧在螺柱上。

② 放下车轮并在车轮前、后安装车轮挡块，用扭力扳手或轮胎扳手装机，按对角线顺序分 2~3 次拧紧车轮螺母，最后一次要按规定力矩拧紧。

③ 安装后轮双胎时，要先拧紧内侧车轮的内螺母，再装外侧轮胎。安装过程中，应用千斤顶分两次顶起车桥，分别安装内、外两个车轮。双轮胎高低搭配要合适，一般较低的胎装于里侧，较高的胎装于外侧。应注意内侧轮胎和外侧轮胎的气门嘴应互成 180° 位置。

3. 轮胎的拆装

目前，轿车几乎都是采用无内胎的子午线轮胎，常使用轮胎拆装机进行轮胎的拆装。

（1）轮胎脱开

① 将轮胎内空气放尽，去掉车轮上的平衡块。

② 把车轮竖起放在地上，靠近支承胶板，压好后，踩下踏板，慢慢转动车轮，重复上述动作，直到把胎唇全部撬开。

（2）轮胎分解

① 扳动锁紧杆，松开垂直立杆。

② 将轮胎锁紧在转盘上，锁紧方式有以下两种：

外夹：将轮胎放于旋转工作台上，踩踏卡爪开启踏板，使卡爪将轮胎锁紧。

里夹：先将卡爪向外张开，将轮胎放置在转盘上，踩踏卡爪闭合踏板，卡爪锁紧轮辋外缘。对胎口较紧的轮胎推荐里夹。

③ 按下垂直立杆，使拆装头靠近轮胎边缘，并用锁紧杆锁紧垂直立杆，调整悬臂定位螺栓，使机头滚轮与钢圈外缘隔离间隙为 5~7mm，上下提升 3mm 左右。

④ 用撬杠将胎缘撬在拆装头上，点踩转盘转动踏板，让转盘沿顺时针方向旋转，直到胎缘脱落为止。

注意：如拆胎受阻，应立即停止，点踩转盘转动踏板，让转盘沿逆时针方向转动，消除障碍。

（3）轮胎装配

① 用除锈机或钢丝刷除去轮辋、挡圈和锁圈上的锈迹。

② 将轮辋锁定在转盘上。

③ 先给胎唇涂上润滑脂，然后把轮胎套在钢套上并把拆装头固定到工作位置。

④ 将胎缘置于拆装头尾部上面，机头下部，同时压低胎肚。

⑤ 沿顺时针方向旋转转盘让胎缘落入钢圈槽内。

⑥ 重复以上步骤，装上另一胎缘。

⑦ 调整轮胎位置，使轮胎平衡点位置与气门嘴互成 180° 安装。

⑧ 松开钳住钢圈的卡爪，给轮胎充气。

（4）轮胎充气

① 轮胎充气应按照该型汽车使用说明书上规定的标准气压执行，并在冷态时用气压表测量，若在热态时测量，应略高于标准气压，需取适当的修正值。气压表应定期校准，以保证读数准确。

② 轮胎装好后，先充入少量空气，待内胎充气伸展后再继续充至要求气压。

③ 充气前应检查气门芯与气门嘴是否配合平整，并擦净灰尘。充气后应检查是否漏气，并将气门帽装紧。

④ 充入的空气不得含有水分和油雾。

⑤ 充气时应注意安全防护，充气开始时用锤子轻击锁圈，使其平稳嵌入轮辋圈槽内，以防锁圈跳出。

4. 轮胎检查与维护

轮胎（包括备胎）维护的分级和周期与车辆维护相同，分为日常维护、一级维护和二级维护。

（1）轮胎的日常维护　日常维护包括出车前、行驶中和收车后的检视。主要是检视轮胎气压和有无不正常的磨损和损伤，并及时消除造成不正常磨损和损伤的因素。轮胎日常维护的作业内容如下：

1）出车前检视。

① 目视检查四个轮胎胎压大概是否一致，气门嘴是否漏气，气门帽是否齐全，气门嘴是否碰擦制动鼓。

② 检查轮胎螺母是否紧固，翼子板、挡泥板、货厢等有无碰擦轮胎的现象，并设法消除。

③ 检查随车工具，如千斤顶、轮胎螺母套筒扳手、气压表、锤子、挖石子钩等是否齐全。

2）行驶中检视。

① 行驶途中检视应结合途中停车、装卸等各种机会进行。停车地点应选择清洁、平坦、阴凉和不影响其他车辆通过的处所。

② 检查轮胎螺母有无松动，翼子板、挡泥板、货厢等有无碰擦轮胎的现象，并设法消除。

③ 及时发现并挖出轮胎夹石和花纹中的石子及杂物。

④ 检查轮胎气压，摸试轮胎温度。

⑤ 检查轮胎胎面及胎侧有无不正常的磨损和损伤以及轮辋有无损伤。

3）收车后检视。

① 停车场地应干燥清洁、无油污，严寒地区应扫除停车场上的冰雪，以免轮胎与地面冻结。

② 停车后应注意检查轮胎有无漏气现象，并查找漏气原因，予以排除。

③ 检查花纹并挖出轮胎夹石和花纹中的石子、杂物。

④ 检查轮胎螺母是否松动，备胎架装置是否牢固以及车辆机件有无碰撞轮胎的现象。

⑤ 如途中换用备胎，收车后应将损坏的轮胎及时送修。如发现车辆技术状况不正常，造成轮胎不正常磨损和机械损伤，应及时查明原因，并予以排除。

（2）一级维护轮胎作业项目

1）紧固轮胎螺母，检查气门嘴是否漏气、气门帽是否齐全，如发现损坏或缺少，应立即修理或补齐。

2）挖出轮胎夹石和花纹中的石子、杂物，如有较深伤洞，应用生胶填塞。特别是子午线轮胎，刺伤后若不及时修补，水汽进入胎体锈蚀钢丝帘线，易造成早期损坏。

3）检查轮胎磨损情况，如有不正常磨损或起鼓、变形等现象，应查找原因，予以排除。

4）如需检查外胎内部，应将其拆分，如发现有损伤应及时修补。

5）检查轮胎搭配和轮辋、挡圈、锁圈是否正常。

6）检查轮胎（包括备胎）气压，并按标准补足。

7）检查轮胎有无与其他机件刮碰现象，备胎架是否完好、紧固，如不符合要求，应予排除。

8）必要时（如单边偏磨严重）应进行一次轮胎换位，以保持胎面花纹磨耗均匀。

完成上述作业后应填写维护记录。

（3）二级维护轮胎作业项目　除执行一级维护的各项作业外，还应进行下列项目：

1）拆卸轮胎，按轮胎标准测量胎面花纹磨耗、周长及断面宽度的变化，作为换位和搭配的依据。

2）轮胎解体检查：

① 胎冠、胎肩、胎侧及胎内有无内伤、脱层、起鼓和变形等现象。

② 内胎、垫带有无咬伤、折皱现象，气门嘴、气门芯是否完好。

③ 轮辋、挡圈和锁圈有无变形、锈蚀，并视情涂漆。

④ 轮辋螺栓承孔有无过度磨损或损裂现象。

3）排除解体检查所发现的故障后，进行装合和充气。

4）高速车辆应进行轮胎的动平衡试验。

5）按规定进行轮胎换位。

6)发现轮胎有不正常的磨损或损坏,应查明原因,予以排除。

完成上述作业后应填写维护记录。

(4)胎面花纹深度检查 轮胎磨损过多,花纹过浅,会成为重要的不安全因素。过度磨损的轮胎,除容易爆胎外,还会使汽车操纵稳定性变坏。GB 7258—2017《机动车运行安全技术条件》中规定,乘用车、挂车轮胎胎冠的花纹深度应大于或等于1.6mm,摩托车轮胎胎冠的花纹深度应大于或等于0.8mm;其他机动车转向轮的胎冠花纹深度应大于或等于3.2mm,其余轮胎胎冠花纹深度应大于或等于1.6mm。

进行日常维护和各级维护时,应检查花纹深度。轮胎花纹深度可用深度尺进行测量。胎面磨耗标志位于胎面花纹沟底部,当胎面磨损到此处时,花纹沟断开,表明轮胎必须停止使用并送去翻新或报废。为便于用户找到磨耗标志,通常在磨耗标志对应的胎肩处标出"TWI"或者"△"等符号。这种磨损标志按国家标准的规定,每只轮胎应沿圆周等距离设置,不少于4个。

经常测量花纹深度,以便及时查明原因,予以消除。

(5)轮胎换位

1)按时换位可使轮胎磨损均匀,可延长轮胎约20%的使用寿命,应结合车辆二级维护定期换位。在路面拱度较大的地区或夏季,轮胎磨损差别较大,可适当增加换位次数。

2)常用的轮胎换位方法有交叉换位法、循环换位法和单边换位法,如图4-2-6和图4-2-7所示。

子午线轮胎的旋转方向应始终不变。若反向旋转,会因钢丝帘线反向变形产生振动,汽车平顺性变差,所以一些轿车使用手册推荐单边换位法。

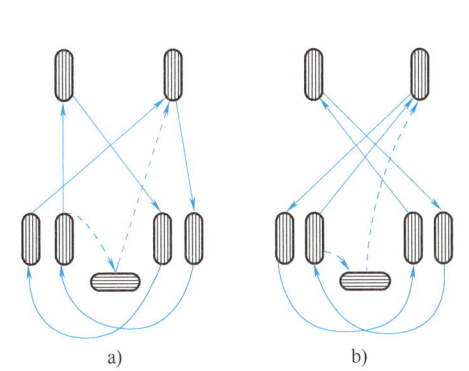

图4-2-6 六轮二桥汽车轮胎换位法
a)循环换位 b)交叉换位

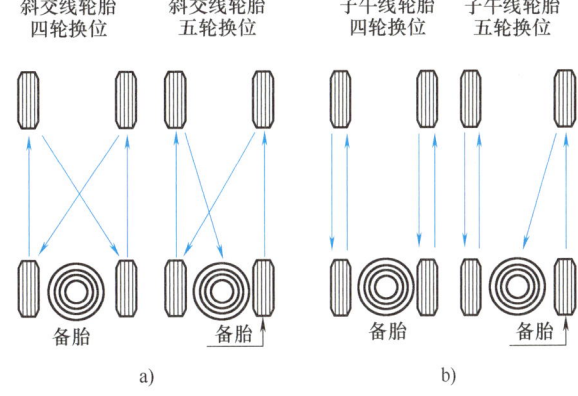

图4-2-7 四轮二桥汽车轮胎换位法
a)交叉换位 b)单边换位

3)轮胎换位后,应按所换的胎位要求,重新调整气压。

4)轮胎换位后须做好记录,下次换位仍要按上次选定的换位方法换位。

5. 胎压监测系统

(1)胎压监测系统认知

① 胎压监测模块。安装于轮胎内部,测量轮胎压力,并通过无线发射进行信息传输的模块,如图4-2-8所示。安装于轮胎气门嘴处,与气门嘴一体结构设计,分为监测模块主体部分和气门嘴部分。

② 胎压监测控制模块。用于接收、处理胎压监测接收模块发来的轮胎压力等信息,并通过CAN线向仪表发送信号的部件,如图4-2-9所示。安装于右C柱内板前段上。

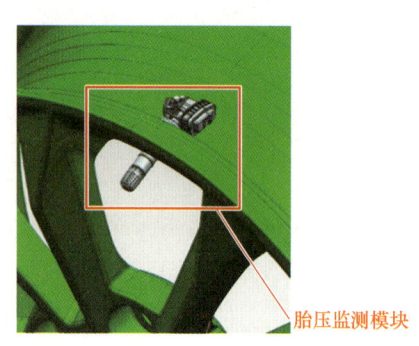
图 4-2-8　胎压监测模块

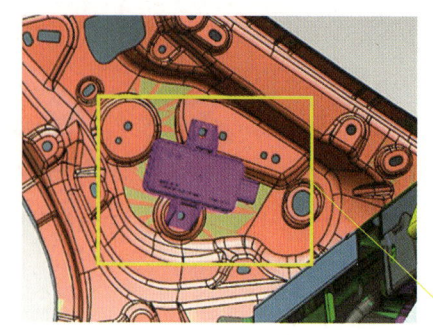
图 4-2-9　胎压监测控制模块

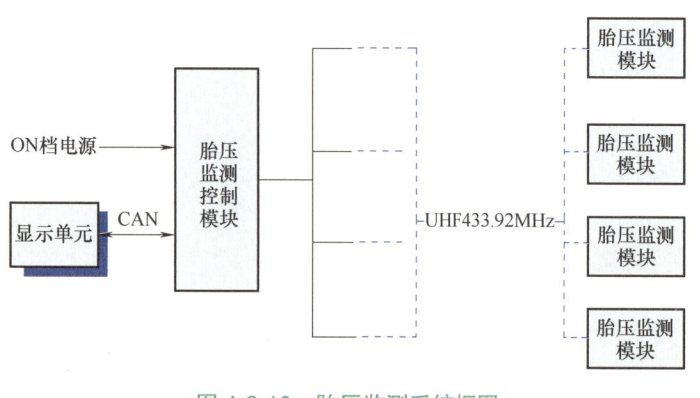
图 4-2-10　胎压监测系统框图

③ 胎压监测系统原理。胎压监测系统主要利用安装在每个轮胎里的压力传感器来直接测量轮胎的气压和加速度等参数，通过无线射频传输，将采集到的数据发送给胎压监测控制模块，胎压监测控制模块对此射频数据进行解调、分析处理为 CAN 信号，将 CAN 信号发送给仪表显示，轮胎相关信息就以数字方式实时显示出来，如图 4-2-10 所示。当任何一个轮胎的气压超出所设定的正常阈值时，便可通过声、光及视觉向驾驶人报警，以保障行车安全。

当胎压监测模块更换或位置调换、胎压监测控制模块更换时需要进行胎压匹配操作，胎压匹配流程如图 4-2-11 所示。

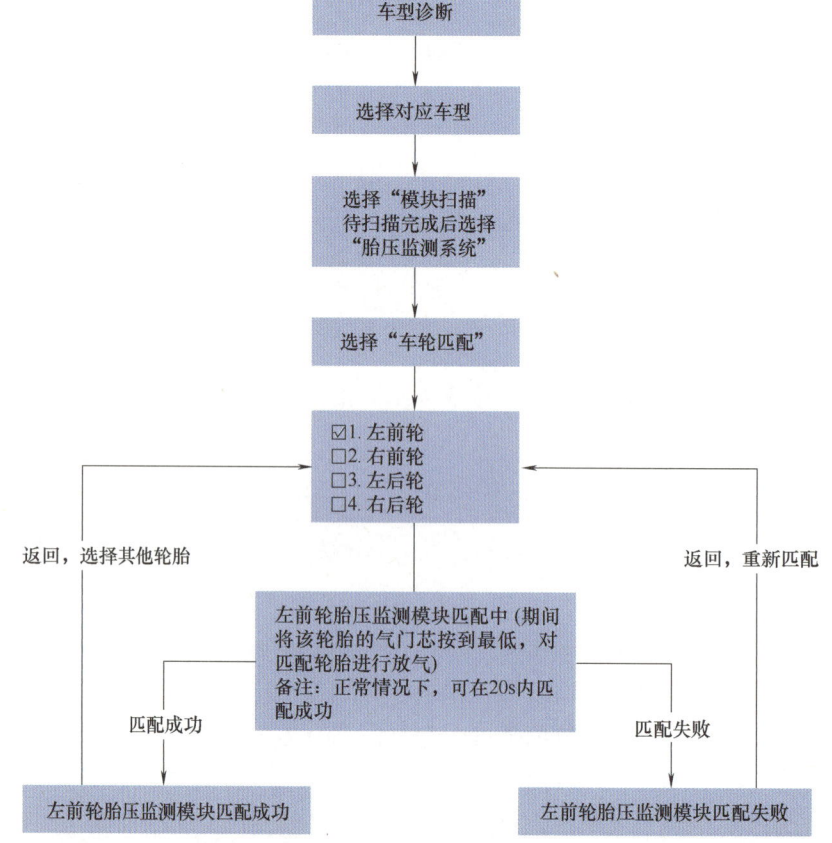
图 4-2-11　胎压匹配流程

（2）胎压监测模块的拆卸与安装

1）拆卸胎压监测模块。

① 拆卸准备：套筒扭力扳手、轮胎拆装机。

② 拧出防护帽，对轮胎进行放气。

③ 确认已经充分放气后，使用套筒扭力扳手采用4N·m的力将六角螺母拆下，取下金属垫片、塑胶垫片，用手轻轻推气门嘴，使气门嘴总成掉落至轮胎内部。

④ 将轮胎放置在轮胎拆装机上，调整轮辋边缘与压片间隙为10~20mm（图4-2-12），踩下踏板，使轮胎与轮辋分离。

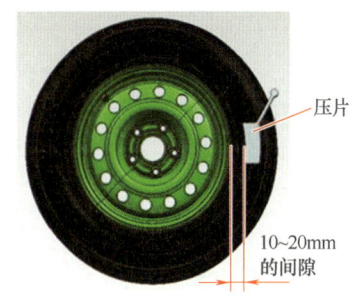

图 4-2-12　调整轮辋边缘与压片间隙为 10~20mm

⑤ 将轮胎放置在轮胎拆装机的工作台上，将轮辋卡紧，使用轮胎拆装机将轮胎上边缘拆出，取出掉落在轮胎内部的气门嘴总成，并放置在指定位置。

注意：防护帽、气门芯、六角螺母、金属垫片、气门嘴总成需要重复使用，拆卸过程中注意保护，并存放于指定位置；塑胶垫片及密封圈属于易耗品，下次安装时更换新产品（特殊要求除外）。

2）安装胎压监测模块。

① 安装准备：套筒扭力扳手、轮胎拆装机、平衡机、平衡块、充气枪、压力表。

② 将轮毂放置在轮胎拆装机的工作台上，使用卡爪将轮毂固定。

③ 将气门嘴总成穿过轮辋安装孔，然后将塑胶垫片、金属垫片套在气门嘴上，最后使用（4.0±0.6）N·m的力矩将六角螺母锁紧。

④ 将轮辋卡在轮胎拆装机上，如图4-2-13所示：轮辋按顺时针旋转，调整轮辋的位置，使轮胎拆装机的安装头在12点钟位置、监测模块必须在剖面线所示区域。将轮毂及轮胎涂上润滑脂，然后将下胎缘套在轮辋上，转动轮辋，将整个下胎缘安装在轮辋上，注意确保在整个安装过程中胎缘没有碰到监测模块。

任务实施

 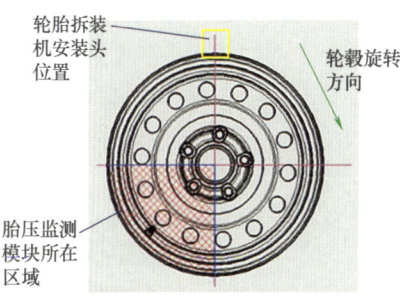

图 4-2-13　胎压监测模块安装

实训工单二　行驶系统检查与维护

姓名		学号	
小组成员		日期	
实训指导教师		实训成绩	
实训设备	纯电动汽车、绝缘电阻测试仪、诊断仪、数字钳形表、万用表、绝缘工具一套、维修手册、电路图等。		

一、任务接收

安全、规范地完成行驶系统检查与维护的各项任务。

（续）

二、知识准备

1. 行驶系统由_____、_____、车桥和_____等组成。
2. 悬架是_____（或_____）与_____（或_____）之间一切传力连接装置的总称。

三、决策与计划

根据任务要求和纯电动汽车维护作业技术规范，制订行驶系统检查与维护作业计划，并对小组成员进行合理分工。

行驶系统检查与维护作业计划			
操作人：		监护人：	
序号	作业项目	检测仪器、工具	操作要点
1			
2			
3			
4			
5			
计划审核	审核意见： 签字：　　　　　　　　　　　　　　年　　月　　日		

四、操作步骤

1. 记录车辆基本信息

项目	内容		
品牌			
车辆识别代号			
制造年月			
驱动电机	型号：		峰值功率：
动力蓄电池	额定电压：		额定容量：
行驶里程	km		

2. 行驶系统基本检查

作业图例	作业内容	结果记录
	将汽车停在水平地面上，并使各轮胎气压保持一致，目测汽车是否有倾斜	□是　□否
	通过上下摇动车身确定减振器的缓冲力大小，并且检查车身停止摇动需要的时间，时间应尽量少	□是　□否
	检查减振器是否有裂纹或漏油，防尘罩是否有损坏、裂纹或老化	□是　□否
	检查螺旋弹簧是否有损坏、变形、裂纹、折断或弹力下降，有则更换	□是　□否
	检查稳定杆、下摆臂、副车架、扭转梁是否有弯曲、损坏或变形等情况	□是　□否

项目四　底盘系统维护

(续)

作业图例	作业内容	结果记录
	检查球头的摆动与转动是否流畅,是否有松动现象	□是　□否
	检查副车架主体总成是否变形、存在裂纹,橡胶衬套是否老化、损坏	□是　□否
	检查各橡胶件是否有损坏、开裂或老化失效	□是　□否
	检查各螺栓、螺母连接是否松动,并按规定力矩紧固	□是　□否
	检查左右摆臂及转向器外侧拉杆球头、球头上的防尘罩是否出现破损、漏油现象	□是　□否
	检查球头的摆动与转动是否流畅,是否有松动现象	□是　□否
	在轮胎气压正常、汽车空载状态下,观察汽车。若汽车左右不等高,则要检查前悬架螺栓弹簧是否左右长度不等,如有,则更换螺旋弹簧	□是　□否
	检查橡胶件是否有损坏、开裂或老化失效	□是　□否
	检查前、后悬架装置是否有破损、松脱或车身倾斜	□是　□否
	检查前、后悬架上弹簧座有无开脱、撕裂或其他损坏	□是　□否
	检查悬架螺栓、各支架螺栓连接是否紧固	□是　□否
	检查后稳定杆、纵臂是否弯曲、变形或损坏	□是　□否

(续)

3. 车轮总成的拆装

作业图例	作业内容	结果记录
	使用轮胎扳手或套筒扳手初步拧松各螺母	□是 □否
	将车辆停在举升机上，升起车辆，使车轮稍离开地面	□是 □否
	拧下车轮与轮毂连接的全部螺母，取下垫圈	□是 □否
	边向外拉边左右晃动车轮，从车轴上取下车轮总成	□是 □否
	套上车轮，将螺母初步拧在螺柱上	□是 □否
	放下车轮并在车轮前、后安装车轮挡块，用扭力扳手或轮胎扳手装机，按对角线顺序分2~3次拧紧车轮螺母，最后一次要按规定力矩拧紧	□是 □否

4. 轮胎的检查

作业图例	作业内容	结果记录
	正确举升车辆至合适位置并锁止举升机，按照对角线交叉顺序拆卸车轮螺母，拆卸车轮	□是 □否
	检查轮胎胎面、胎侧是否有异常磨损，是否有裂纹、鼓包、老化等损坏	□是 □否
	将车轮至少转一圈，检查花纹槽内是否嵌入金属、石头等异物。如有异物，先查看轮胎是否被扎破，有则视情况修补或更换轮胎，没有则清理异物	□是 □否

姓名	班级	项目四　底盘系统维护 日期		

（续）

作业图例	作业内容	结果记录
	沿车轮圆周方向均匀分三次，用轮胎花纹深度规测量胎面沟槽深度，磨损极限值为 1.6mm	实测值：_____
	检查轮辋、轮毂有无变形、腐蚀或损坏	□是　□否
	使用轮胎气压表检查轮胎（包括备胎）气压，若不在厂家规定的标准范围内，应及时调整	胎压实测值： 左前： 左后： 右后： 右前： 备胎：
	用刷子在气门芯上涂抹肥皂水，检查气门嘴是否漏气、气门帽是否齐全，如发现损坏或缺少，应立即修理或补齐	□是　□否
	按照维修手册中规定的顺序进行轮胎换位	□是　□否
	按照对角线交叉顺序安装车轮螺母，安装车轮，紧固力矩为 120N·m	□是　□否

5. 6S 规范

作业图例	作业内容	结果记录
	关闭车辆起动开关	□是　□否
	收起并整理车内四件套和车外三件套	□是　□否
	关闭设备电源，清洁、整理工具与仪器设备并归位	□是　□否
	收起车辆挡块、安全警示牌、隔离护栏	□是　□否
	清洁实训场地并恢复到原标准工位布置状态	□是　□否

(续)

五、检查与评价

1. 小组自查

小组根据任务实施的记录结果,对本小组的作业内容进行再次检查确认。

序号	检查项目	权重	检查结果
1	知识准备完成情况	20	□是 □否
2	制订计划的合理性	10	□是 □否
3	实施过程完成的正确性	45	□是 □否
4	学生在实施过程中的参与程度	15	□高 □中 □低
5	安全防护与 6S 规范	10	□是 □否

2. 自我评价与反思

结合自己在实训过程中的表现,进行自我评价及自我反思。
_____

3. 教师评价

行驶系统检查与维护评分表

项目		评分要点	配分	得分
知识准备 (10分)		□了解行驶系统的组成	5	
		□掌握行驶系统的维护方法	5	
任务计划 (20分)		□制订实训计划	10	
		□协同小组成员进行合理分工	5	
		□能在实施前准备好所需要的仪器、工具	5	
工作组织 与安全 (20分)	作业准备	□检查设置隔离护栏 □设置安全警示牌 □检查灭火器压力值(水基/干粉) □安装车辆挡块 □安装车外三件套 □安装车内四件套 □落下驾驶人侧车窗玻璃 □进行胎压检查	3	
	防护工具 准备	□检查绝缘手套,测量高压部分电路应佩戴绝缘手套 □检查防护电池电解液酸碱性手套,触碰动力蓄电池部分应佩戴防护电池电解液酸碱性手套 □检查护目镜,测量高压部分电路应佩戴护目镜 □检查绝缘安全帽,车辆底部作业应佩戴绝缘安全帽 □检查确认电子驻车制动和档位 □上高压电时要向实训指导教师报告	2	
	设备使用	□初次使用,应正确进行万用表检查 □初次使用绝缘电阻测试仪,应正确进行断路测试、短路测试 □正确连接仪器、仪表和测试设备到车辆 □正确操作车辆到测试条件并直接进行测试	1.5	
	操作规范	□断开模块插头时,先关闭起动开关,再断开辅助蓄电池负极,并对辅助蓄电池负极进行防护;断开高压插头后验电 □完成所有任务后,按规定力矩紧固蓄电池极桩 □测试完成后恢复车辆,主要包括拆卸下的部件正确安装、起动开关等其他开关正确复位	2	

(续)

项目		评分要点	配分	得分
工作组织与安全（20分）	安全操作	□在操作过程中，对测试设备和车辆可能造成损坏而被实训指导教师制止的，每次扣4分 □未规范操作造成车辆熔丝烧掉，每次扣4分	10	
	6S 规范	□仪器、工具、零部件跌落或摆放凌乱，每次扣0.5分 □设备使用完成后关闭电源，合理归位 □恢复工位到原标准工位布置状态	1.5	
任务实施（40分）		□规范完成行驶系统检查与维护操作，每漏一项扣2分，检查不规范或操作不规范扣1分	40	
自我评价与反思（10分）		□学生能对自身表现情况进行客观评价及反思	10	
得分（满分100）				

任务三　转向系统维护

学习目标

知识目标
1. 了解汽车转向系统的组成及功用。
2. 了解电动转向系统的组成及工作原理。

能力目标
1. 能够对接汽车维修工（三级）职业技能等级标准完成电动转向系统的检查与维护。
2. 能完成转向盘的更换操作。

素质目标
1. 通过转向系统维护工作任务的引入，培养学生的安全责任意识和团结协作意识。
2. 通过思想提升浸润善作善成的思政元素，培养学生严谨细致、精益求精的新时代工匠精神。
3. 通过严格执行6S规范，提高学生的职业素养。

知识储备

一、转向系统基本知识

转向系统是用于改变或保持汽车行驶方向的机构。其功用是使汽车在行驶过程中能够按照驾驶人的操纵要求适时地改变行驶方向，并在受到路面传来的偶然冲击而可能使汽车意外偏离行驶方向时，能与行驶系统共同保持汽车直线行驶的稳定性。

汽车转向系统按转向动力源的不同分为机械转向系统和动力转向系统两大类。机械转向系统以驾驶人的体力作为转向动力源。动力转向系统依靠驾驶人的体力和其他动力合作作为转向动力源。动力转向系统按传递动力介质的不同分为液压式、气压式和电动式三种。

1. 机械转向系统

机械转向系统是以驾驶人的体力（手力）作为转向动力的转向系统，其主要由转向操纵机构、转向器和转向传动机构三大部分组成。转向操纵机构主要由转向盘、转向轴及转向管柱等组成。其功用是产生转动转向器所必需的操纵力，并具有一定的调节和安全性能。转向操纵机构要将驾驶人操纵转向盘的力传给转向器，同时为了驾驶人驾驶舒适，还要求转向操纵机构可以进行调节，以满足不同驾驶人的需求；为了防止车辆撞击后对驾驶人的损伤，还要求转向操纵机构具有一定的安全保护装置。

2. 动力转向系统

动力转向系统是在机械转向系统的基础上增设了一套转向助力装置而形成的。新能源汽车主要采用电动转向系统。

电动转向系统（Electric Power Steering），简称EPS，是指利用EPS电动机提供转向动力，辅助驾驶人进行转向操作的转向系统。该系统和其他控制系统一样，是由传感器（转矩及转角传感器、车速传感器）、控制器（EPS电子控制单元）、执行器（EPS电动机）以及相关机械部件组成的。

（1）EPS的组成　EPS通常由转矩及转角传感器、车速传感器、EPS电子控制单元、EPS电动机、相关机械结构组成。EPS由EPS电动机提供助力，助力大小由EPS电子控制单元实时调节与控制。根据车速的不同提供不同的助力，改善汽车的转向特性，减轻停车泊位和低速行驶时的操纵力，提高高速行驶时的转向操纵稳定性，进而提高了汽车的主动安全性。

（2）EPS的工作原理　汽车转向时，转矩及转角传感器把检测到的转矩及角度信号的大小、方向经处理后传给EPS电子控制单元，EPS电子控制单元同时接收车速传感器检测到的车速信号，然后根据车速传感器和转矩及转角传感器的信号决定电动机的旋转方向和助力转矩的大小。同时，电流传感器检测电路的电流，对驱动电路实施监控，最后由驱动电路驱动电动机工作，实施助力转向。其工作原理图如图4-3-1所示。

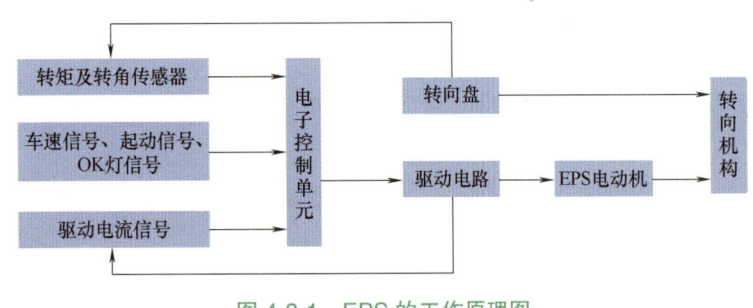

图 4-3-1　EPS 的工作原理图

实践技能

二、电动转向系统检查与维护

电动转向系统主要包括电动助力转向管柱总成、中间轴总成、机械转向器总成、EPS电子控制单元总成等。将电源档位上至ON档电，系统自检，EPS指示灯会点亮，并保持2~3s后熄灭，此时说明EPS指示灯及系统运行正常。

1. 基本检查

① 正确举升车辆至合适位置并锁止举升机，检查防尘罩是否有龟裂或者损伤，若有，更换防尘罩及卡箍。

② 检查转向连接机构是否有弯曲或者损坏。

③ 检查机械转向器是否有裂纹、润滑脂渗漏或浸润。

④ 按规定力矩紧固转向系统紧固螺栓、螺母，紧固力矩参照维修手册。

2. 检查转向盘

（1）转向盘自由行程检查　轮胎朝向正前方，向左或向右轻轻转动转向盘，测量转向盘的自由行程。如图 4-3-2 所示，转向盘最大自由行程不大于 30mm。如果自由行程超过最大值，需检查转向系统。

（2）转向盘旷动检查　上下、前后晃动转向盘，检查是否松动或摆动。

（3）转向盘锁止功能检查　将起动开关转动到 ACC 或按一下一键起动按钮（不踩制动踏板），转向盘可自由转动；关闭起动开关，转向盘锁止，应不能自由转动。

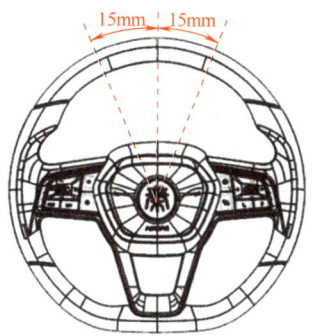

图 4-3-2　转向盘自由行程

（4）转向盘自动回位功能检查

① 检查转向盘回正力，无论快慢转动转向盘，左右两侧的回正力都应相同。

② 车速在 23~30km/h 时转动转向盘 90°，保持 1~2s 后，放松转向盘应回到 70° 以上位置。如果快速转动转向盘时可能在瞬间感到转向盘沉重，这不属于故障。

3. 检查转向助力

① 进行道路试验，检查是否存在转向沉重或助力不足的情况。

② 在原地转向和低速行驶中，将转向盘分别转向左、右极限位置，检查是否存在转向盘抖动、EPS 电动机等故障。

4. 转向盘的更换

1）确认前轮朝向正前方，将电源档位退至 OFF 位，并断开辅助蓄电池负极，等待 90s 以上。

2）拆下驾驶人安全气囊（DAB）模块总成。

① 用一字螺丝刀或同等类型的工具从转向盘后护盖前方的驾驶人安全气囊拆装孔处插入（第一次拆装需捅破该处隔层），如图 4-3-3 所示。

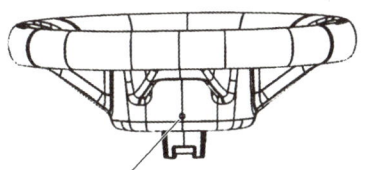

图 4-3-3　驾驶人安全气囊拆装孔

② 一字螺丝刀插入驾驶人安全气囊拆装孔后，使弹性卡簧变形，驾驶人安全气囊与卡簧脱开，并在弹性件的作用下弹出后，从转向盘中取出驾驶人安全气囊模块总成。

③ 松开安全气囊接头的卡扣，拔下安全气囊接头。

> **注意**：当拆下驾驶人安全气囊模块总成时，不要拉扯安全气囊线束，当放置驾驶人安全气囊模块总成时，保证其上表面向上；请勿分解驾驶人安全气囊模块总成。

3）拆下转向盘总成。

① 脱开线束插头。

② 使用 18 号套筒拆下转向盘固定螺母，如图 4-3-4 所示。

③ 如果没有缺齿并齿结构，需要在转向盘总成和转向管柱及万向节总成上做好配合标记，再拆卸转向盘，如图 4-3-5 所示。

④ 使用专用工具，拆下转向盘总成。

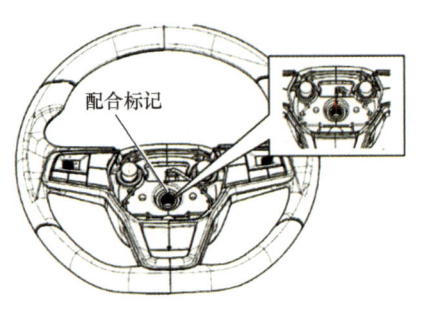

图 4-3-4　转向盘固定螺母　　　图 4-3-5　配合标记

注意：取下转向盘时应避免时钟弹簧线束缠在转向盘上而损坏时钟弹簧。

4）安装转向盘总成。

对齐之前在转向盘与管柱上做标记，固定螺母拧紧力矩为 50N·m。若有缺齿并齿机构，注意将其对齐。

5）安装驾驶人安全气囊模块总成。

① 连接接插件。

② 对齐驾驶人安全气囊模块位置，用力按压听到"咔"的一声后装好驾驶人安全气囊。

注意：不要使用另一辆汽车上拆下的安全气囊零部件；若驾驶人安全气囊模块总成掉地，或者在壳体、接头上有裂纹、凹坑等其他缺陷，更换新总成；当安装驾驶人安全气囊模块总成时，电线不要和其他部件有干扰，并且不要被夹住。

6）连接辅助蓄电池负极端子，将电源档位上至 ON 档电，系统自检，EPS 指示灯会点亮，并保持 2~3s 后熄灭。

任务实施

转向系统维护

实训工单三　转向系统检查与维护

姓名		学号	
小组成员		日期	
实训指导教师		实训成绩	
实训设备	纯电动汽车、绝缘电阻测试仪、诊断仪、数字钳形表、万用表、绝缘工具一套、维修手册、电路图等。		

一、任务接收

安全、规范地完成转向系统检查与维护的各项任务。

二、知识准备

1. 转向系统是用于_____或_____汽车_____的机构。
2. 机械转向系统主要由_____、_____和转向传动机构三大部分组成。
3. 电动转向系统是指利用_____提供转向动力，辅助驾驶人进行转向操作的转向系统。
4. EPS 通常由_____、_____、EPS 电子控制单元、_____、相关机械结构组成。

项目四　底盘系统维护

(续)

三、决策与计划

根据任务要求和纯电动汽车维护作业技术规范，制订转向系统检查与维护作业计划，并对小组成员进行合理分工。

转向系统检查与维护作业计划			
操作人：		监护人：	
序号	作业项目	检测仪器、工具	操作要点
1			
2			
3			
4			
5			
计划审核	审核意见：		
		签字：　　　　　年　　月　　日		

四、操作步骤

1. 记录车辆基本信息

项目	内容		
品牌			
车辆识别代号			
制造年月			
驱动电机	型号：		峰值功率：
动力蓄电池	额定电压：		额定容量：
行驶里程	km		

2. 转向系统检查与维护

（1）基本检查

作业图例	作业内容	结果记录
	正确举升车辆至合适位置并锁止举升机 检查防尘罩是否有龟裂或者损伤	□是　□否
	检查转向管柱及万向节上安装点螺母紧固力矩为25N·m，下安装点螺栓紧固力矩为50N·m	□是　□否
	检查机械转向器紧固螺栓，紧固力矩为90N·m 检查机械转向器是否有裂纹、润滑脂渗漏或浸润	□是　□否

(续)

作业图例	作业内容	结果记录
	检查万向节防尘罩、转向横拉杆球头端防尘罩是否有龟裂或损伤	□是　□否

（2）检查转向盘

<table>
<tr><th colspan="2">作业图例</th><th colspan="2">作业内容</th><th colspan="2">结果记录</th></tr>
<tr><td colspan="2"></td><td colspan="2">轮胎朝向正前方，向左或向右轻轻转动转向盘，测量转向盘的自由行程</td><td colspan="2">转向盘自由行程：_____
是否符合标准：
□是　□否</td></tr>
<tr><td colspan="2" rowspan="2"></td><td colspan="2" rowspan="2">上下、前后晃动转向盘，检查是否松动或摆动</td><td>上下方向</td><td>□正常　□松旷</td></tr>
<tr><td>前后方向</td><td>□正常　□松旷</td></tr>
<tr><td colspan="2" rowspan="2"></td><td colspan="2" rowspan="2">检查转向盘锁止功能</td><td>起动开关位置</td><td>□LOCK　□ACC
□ON　□START</td></tr>
<tr><td>转向盘是否锁死</td><td>□是　□否</td></tr>
<tr><td colspan="2" rowspan="5"></td><td colspan="2">转向盘左右两侧的回正力大小比较</td><td colspan="2">□左侧＞右侧
□左侧＝右侧
□左侧＜右侧</td></tr>
<tr><td colspan="2" rowspan="4">转向盘自动回正情况</td><td>车速</td><td></td></tr>
<tr><td>转向盘角度</td><td></td></tr>
<tr><td>保持时间</td><td></td></tr>
<tr><td>转向盘回位</td><td>□≥70°　□＜70°</td></tr>
</table>

（3）检查转向助力

作业图例	作业内容	结果记录
	进行道路试验，检查是否存在转向沉重或助力不足的情况	□转向沉重 □助力不足 □正常
	在原地转向和低速行驶中，将转向盘分别转向左、右极限位置，检查是否存在转向盘抖动、EPS电动机异响等故障	□转向盘抖动 □EPS电动机异响 □正常
	确认系统无故障后需要检查整车转向模块软件是否存在更新，若存在更新需要及时更新整车转向模块软件	□是　□否

(续)

3. 6S 规范

作业图例	作业内容	结果记录
	关闭车辆起动开关	□是 □否
	收起并整理车内四件套和车外三件套	□是 □否
	关闭设备电源，清洁、整理工具与仪器设备并归位	□是 □否
	收起车辆挡块、安全警示牌、隔离护栏	□是 □否
	清洁实训场地并恢复到原标准工位布置状态	□是 □否

五、检查与评价

1. 小组自查
小组根据任务实施的记录结果，对本小组的作业内容进行再次检查确认。

序号	检查项目	权重	检查结果
1	知识准备完成情况	20	□是 □否
2	制订计划的合理性	10	□是 □否
3	实施过程完成的正确性	45	□是 □否
4	学生在实施过程中的参与程度	15	□高 □中 □低
5	安全防护与 6S 规范	10	□是 □否

2. 自我评价与反思
结合自己在实训过程中的表现，进行自我评价及自我反思。

_____

3. 教师评价

转向系统检查与维护评分表

项目		评分要点	配分	得分
知识准备 （10 分）		□了解转向系统的组成	5	
		□掌握转向系统的维护方法	5	
任务计划 （20 分）		□制订实训计划	10	
		□协同小组成员进行合理分工	5	
		□能在实施前准备好所需要的仪器工具	5	
工作组织 与安全 （20 分）	作业准备	□检查设置隔离护栏 □设置安全警示牌 □检查灭火器压力值（水基/干粉） □安装车辆挡块 □安装车外三件套 □安装车内四件套 □落下驾驶人侧车窗玻璃 □进行胎压检查	3	

(续)

项目	评分要点	配分	得分
工作组织与安全（20分）	防护工具准备		
	□检查绝缘手套，测量高压部分电路，应佩戴绝缘手套 □检查防护电池电解液酸碱性手套，触碰动力蓄电池部分应佩戴防护电池电解液酸碱性手套 □检查护目镜，测量高压部分电路应佩戴护目镜 □检查绝缘安全帽，车辆底部作业应佩戴绝缘安全帽 □检查确认电子驻车制动和档位 □上高压电时要向实训指导教师报告	2	
	设备使用		
	□初次使用，应正确进行万用表检查 □初次使用绝缘电阻测试仪，应正确进行断路测试、短路测试 □正确连接仪器、仪表和测试设备到车辆 □正确操作车辆到测试条件并直接进行测试	1.5	
	操作规范		
	□断开模块插头时，先关闭起动开关，再断开辅助蓄电池负极，并对辅助蓄电池负极进行防护；断开高压插头后验电 □完成所有任务后，按规定力矩紧固蓄电池极桩 □测试完成后恢复车辆，主要包括拆卸下的部件正确安装、起动开关等其他开关正确复位	2	
	安全操作		
	□在操作过程中，对测试设备和车辆可能造成损坏而被实训指导教师制止的，每次扣4分 □未规范操作造成车辆熔丝烧掉，每次扣4分	10	
	6S规范		
	□仪器、工具、零部件跌落或摆放凌乱，每次扣0.5分 □设备使用完成后关闭电源，合理归位 □恢复工位到原标准工位布置状态	1.5	
任务实施（40分）	□规范完成转向系统检查与维护操作，每漏一项扣2分，检查不规范或操作不规范扣1分	40	
自我评价与反思（10分）	□学生能对自身表现情况进行客观评价及反思	10	
得分（满分100）			

任务四 制动系统维护

学习目标

知识目标

1. 了解汽车制动系统的组成及功用。
2. 掌握汽车制动系统的工作原理。
3. 了解电子控制系统在汽车制动系统中的应用。

项目四 底盘系统维护

能力目标

1. 能够对接汽车维修工（三级）职业技能等级标准完成制动系统的检查与维护。
2. 能完成制动液的更换与排气操作。

素质目标

1. 通过制动系统维护工作任务的引入，培养学生的安全责任意识和团结协作意识。
2. 通过思想提升浸润善作善成的思政元素，培养学生严谨细致、精益求精的新时代工匠精神。
3. 通过严格执行 6S 规范，提高学生的职业素养。

知识储备

一、制动系统基本知识

制动系统的功用是使行驶中的汽车按照驾驶人的要求进行减速甚至停车，使已停驶的汽车在各种道路条件下（包括在坡道上）稳定驻车，使下坡行驶的汽车速度保持稳定。如果制动系统工作不良，会导致汽车出现不能减速或停止的危险情况，汽车制动性能是汽车安全行驶的重要保证。

汽车制动系统一般包括行车制动系统和驻车制动系统两套相互独立的制动系统，每套制动系统都由供能装置、控制装置、传动装置和制动器等组成。

较为完善的制动系统还包括制动力调节装置以及报警装置、压力保护装置等。

二、纯电动汽车制动系统

纯电动汽车没有发动机总成，制动系统由于没有真空动力源而丧失真空助力功能，仅由人力所产生的制动力无法满足行车制动的需要，因此需要对制动系统真空助力装置进行改制，改制的核心是有产生足够压力的真空源，这就需要为制动系统增加电动真空泵。

1. 电动真空助力制动系统（图 4-4-1）的工作原理

起动汽车时，12V 电源接通，电子控制系统模块开始自检，如果真空罐内的真空度小于设定值，真空压力传感器输出相应电压值至控制器，此时控制器控制电动真空泵开始工作；当真空度达到设定值后，真空压力传感器输出相应电压值至控制器，此时控制器控制真空泵停止工作；当真空罐内的真空度因制动消耗小于设定值时，电动真空泵再次开始工作，如此循环。

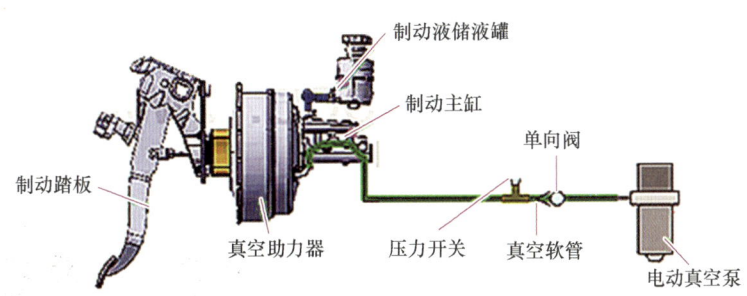

图 4-4-1　电动真空助力制动系统的结构示意图

2. 再生制动系统

再生制动又称为反馈制动，在制动或滑行工况将驱动电机切换成发电机运转，利用车的惯性带动驱动电机转子旋转而产生反转力矩，将一部分的动能或势能转化为电能并加以存储或利用，广泛应用于纯电动汽车和混合动力汽车，如图 4-4-2 所示。

图 4-4-2 领克 03 PHEV（插电式混合动力汽车）再生制动示意图

三、电子控制系统在汽车制动系统中的应用

为了提高汽车制动系统的响应速度、制动效果以及制动稳定性，电子控制系统普遍应用于汽车制动系统。现在，比较成熟的电控制动系统主要有防抱死制动系统（ABS）、电子制动力分配系统（EBD）、汽车驱动防滑系统（ASR）和车身电子稳定系统（ESP）。

1. ABS

ABS 是所有现代车辆安全系统的核心装置。在恶劣路况及紧急状况下，例如路面湿滑，或驾驶人需要对路障做出快速反应时，车轮可能在制动后抱死，导致车辆失控。ABS 能在早期识别一个或多个车轮的抱死趋势，然后快速减小相关车轮的制动压力。这能确保驾驶人在执行紧急制动后也能规避障碍物并放慢车速，安全迅速地停车。ABS 的结构示意图如图 4-4-3 所示。

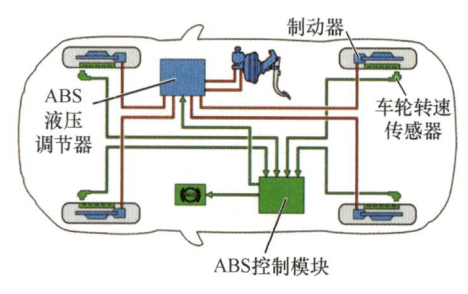

图 4-4-3 ABS 的结构示意图

车轮转速传感器的作用是监测车轮的线速度，并将信号发送给 ABS 控制模块。ABS 控制模块接收、过滤并放大车轮转速传感器信号，并据此计算制动器打滑和单个车轮的加速或减速情况。ABS 控制器的逻辑电路将控制信号发送给液压调节器，然后通过电磁阀调节制动卡钳压力，以实现最优制动。

2. ESP

ESP 是车辆的主动安全装置。ESP 在 ABS 的基础上增加了转向盘转角传感器、车身横向加速度和偏摆率传感器，它通过对车轮制动器和发动机／驱动电机动力的控制，实现对车辆侧滑的纠正。ESP 提高了所有驾驶工况下的主动安全性。尤其是在转弯工况下，ESP 能维持车辆稳定，保持车辆在车道上正常行驶。ESP 的结构示意图如图 4-4-4 所示。

在汽车行驶过程中，转向盘转角传感器监测汽车转弯方向和角度，车速传感器监测各车轮转

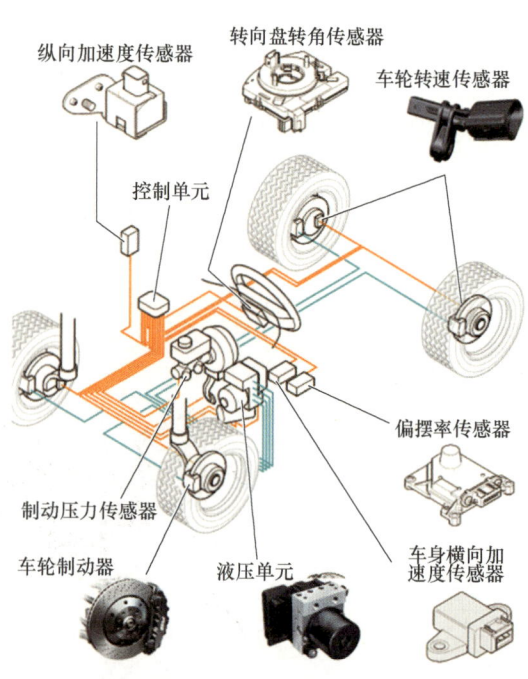

图 4-4-4 ESP 的结构示意图

速，制动主缸压力传感器监测制动力，而偏摆率传感器和车身横向加速度传感器监测汽车的横摆和侧倾速度。控制单元根据这些信息，通过计算后判断汽车安全行驶与驾驶人操纵汽车意图间的差距，然后由控制单元发出指令，调整发动机/驱动电机的转速和车轮制动力。

ESP 的工作原理示意图如图 4-4-5 所示。

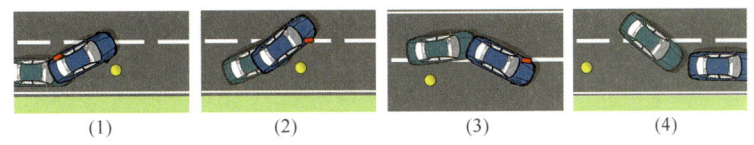

图 4-4-5　ESP 的工作原理示意图

1）车辆遇到障碍物时进行紧急规避，ESP 根据传感器信息判断出此刻是不稳定状态，立即对左后车轮实施制动，车身的转向动作得到了加强，以顺利规避障碍物。

2）当车辆左转弯行驶时，驾驶人向右转向，为加强反转向动作，右前轮制动。后车轮可自由旋转，以保证在后桥产生最佳侧向力。

3）这种轮迹变化导致车辆绕垂直轴线转动，为避免甩尾，左前轮制动。

4）车辆的不稳定状态得到校正后，ESP 结束调节工作。

3. EBD

电子制动力分配系统（Electric Brake force Distribution，英文缩写为 EBD，德文缩写为 EBV，欧洲车用此表示）是 ABS 的新发展，采用电子技术替代传统的比例阀。EBD 实际上是 ABS 的辅助功能，是在 ABS 的控制单元里增加一个控制软件，机械系统与 ABS 完全一致。它只是 ABS 的有效补充，一般和 ABS 组合使用，可以提高 ABS 的功效。汽车制动时，EBD 会实时采集车轮轮速、车轮阻力以及车轮载荷等信息，经计算得出不同车轮最合理的制动力并分配给每个车轮。在 ABS 起作用之前，EBD 会根据车轮垂直载荷和路面附着系数分配制动器制动力，充分利用路面附着系数，从而缩短制动距离并提高汽车的方向稳定性。同样，当制动被释放（车辆加速）的时候，程序的应用恰好相反。

实践技能

四、制动系统检查与维护

比亚迪秦纯电动汽车制动系统如图 4-4-6 所示。

1. 检查真空助力器

深踩两次制动踏板，真空泵停止工作后，用诊断仪读取真空压力数据，如果 30s 后真空读数下降值不小于 2.7kPa，则检查真空管路、密封件、真空助力器和制动主缸是否泄漏。

2. 检查驻车制动

（1）检查　拉起 EPB（电子驻车制动系统）开关，车辆可在 20% 坡度实现驻车。

（2）检测

① 连接比亚迪诊断仪。

② 使车辆静止不动在水平路面上，将整车上电至 ON 位，启动起动开关。

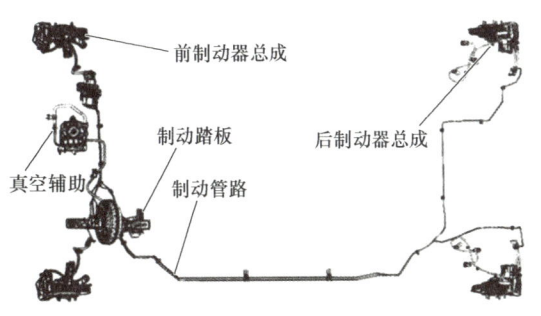

图 4-4-6　比亚迪秦纯电动汽车制动系统

③ 在诊断仪操作界面中选择：车型诊断→秦纯电动汽车→比亚迪 EPB →元件动作测试→开关量 2 → EPB 初始化，操作 3~4s 后出现"操作已完成"提示，学习自动完成，此时出现"系统无故障"，按"ESC"退出诊断仪。

④ 在初始化结束之后，手动操作拉起释放 EPB 开关。

拉起 EPB 开关：操作人员检查 EPB 状态灯点亮。

踩制动踏板同时按下 EPB 开关：操作人员检查 EPB 状态灯熄灭。

⑤ 车辆熄火，然后重新上电，起动后 EPB 警告灯点亮 2s（EPB 自检），2s 后熄灭。若不点亮，请检查仪表电路；若 2s 之后不熄灭，检查仪表电路；读取 EPB 错误码并检查。

3. 检查制动液

① 观察制动液颜色和状态，应清亮透明，无悬浮物、无杂质。

② 检查制动液储液罐液位，应位于 MIN 与 MAX 刻度线之间，若不足，应补充同品牌同型号制动液至规定液位。

③ 使用制动液测试仪测量制动液沸点或含水量，是否符合 GB 12981—2012《机动车辆制动液》中相关要求。

4. 检查制动踏板自由行程

整车退电 6min 后，将钢直尺保持与地板垂直，制动踏板处于自然状态，确认此时的制动踏板高度值后，用手稍用力下压制动踏板，当感觉阻力增大时，停止下压，观察制动踏板上平面在钢直尺上对应的数值，两个数值差为制动踏板的自由行程，标准值为 1~5mm。如果制动踏板自由行程不符合要求，则调整制动踏板位置开关。

5. 检查制动软管及管路

① 检查制动软管是否损坏、老化、泄漏、相互干扰。

② 检查制动管路是否损坏、锈蚀及泄漏。

③ 检查软管和管路接头和连接处是否出现泄漏，必要时重新紧固。

④ 检查制动总泵是否破损或泄漏。

注：一旦检修制动管路，务必更换制动管路管夹。

6. 检查与更换前制动器制动片

（1）检查

① 举升车辆，拆下前轮。

② 检查内侧制动片和外侧制动片的厚度，垫片的厚度不计。

制动片厚度标准：18.1~18.5mm。

维修极限：8.5mm。

③ 如果制动片厚度小于维修极限，应将制动片整套更换。

（2）更换

① 举升车辆，拆下前轮。

② 拆下转向节上制动软管安装螺栓。

③ 用扳手夹紧销钉，拆下法兰面螺栓。夹紧销钉要小心，以防损坏销护套。

④ 把制动钳向上旋出，检查软管及销护套是否破损或老化。

⑤ 拆下制动片。

⑥ 将制动钳彻底清理干净，除去全部锈蚀，并检查是否有沟槽及裂纹。

⑦ 检查制动盘是否破损及有裂纹。

⑧ 正确安装制动片，将带有磨损报警器的制动片安装在内侧。

⑨ 推进活塞，使制动钳卡在制动板上，确认活塞护套就位，以防向下转动制动钳时将活塞损坏。

⑩ 向下转动制动钳，使其就位。装上法兰面螺栓，用扳手夹住销钉，用规定的力矩将法兰面螺栓拧紧。小心不要损坏护套。

⑪ 装上制动软管紧固螺栓，并用规定力矩将其上紧。

⑫ 向下踩压制动踏板数次，确认制动器工作正常，然后进行试车。

注：全套制动片刚换上时，进行制动可能需要较大的踏板行程。踩压几次制动踏板可恢复正常的踏板行程。

⑬ 安装结束后，检查软管及管路接口或连接机构是否有泄漏，必要时重新紧固。

7. 检查与更换前制动盘

（1）振摆

① 举升车辆，拆下前轮。

② 拆下制动片。

③ 检查制动盘表面是否破损或开裂。彻底清洁制动盘，并清除所有锈蚀。

④ 安装合适的平垫圈及车轮螺母，用规定力矩将螺母拧紧，使制动盘紧紧贴住轮毂。

⑤ 将百分表靠制动盘放置，测量从制动盘外缘起 10mm 处的振摆。

⑥ 如果制动盘振摆超出 0.08mm 的维修极限，用车载制动器车床对制动盘进行修整。

最大修整极限：26mm。

⑦ 若制动盘超出修整极限值，应予以更换。

（2）厚度及平行度

① 举升车辆，拆下前轮。

② 拆下制动片。

③ 使用千分尺，在距制动盘外缘 10mm、间隔大约为 45° 的 8 个点处测量制动盘的厚度，如果最小测量值小于最大修整极限，则更换制动盘。

制动盘厚度标准：（28 ± 0.1）mm。

最大修整极限：26mm。

制动盘平行度：最大 0.05mm。

注：此为厚度测量值的最大容许偏差。

④ 如果最小测量值小于最大修整极限，则更换制动盘。

⑤ 如果制动盘的平行度超出维修极限，用车载制动器车床对制动盘进行修整。

（3）前制动盘的更换

① 拆下螺栓，松开制动软管，取下制动钳。

② 拆下螺栓，取下制动盘支架。

③ 拆下螺钉，取下制动盘。

注：拆卸时应使用防锈剂，不得硬性将制动盘从轮毂上拆下，否则会损坏制动盘。在安装制动盘之前应均匀打磨两侧盘面，保证有足够的磨损余量。在同一桥上的两个制动盘应同时更换。

④ 以与拆卸相反的顺序进行安装。

8. 制动液更换及制动系统排气

① 打开制动总泵储液罐盖，安装制动液抽吸工具，将储液罐中的制动液抽出。

② 安装制动液加注工具，按要求补充DOT4型号的制动液，确认储液罐中制动液液位处于最大液位标志处（MAX上液位）。

③ 将一段干净的排放管接在排放螺钉上。

④ 由助手缓慢踩压制动踏板几次，然后施加持续不变的压力。

⑤ 从左后方开始，松开制动器排气螺钉，让空气从系统中释放出来，然后牢固地拧紧排气螺钉。

⑥ 按图4-4-7所示顺序，依次对每个车轮进行上述操作，直到排放管中出来的制动液中见不到气泡为止。

⑦ 按照维修手册中的紧固力矩拧紧排气螺钉，前轮（12±2）N·m，后轮（18±1）N·m。

⑧ 再次将制动总泵储液罐注满，使液面达到MAX最高液位标线。

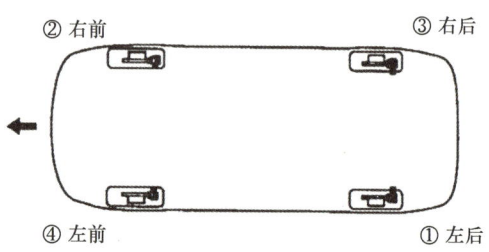

图4-4-7 制动液排气顺序

9. 制动系统试车检查

① 起动车辆，踩下制动踏板，检查制动踏板工作是否正常。连续踩制动踏板五次以上，此时电动真空泵开始工作；继续踩制动踏板，其阻力应该增大。

② 路试车辆，踩下制动踏板检查车辆制动能力是否正常。

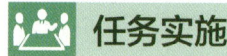
任务实施

制动系统维护

实训工单四　制动系统检查与维护

姓名		学号	
小组成员		日期	
实训指导教师		实训成绩	
实训设备	纯电动汽车、绝缘电阻测试仪、诊断仪、数字钳形表、万用表、绝缘工具一套、维修手册、电路图等。		

一、任务接收

安全、规范地完成制动系统检查与维护的各项任务。

二、知识准备

1. 制动系统的功用是使行驶中的汽车按照驾驶人的要求进行_____甚至_____，使已停驶的汽车在各种道路条件下（包括在坡道上）_____，使下坡行驶的汽车速度_____。

2. 汽车制动系统一般包括_____系统和_____系统两套相互独立的制动系统，每套制动系统都由_____、_____、_____和制动器等组成。

3. 再生制动是指在制动或滑行工况将_____切换成_____运转，利用车的惯性带动电动机转子旋转而产生反转力矩，将一部分的_____或势能转化为电能并加以_____或利用。

4. ABS能在早期识别一个或多个车轮的_____，然后快速减小相关车轮的_____。

5. 车身电子稳定系统是车辆的_____装置。ESP在ABS的基础上增加了_____、车身横向加速度和偏摆率传感器。

（续）

三、决策与计划

根据任务要求和纯电动汽车维护作业技术规范，制订制动系统检查与维护作业计划，并对小组成员进行合理分工。

制动系统检查与维护作业计划			
操作人：			监护人：
序号	作业项目	检测仪器、工具	操作要点
1			
2			
3			
4			
5			
计划审核	审核意见： 签字： 年 月 日		

四、操作步骤

1. 记录车辆基本信息

项目	内容
品牌	
车辆识别代号	
制造年月	
驱动电机	型号： 峰值功率：
动力蓄电池	额定电压： 额定容量：
行驶里程	km

2. 检查真空助力器

作业图例	作业内容	结果记录
	连接诊断仪，深踩两次制动踏板，真空泵停止工作后，用诊断仪读取真空压力数据	_____kPa
	如果30s后真空读数下降值等于或大于2.7kPa，则检查_____、_____、_____和_____是否泄漏	□是 □否

(续)

3. 检查驻车制动

作业图例	作业内容	结果记录
	拉起 EPB 开关，车辆可在 20% 坡度实现驻车	□是 □否

4. 检查制动液

作业图例	作业内容	结果记录
	观察制动液颜色和状态，应清亮透明，无悬浮物、无杂质	□是 □否
	检查制动液储液罐液位，应位于 MIN 与 MAX 刻度线之间	□是 □否
	使用制动液测试仪测量制动液沸点或含水量	实测值：_____

5. 检查制动踏板自由行程

作业图例	作业内容	结果记录
	整车退电 6min 后，将钢直尺保持与地板垂直，制动踏板处于自然状态，确认此时的制动踏板高度值	_____mm
	用手稍用力下压制动踏板，当感觉阻力增大时，停止下压，观察制动踏板上平面在钢直尺上对应的数值	_____mm
	两个数值差为制动踏板自由行程，标准值为 1~5mm 如果制动踏板自由行程不符合要求，则调整制动踏板位置开关	制动踏板自由行程实测值：_____mm

（续）

6. 检查制动软管及管路

作业图例	作业内容	结果记录
	检查制动软管是否损坏、老化、泄漏、相互干扰 检查制动管路是否损坏、锈蚀及泄漏	□是 □否
	检查软管和管路接头和连接处是否出现泄漏，必要时重新紧固	□是 □否
	检查制动总泵是否破损或泄漏	□是 □否

7. 检查与更换前制动器制动片

（1）检查

作业图例	作业内容	结果记录
	举升车辆，拆下前轮	□是 □否
	检查内侧制动片和外侧制动片的厚度，垫片的厚度不计 制动片厚度标准：18.1~18.5mm 维修极限：8.5mm	实测值： _____mm
	如果制动片厚度小于维修极限，应将制动片整套更换	□是 □否

（2）更换

作业图例	作业内容	结果记录
	举升车辆，拆下前轮	□是 □否

（续）

作业图例	作业内容	结果记录
	拆下转向节上制动软管安装螺栓 用扳手夹紧销钉，拆下法兰面螺栓	□是　□否
	把制动钳向上旋出，检查软管及销护套是否破损或老化	□是　□否
	拆下制动片	□是　□否
	将制动钳彻底清理干净，除去全部锈蚀，并检查是否有沟槽及裂纹	□是　□否
	检查制动盘是否破损及有裂纹	□是　□否
	正确安装制动片，将带有磨损报警器的制动片安装在内侧	□是　□否

(续)

作业图例	作业内容	结果记录
	推进活塞，使制动钳卡在制动板上，确认活塞护套就位	□是 □否
	向下转动制动钳，使其就位	□是 □否
	装上法兰面螺栓，用扳手夹住销钉，用规定的力矩（40±3）N·m将法兰面螺栓拧紧	□是 □否
	向下踩压制动踏板数次，确认制动器工作正常，然后进行试车	□是 □否
	安装结束后，检查软管及管路接口或连接机构是否有泄漏，必要时重新紧固	□是 □否

8. 检查与更换前制动盘
（1）振摆

作业图例	作业内容	结果记录
	举升车辆，拆下前轮 拆下制动片	□是 □否
	检查制动盘表面是否破损或开裂 彻底清洁制动盘，并清除所有锈蚀	□是 □否

(续)

作业图例	作业内容	结果记录
	安装合适的平垫圈及车轮螺母，用规定力矩（120±5）N·m 将螺母拧紧，使制动盘紧紧贴住轮毂	□是　□否
	将百分表靠制动盘放置，测量从制动盘外缘起 10mm 处的振摆	□是　□否
	如果制动盘振摆超出 0.08mm 的维修极限，用车载制动器车床对制动盘进行修整 最大修整极限：26mm	□是　□否
	若制动盘超出修整极限值，应予以更换	□是　□否

（2）厚度及平行度

作业图例	作业内容	结果记录
	使用千分尺，在距制动盘外缘 10mm、间隔大约为 45°的 8 个点处测量制动盘的厚度	1._____ 2._____ 3._____ 4._____ 5._____ 6._____ 7._____ 8._____
	如果最小测量值小于最大修整极限，更换制动盘 制动盘厚度标准：（28±0.1）mm 最大修整极限：26mm 制动盘平行度：最大 0.05mm	最小测量值： _____
	如果最小测量值小于最大修整极限，更换制动盘	□是　□否
	如果制动盘的平行度超出维修极限，用车载制动器车床对制动盘进行修整	□是　□否

项目四　底盘系统维护

（续）

（3）前制动盘的更换

作业图例	作业内容	结果记录
	拆下螺栓，松开制动软管，取下制动钳	□是　□否
	拆下螺栓，取下制动盘支架	□是　□否
	拆下螺钉，取下制动盘	□是　□否
	以与拆卸相反的顺序进行安装	□是　□否

9. 制动液更换及制动系统排气

作业图例	作业内容	结果记录
	打开制动总泵储液罐盖，安装制动液抽吸工具，将储液罐中的制动液抽出	□是　□否
	安装制动液加注工具，按要求补充DOT4型号的制动液，确认储液罐中制动液液位处于最大液位标志处（MAX上液位）	□是　□否

(续)

作业图例	作业内容	结果记录
	将一段干净的排放管接在排放螺钉上 由助手缓慢踩压制动踏板几次，然后施加持续不变的压力	□是　□否
	从左后方开始，松开制动器排气螺钉，让空气从系统中释放出来，然后牢固地拧紧排气螺钉	□是　□否
	依照_____→_____→_____→_____的次序对每个车轮进行上述操作，直到排放管出来的制动液中见不到气泡为止	□是　□否
	按照维修手册中的紧固力矩拧紧排气螺钉，前轮（12±2）N·m，后轮（18±1）N·m	□是　□否
	再次将制动总泵储液罐注满，使液面达到 MAX 最高液位标线	□是　□否

10. 制动系统试车检查

作业图例	作业内容	结果记录
	起动车辆，踩下制动踏板，检查制动踏板工作是否正常 连续踩制动踏板五次以上，此时电动真空泵开始工作 继续踩制动踏板，其阻力应该增大	□是　□否
	路试车辆，踩下制动踏板，检查车辆制动性能是否正常	□是　□否

11. 6S 规范

作业图例	作业内容	结果记录
	关闭车辆起动开关	□是　□否
	收起并整理车内四件套和车外三件套	□是　□否
	关闭设备电源，清洁、整理工具与仪器设备并归位	□是　□否
	收起车辆挡块、安全警示牌、隔离护栏	□是　□否
	清洁实训场地并恢复到原标准工位布置状态	□是　□否

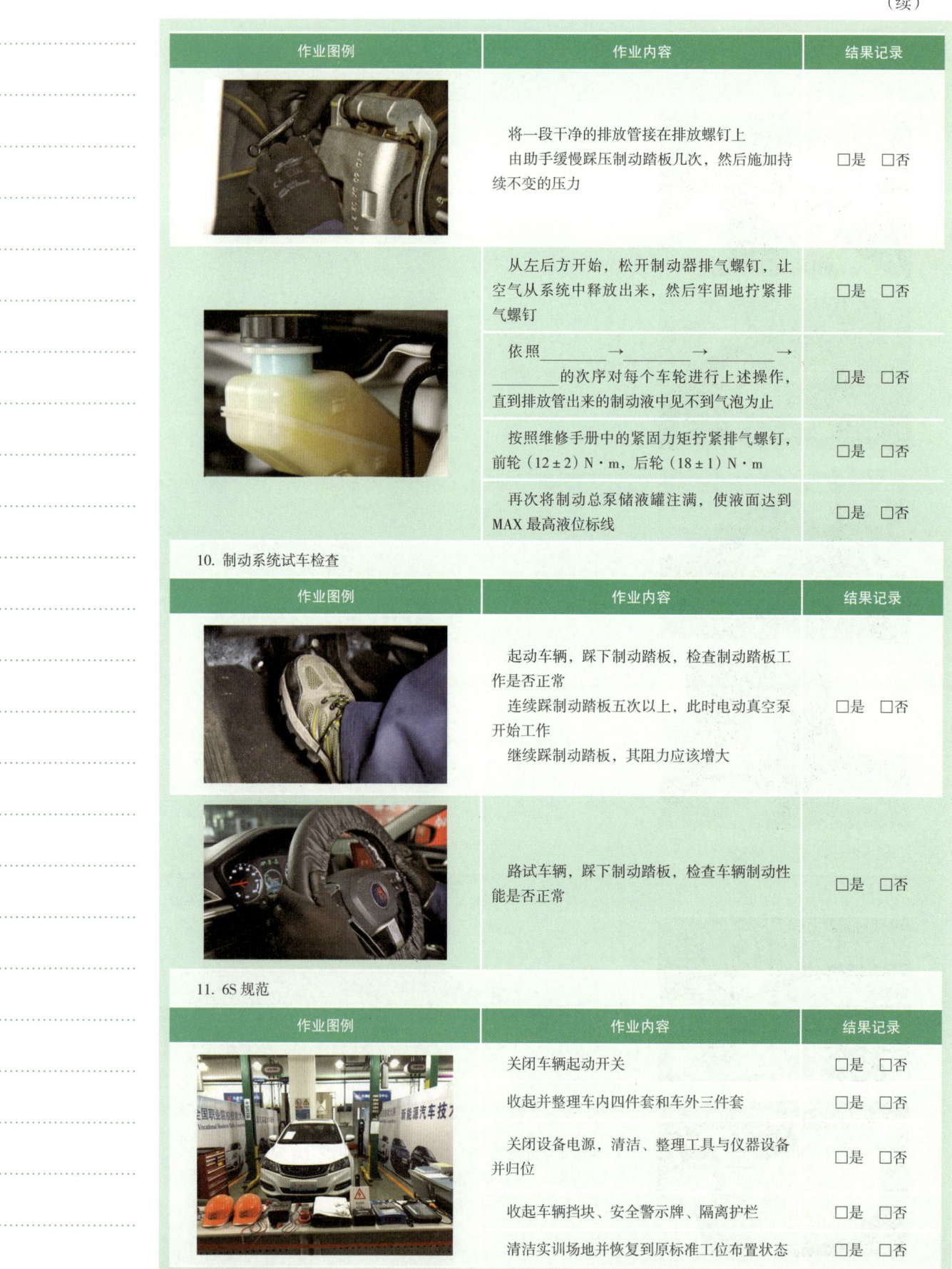

项目四 底盘系统维护

(续)

五、检查与评价

1. 小组自查

小组根据任务实施的记录结果，对本小组的作业内容进行再次检查确认。

序号	检查项目	权重	检查结果
1	知识准备完成情况	20	□是 □否
2	制订计划的合理性	10	□是 □否
3	实施过程完成的正确性	45	□是 □否
4	学生在实施过程中的参与程度	15	□高 □中 □低
5	安全防护与 6S 规范	10	□是 □否

2. 自我评价与反思

结合自己在实训过程中的表现，进行自我评价及自我反思。

_____

3. 教师评价

制动系统检查与维护评分表

项目		评分要点	配分	得分
知识准备 （10分）		□了解制动系统的组成	5	
		□掌握制动系统的维护方法	5	
任务计划 （20分）		□制订实训计划	10	
		□协同小组成员进行合理分工	5	
		□能在实施前准备好所需要的仪器、工具	5	
工作组织 与安全 （20分）	作业准备	□检查设置隔离护栏 □设置安全警示牌 □检查灭火器压力值（水基/干粉） □安装车辆挡块 □安装车外三件套 □安装车内四件套 □落下驾驶人侧车窗玻璃 □进行胎压检查	3	
	防护工具 准备	□检查绝缘手套，测量高压部分电路应佩戴绝缘手套 □检查防护电池电解液酸碱性手套，触碰动力蓄电池部分应佩戴防护电池电解液酸碱性手套 □检查护目镜，测量高压部分电路应佩戴护目镜 □检查绝缘安全帽，车辆底部作业应佩戴绝缘安全帽 □检查确认电子驻车制动和档位 □上高压电时要向实训指导教师报告	2	
	设备使用	□初次使用，应正确进行万用表检查 □初次使用绝缘电阻测试仪，应正确进行断路测试、短路测试 □正确连接仪器、仪表和测试设备到车辆 □正确操作车辆到测试条件并直接进行测试	1.5	

(续)

项目		评分要点	配分	得分
工作组织与安全（20分）	操作规范	□断开模块插头时，先关闭起动开关，再断开辅助蓄电池负极，并对辅助蓄电池负极进行防护；断开高压插头后验电 □完成所有任务后，按规定力矩紧固蓄电池极桩 □测试完成后恢复车辆，主要包括拆卸下的部件正确安装、起动开关等其他开关正确复位	2	
	安全操作	□在操作过程中，对测试设备和车辆可能造成损坏而被实训指导教师制止的，每次扣4分 □未规范操作造成车辆熔丝烧掉，每次扣4分	10	
	6S规范	□仪器、工具、零部件跌落或摆放凌乱，每次扣0.5分 □设备使用完成后关闭电源，合理归位 □恢复工位到原标准工位布置状态	1.5	
任务实施（40分）		□规范地完成制动系统检查与维护操作，每漏一项扣2分，检查不规范或操作不规范扣1分	40	
自我评价与反思（10分）		□学生能对自身表现情况进行客观评价及反思	10	
得分（满分100）				

延伸阅读

敢想敢为　善作善成

青年强，则国家强。党的二十大报告指出："广大青年要坚定不移听党话、跟党走，怀抱梦想又脚踏实地，敢想敢为又善作善成，立志做有理想、敢担当、能吃苦、肯奋斗的新时代好青年，让青春在全面建设社会主义现代化国家的火热实践中绽放绚丽之花。"敢想敢为又善作善成，是新时代好青年躬行践履、追梦圆梦时精神风貌和行为风范的生动刻绘。当代青年要努力掌握专业技能，在学习中增长专业知识、锤炼品格，在工作中增长专业技能、掌握方法，不断积累各方面经验和专业知识。要进一步加快知识体系的更新与思维方法的培养，使自己的思想观念、思维方式、认识水平跟上越来越快的时代发展，进而使专业核心素养和实际工作能力跟上时代发展大势，努力成为"善作善成"的行家里手，以真才实学服务国家与人民。

项目五
车身与低压电气设备维护

项目描述

汽车车身由车身本体、车身外装件、内装件和车身附件四部分组成。汽车在使用一定时间后需要对车身部件的安装状况和外观进行检查,以保证汽车的安全和美观。纯电动汽车低压电气系统采用12V供电,除了为灯光照明系统、多媒体系统及刷水器等常规低压电器供电外,还为整车控制器、BMS、MCU、DC/DC变换器及电动空调等高压附件设备控制电路供电。

本项目介绍了纯电动汽车车身与低压电气设备的维护方法、维护时的注意事项等内容。

```
项目五                 ── 任务一 车身维护
车身与低压电气设备维护  ── 任务二 低压电气设备维护
```

任务一 车 身 维 护

学习目标

知识目标

1. 了解汽车车身的功用。
2. 了解汽车车身的分类。

能力目标

能够对接汽车维修工(三级)职业技能等级标准完成车身的检查与维护。

素质目标

1. 通过车身维护工作任务的引入,培养学生的安全责任意识和团结协作意识。
2. 通过思想提升浸润善作善成的思政元素,培养学生严谨细致、精益求精的新时代工匠精神。
3. 通过严格执行6S规范,提高学生的职业素养。

实践技能

汽车车身应对驾驶人提供便利的工作条件，对乘员提供舒适的乘坐条件，保护他们免受汽车行驶时的振动、噪声、废气的侵袭以及外界恶劣气候的影响，并保证完好无损地运载货物且装卸方便。

车身检查主要包括外观损坏检查和部件功能检查。外观损坏检查包括车身漆面、车灯、前机舱盖、充电口盖、行李舱盖、车门、汽车玻璃的检查等，部件功能检查主要有座椅、安全带的检查。

1. 检查车身漆面

检查车身漆面有无损坏、划痕等现象。车身漆面颜色应协调、均匀、饱满、平整而光滑，异色边界应分色清晰。

2. 检查车灯外观

① 检查前照灯总成及尾灯总成表面是否有变色、损伤及破损。

② 检查灯内是否有污物或水进入。

③ 检查车灯总成是否松动，安装是否牢固。

3. 检查前机舱盖

① 通过驾驶室前机舱盖开启开关，拨动前机舱盖锁，打开前机舱盖，在举高位置左右晃动，确认铰链完好。

② 将前机舱盖轻轻放下，确认锁扣能正确扣合。

③ 将前机舱盖锁好，再次打开，确认能正确锁紧和开启。

4. 检查充电口盖及行李舱盖

检查快充、慢充口盖表面是否有损坏，用手轻轻晃动连接部位，确认安装牢固可靠。在行李舱开启的状态下用手晃动连接杆，确认连接螺栓无松动现象。

5. 检查车门及儿童锁

打开车门，上下晃动车门，检查所有车门安装状况是否良好，车门螺栓是否存在松动。

儿童安全锁用于车辆的后车门，防止车辆行驶中从车内打开车门而发生危险。将儿童锁拨至锁止状态，关闭车门，在车内不能将车门开启为正常。

6. 检查汽车玻璃

检查所有玻璃外观有无开裂或破损。

7. 润滑

依照行李舱锁→右前门锁铰链→右后门锁铰链→左后门锁铰链→左前门锁铰链→前机舱盖挂钩顺序润滑或检查。

8. 检查座椅

（1）检查座椅紧固螺栓是否松动　用双手抱住座椅及坐垫靠背，用力前后晃动，检查座椅是否会移动。

（2）检查座椅的调节功能　检查座椅的前后、高度、靠背角度调节功能及头枕位置调节功能是否正常。

9. 检查安全带

① 检查高度调节器应能可靠调节高度。

② 将安全带从自动卷收器中全部拉出，检查是否脏污。

③ 缓慢拉出安全带时，应能顺利从卷收器中拉出；迅速拉出安全带时，应自行锁止。
④ 将锁舌插入安全带锁扣中，用力拉安全带，应连接牢固。
⑤ 按下解锁按钮，安全带应自动弹出并收回。

任务实施

实训工单一 车身检查与维护

姓名		学号	
小组成员		日期	
实训指导教师		实训成绩	
实训设备	纯电动汽车、绝缘电阻测试仪、诊断仪、数字钳形表、万用表、绝缘工具一套、维修手册、电路图等。		

一、任务接收

安全、规范地完成车身维护的各项任务。

二、知识准备

1. 汽车车身由_____、_____、_____和_____四部分组成。
2. 车身检查主要包括_____和_____。

三、决策与计划

根据任务要求和纯电动汽车维护作业技术规范，制订车身检查与维护作业计划，并对小组成员进行合理分工。

车身检查与维护作业计划			
操作人：		监护人：	
序号	作业项目	检测仪器、工具	操作要点
1			
2			
3			
4			
5			
计划审核	审核意见：		签字： 年 月 日

四、操作步骤

1. 记录车辆基本信息

项目	内容
品牌	
车辆识别代号	
制造年月	
驱动电机	型号： 峰值功率：
动力蓄电池	额定电压： 额定容量：
行驶里程	km

（续）

2. 检查车身漆面

作业图例	作业内容	结果记录
	检查车身漆面有无损坏、划痕等现象	□是　□否

3. 检查车灯外观

作业图例	作业内容	结果记录
	检查前照灯总成及尾灯总成表面是否有变色、损伤及破损 检查灯内是否有污物或者水进入 检查车灯总成是否松动，安装是否牢固	□是　□否

4. 检查前机舱盖

作业图例	作业内容	结果记录
	打开前机舱盖，在举高位置左右晃动，确认铰链完好 将前机舱盖轻轻放下，确认锁扣能正确扣合 将前机舱盖锁好，再次打开，确认能正确锁紧和开启	□是　□否

5. 检查充电口盖及行李舱盖

作业图例	作业内容	结果记录
	检查快充口盖开启、关闭是否正常	□是　□否

（续）

作业图例	作业内容	结果记录
	检查慢充口盖开启、关闭是否正常	□是 □否
	在行李舱开启的状态下用手晃动连接杆，确认连接螺栓无松动现象	□是 □否
	随车工具检查	□是 □否

6. 检查车门及儿童锁

作业图例	作业内容	结果记录
	检查所有车门安装状况是否良好，车门螺栓是否存在松动	□是 □否
	将儿童锁拨至锁止状态，关闭车门，在车内不能够将车门开启为正常	□是 □否

（续）

7. 检查汽车玻璃

作业图例	作业内容	结果记录
	检查所有玻璃外观有无开裂或破损	□是　□否

8. 润滑

作业图例	作业内容	结果记录
	依照行李舱锁→右前门锁铰链→右后门锁铰链→左后门锁铰链→左前门锁铰链→前机舱盖挂钩顺序润滑或检查	□是　□否

9. 检查座椅

作业图例	作业内容	结果记录
	用双手抱住座椅及坐垫靠背，用力前后晃动，检查座椅是否会移动	□是　□否
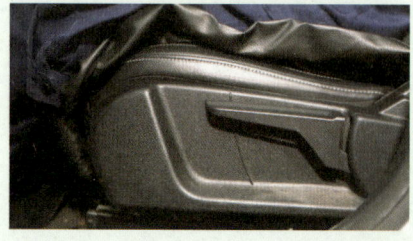	检查座椅的前后、高度、靠背角度调节功能及头枕位置调节功能是否正常	□是　□否

(续)

10. 检查安全带

作业图例	作业内容	结果记录
	检查安全带高度调节器应能可靠调节高度	□是 □否
	将安全带从自动卷收器中全部拉出,检查是否脏污	□是 □否
	缓慢拉出安全带时,应能顺利从卷收器中拉出	□是 □否
	迅速拉出安全带时,应自行锁止	□是 □否
	将锁舌插入安全带锁扣中,用力拉安全带,应连接牢固 按下解锁按钮,安全带应自动弹出并收回	□是 □否

11. 6S 规范

作业图例	作业内容	结果记录
	关闭车辆起动开关	□是 □否
	收起并整理车内四件套和车外三件套	□是 □否
	关闭设备电源,清洁、整理工具与仪器设备并归位	□是 □否
	收起车辆挡块、安全警示牌、隔离护栏	□是 □否
	清洁实训场地并恢复到原标准工位布置状态	□是 □否

(续)

五、检查与评价

1. 小组自查

小组根据任务实施的记录结果，对本小组的作业内容进行再次检查确认。

序号	检查项目	权重	检查结果
1	知识准备完成情况	20	□是 □否
2	制订计划的合理性	10	□是 □否
3	实施过程完成的正确性	45	□是 □否
4	学生在实施过程中的参与程度	15	□高 □中 □低
5	安全防护与6S规范	10	□是 □否

2. 自我评价与反思

结合自己在实训过程中的表现，进行自我评价及自我反思。

_____

3. 教师评价

车身检查与维护评分表

项目		评分要点	配分	得分
知识准备 （10分）		□了解汽车车身的功用	5	
		□了解汽车车身的分类	5	
任务计划 （20分）		□制订实训计划	10	
		□协同小组成员进行合理分工	5	
		□能在实施前准备好所需要的仪器、工具	5	
工作组织 与安全 （20分）	作业准备	□检查设置隔离护栏 □设置安全警示牌 □检查灭火器压力值（水基/干粉） □安装车辆挡块 □安装车外三件套 □安装车内四件套 □落下驾驶人侧车窗玻璃 □进行胎压检查	3	
	防护工具 准备	□检查绝缘手套，测量高压部分电路应佩戴绝缘手套 □检查防护电池电解液酸碱性手套，触碰动力蓄电池部分应佩戴防护电池电解液酸碱性手套 □检查护目镜，测量高压部分电路应佩戴护目镜 □检查绝缘安全帽，车辆底部作业应佩戴绝缘安全帽 □检查确认电子驻车制动和档位 □上高压电时要向实训指导教师报告	2	
	设备使用	□初次使用，应正确进行万用表检查 □初次使用绝缘电阻测试仪，应正确进行断路测试、短路测试 □正确连接仪器、仪表和测试设备到车辆 □正确操作车辆到测试条件并直接进行测试	1.5	

(续)

(续)

项目		评分要点	配分	得分
工作组织与安全（20分）	操作规范	□断开模块插头时，先关闭起动开关，再断开辅助蓄电池负极，并对辅助蓄电池负极进行防护；断开高压插头后验电 □完成所有任务后，按规定力矩紧固蓄电池极桩 □测试完成后恢复车辆，主要包括拆卸下的部件正确安装、起动开关等其他开关正确复位	2	
	安全操作	□在操作过程中，对测试设备和车辆可能造成损坏而被实训指导教师制止的，每次扣4分 □未规范操作造成车辆熔丝烧掉，每次扣4分	10	
	6S规范	□仪器、工具、零部件跌落或摆放凌乱，每次扣0.5分 □设备使用完成后关闭电源，合理归位 □恢复工位到原标准工位布置状态	1.5	
任务实施（40分）		□规范地完成车身维护操作，每漏一项扣2分，检查不规范或操作不规范扣1分	40	
自我评价与反思（10分）		□学生能对自身表现情况进行客观评价及反思	10	
得分（满分100）				

任务二　低压电气设备维护

学习目标

知识目标

了解纯电动汽车低压电气系统的组成。

能力目标

能够对接汽车维修工（三级）职业技能等级标准完成低压电气设备的检查与维护。

素质目标

1. 通过低压电气设备维护工作任务的引入，培养学生的安全责任意识和团结协作意识。
2. 通过思想提升浸润善作善成的思政元素，培养学生严谨细致、精益求精的新时代工匠精神。
3. 通过严格执行6S规范，提高学生的职业素养。

知识储备

一、纯电动汽车低压电气系统基本知识

随着汽车的电动化、网联化、智能化、共享化的发展需求，汽车电器电子设备日趋复杂，用电设备的数量和功率不断增加，产品质量及性能日益提高。

纯电动汽车低压电气系统主要包括以下四部分：

(1) 低压电源　低压电源即12V辅助蓄电池，为低压电气设备供电。

(2) 低压电气设备　低压电气设备包括灯光照明系统、仪表与信号系统、多媒体系统、电动车窗、刮水器和洗涤系统等。

(3) 电子控制设备　电子控制设备包括VCU、MCU、BMS、安全气囊（SRS）和定速巡航系统等，进一步提升汽车驾驶的安全性。

(4) 配电设备　配电设备包括中央接线盒、熔丝盒、开关、继电器、接插器和线束等，为汽车电器安全运行、操作和维修提供方便。

实践技能

二、检查低压电气设备

1. 检查辅助蓄电池（图5-2-1）

① 检查辅助蓄电池壳体是否有裂纹或渗漏。

② 检查辅助蓄电池正、负极桩是否有腐蚀。

③ 检查辅助蓄电池正、负极端子导线是否松动，并按照维修手册规定力矩紧固。

④ 检查辅助蓄电池紧固螺栓是否紧固。

⑤ 测量辅助蓄电池电压是否正常。标准电压为11~14V，静态电压应不小于12.5V，动态电压应不小于13.5V。

2. 检查钥匙及中控门锁系统

① 检查电动钥匙和机械钥匙是否能正常开锁和闭锁汽车。

② 检查左前玻璃升降器开关组上的中控门锁开关（图5-2-2）是否能正常开锁和闭锁汽车。

图 5-2-1　辅助蓄电池

图 5-2-2　中控门锁开关

3. 检查组合仪表（图 5-2-3）

① 检查仪表屏幕表面有无划痕、开裂。

② 将电源档位上至 ON 档电，检查控制系统自检功能是否正常，有无警告灯点亮。起动车辆后 OK 灯点亮，除驻车指示灯和安全带未系指示灯应点亮外，不应有其他警告灯点亮。

③ 踩下制动踏板，拨动变速杆至各个档位，仪表应显示对应的符号，且换档平顺无卡滞；倒档位置时，检查倒车雷达、倒车影像是否正常工作。

④ 检查驻车制动是否正常工作。

图 5-2-3 组合仪表

4. 检查多媒体系统

多媒体系统包括 4G/5G 无线网络、多媒体主机、PAD 显示屏、蓝牙电话系统、智能语音识别、导航系统、倒车影像、车机互动、车载收音机、音响系统、USB、SD 卡数据读取等多种功能。

① 检查多媒体系统各项功能是否正常。

② 及时更新车机系统。

5. 检查喇叭

① 按下喇叭，检查音量、音调是否稳定。

② 转动转向盘一周，每隔 120° 按压喇叭，检查音量、音调是否稳定。

6. 检查安全气囊（SRS）

汽车安全分为主动安全系统和被动安全系统。主动安全是指预先发现危险的能力，如风窗玻璃视野、灯光系统、反光镜等；预先回避危险的能力，如转向系统、制动系统、驱动防滑系统、行驶平稳控制系统等。被动安全是指避免或减轻乘员所受的伤害，如安全带、安全气囊等。

比亚迪秦纯电动汽车的安全气囊系统（SRS）是被动式、可膨胀的、辅助保护系统，如图 5-2-4 所示。安全气囊标志为"AIRBAG"，驾驶人安全气囊标志铸压在转向盘中间的装饰盖上，乘客安全气囊标志铸压在杂物箱上方仪表板上。

① 目视检查仪表板外壳表面是否有损坏情况。

② 将电源档位上至 ON 档电，系统自检，组合仪表的安全气囊故障指示灯点亮约 5s 后应熄灭。

7. 检查照明系统

照明系统为汽车行驶提供照明，车外照明灯具主要有前照灯、倒车灯、牌照灯、雾灯等，车内照明灯具主要有室内灯、门灯、各开关背光灯等。各种灯具装在各自所需照明的位置，并配以各自的控制开关和电路及熔断器等，组成照明系统。照明系统同时带有信号提示功能，产生光信号，向其他车辆的驾驶人和行人发出警告，以引起注意，确保车辆行驶的安全，包括转向信号、制动信号、危险警告信号及示廓信号、倒车信号等。

有些车型除了具有传统灯光照明功能外，还配有自动灯光及前照灯延时退电功能，使灯光的使用更便利及人性化。

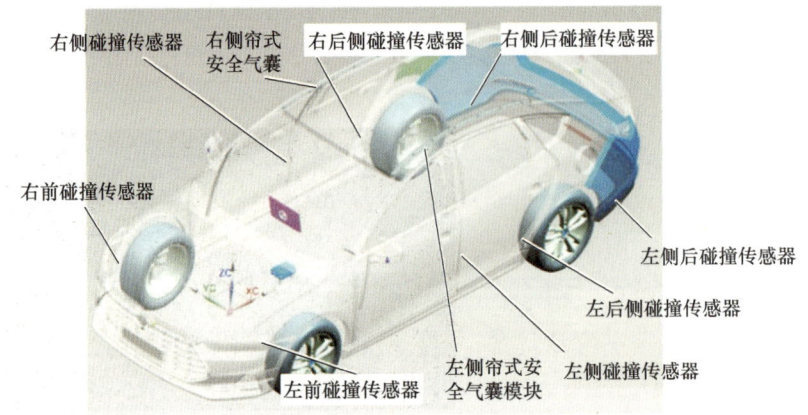
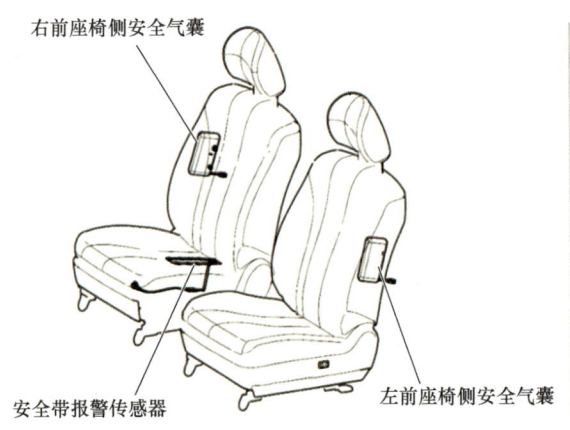
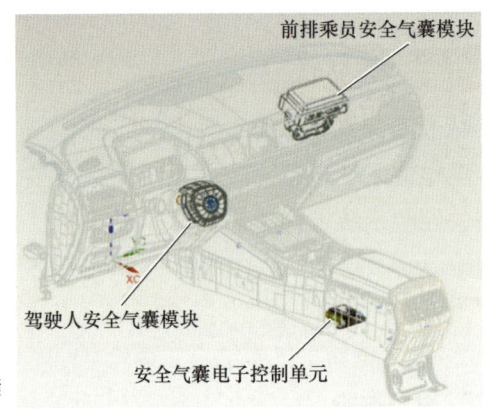

图 5-2-4　比亚迪秦纯电动汽车安全气囊系统

自动灯光：将灯光开关组调到 AUTO 档，车身控制模块（BCM）会根据光照强度传感器采集的外界光照强度进行判定，自动控制灯光开启和关闭，并根据光强不同开启示廓灯或前照灯。

前照灯延时退电：当前照灯打开，车辆电源从 ON 位退电到 OFF 位时，前照灯不会立即熄灭，灯光开关组自动计时让前照灯再亮 10s 后断开灯光继电器，熄灭前照灯。

(1) 车内照明的检查（P 位，电源模块置于 ON 位）

① 开启和关闭车门，查看门灯是否点亮和熄灭。

② 变换室内灯开关至 ON 位和 OFF 位，检查室内灯是否亮起 / 熄灭。

③ 变换室内灯开关至 DOOR 位，检查室内灯是否随着门的关闭逐渐熄灭。

④ 检查化妆镜灯、各开关背光灯等是否正常。

(2) 车灯外观的检查（双人配合检查）

① 旋转或拨动灯光组合开关，检查近光灯、远光灯、示廓灯、尾灯、倒车灯、牌照灯、雾灯、行李舱灯、危险警告灯工作是否正常，组合仪表是否显示相应符号。

② 轮胎朝向正前方，向上移动信号转换开关，这时右转向信号灯（右前、右后）均工作，右转向指示灯点亮；同时转动转向盘，检查信号转换开关回位情况。

③ 轮胎朝向正前方，向下移动信号转换开关，这时左转向信号灯（左前、左后）均工作，左转向指示灯点亮；同时转动转向盘，检查信号转换开关回位情况。

④ 通过灯光调节旋钮，调节近光灯高度和背光灯亮度等。

⑤ 将灯光开关调至 AUTO 档，车身控制模块会根据光照强度传感器采集的外界光照强度

进行判定，自动控制灯光开启和关闭。并根据光照强度不同开启示廓灯或前照灯。

8. 检查电动车窗

电动车窗系统通过操作车门饰板上的开关来使车窗升降，驾驶人座椅位置上通过左前玻璃升降器开关装饰板上的主开关来操作各车窗的开关。电动车窗闭锁开关位于驾驶人侧前门饰板上，它可以使驾驶人禁用所有乘客车窗开关。只有当电源模块置于 OK 档，电动车窗系统才能工作。自动降窗特性可以使驾驶人侧车窗自动降到底，操作时必须向降窗方向按下驾驶人侧车窗开关，直到第二个档位，则开始自动降窗，再次沿任意方向拉起或按下开关，车窗停止运动，并且取消自动降窗动作。自动升窗特性可以使驾驶人侧车窗自动上升，操作时必须向升窗方向拉起驾驶人侧车窗开关，直到第二个档位，则开始自动升窗，再次沿任意方向拉起或按下开关，车窗停止运动，并且取消自动升窗动作。

电动车窗延时功能：前门关闭，车辆电源档位从 OK 档退电至 OFF 档后的 10min 内，窗控开关仍可以工作，开关背光灯点亮，可控车门玻璃升降。一旦有任意前门打开，则延时功能失效。

① 在驾驶人位置操纵玻璃升降器开关（图 5-2-5），检查四个车门的车窗玻璃升降是否正常。

② 分别在左后、右后、右前位置操纵玻璃升降器开关，检查对应的车窗玻璃升降是否正常。

③ 检查玻璃升降器的防夹功能是否正常，车窗玻璃上升过程中遇到障碍物后，应自动下降。

9. 检查电动天窗

电动天窗系统通过控制天窗电动机正转、反转来实现天窗打开、关闭、上倾、下倾，如图 5-2-6 所示。

① 检查天窗的打开、关闭、上倾、下倾功能是否正常。

② 检查天窗的自动防夹功能是否正常。

③ 检查遮阳板工作是否正常。

④ 检查天窗密封条是否老化、开裂、破损，密封条与车体顶板之间是否有间隙。

⑤ 检查天窗排水管与出水口结合是否紧密，卡箍是否松动。

⑥ 检查排水槽与出水口是否有杂物，有则及时清理。

⑦ 清洁电动天窗导轨，使用专用润滑剂润滑导轨。

图 5-2-5　驾驶人侧玻璃升降器开关

图 5-2-6　电动天窗

10. 检查电动外后视镜

电动外后视镜系统可以由驾驶人位置左侧仪表板上的电器开关进行控制，当有撞击物撞击电动外后视镜时，壳体会顺着受力方向展开一定的角度，避免后视镜受到破坏，如镜面玻璃受到撞击碎裂后，小碎片不会脱离镜子托板，安全性较高。

① 检查后视镜镜片是否有划痕、破裂等现象。
② 检查左右外后视镜各方向调节功能是否正常，调节过程中有无异响、卡滞现象。
③ 检查外后视镜手动/电动折叠功能、除霜功能是否正常。

11. 检查刮水器和洗涤系统

刮水器和洗涤系统用于清除风窗玻璃上的水滴和脏污，保障驾驶人的视野良好，提高行车安全性。

（1）清洗液的检查　汽车风窗玻璃清洗液俗称玻璃水，属于汽车使用中的易耗品，主要由水、乙醇、乙二醇、缓蚀剂及多种表面活性剂组成。秋冬季节清洗液应该具备优秀的清洗和防冻性能，应该选择冰点低于当地最低温度 10℃ 以上的清洗液。

① 使用冰点测试仪测量清洗液的冰点。
② 目视检查清洗液液位，应在规定的范围内，如果缺少，应添加适当型号的清洗液至清洗液储液罐 MAX 处，如图 5-2-7 所示。

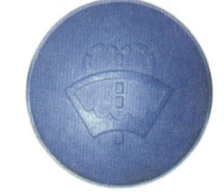

图 5-2-7　清洗液储液罐

（2）风窗玻璃喷洗器的检查　在保证清洗液足够的情况下，拨动刮水器喷水开关，观察有无清洗液喷出，检查喷嘴是否堵塞、喷洒压力是否足够；观察喷洒出清洗液的高度，位于风窗玻璃高度的 2/3 处为正常；观察清洗液的喷洒位置，喷洒区集中在刮水器片工作范围内为正常。

（3）刮水器开关工作状况的检查

① 检查喷水联动刮水功能是否正常，应平顺，无卡滞现象。
② 检查当刮水器开关关闭时，刮水器应自动停止在其初始位置。
③ 检查刮水器的低速档、高速档、间歇档工作是否正常。
④ 检查刮水效果，玻璃上不应有水珠，不应产生条纹式的刮水痕迹、刮水效果不好等情况，必要时更换刮水器片。

姓名		班级		日期	

项目五　车身与低压电气设备维护

任务实施

实训工单二　低压电气设备检查与维护

姓名		学号	
小组成员		日期	
实训指导教师		实训成绩	
实训设备	纯电动汽车、绝缘电阻测试仪、诊断仪、数字钳形表、万用表、绝缘工具一套、维修手册、电路图等。		

纯电动汽车低压电气系统维护

车身附件系统维护

一、任务接收

安全、规范地完成低压电气设备维护的各项任务。

二、知识准备

1. 电动天窗系统通过控制天窗电动机_____、_____来实现天窗打开、关闭、上倾、下倾。
2. 清洗液的喷洒区域集中在_____工作范围内为正常。

三、决策与计划

根据任务要求和纯电动汽车维护作业技术规范，制订低压电气设备维护作业计划，并对小组成员进行合理分工。

低压电气设备检查与维护作业计划			
操作人：		监护人：	
序号	作业项目	检测仪器、工具	操作要点
1			
2			
3			
4			
5			
计划审核	审核意见： 签字：　　　　　　　　　　　　年　　月　　日		

四、操作步骤

1. 记录车辆基本信息

项目	内容
品牌	
车辆识别代号	
制造年月	
驱动电机	型号：　　　　　　峰值功率：
动力蓄电池	额定电压：　　　　　额定容量：
行驶里程	km

(续)

2. 检查辅助蓄电池

作业图例	作业内容	结果记录
	检查蓄电池壳体有无裂纹或漏液 检查蓄电池正、负极桩有无腐蚀 检查蓄电池正、负极线束连接是否紧固 检查蓄电池紧固螺栓是否紧固	□是　□否
	测量蓄电池静态电压和动态电压 静态电压应不小于＿＿＿＿＿V 动态电压应不小于＿＿＿＿＿V	静态电压值： ＿＿＿＿＿V 动态电压值： ＿＿＿＿＿V

3. 检查钥匙及中控门锁系统

作业图例	作业内容	结果记录
	检查电动钥匙和机械钥匙是否能正常开锁和闭锁汽车	□是　□否
	检查左前玻璃升降器开关组上的门锁总开关是否能正常开锁和闭锁汽车	□是　□否

4. 检查组合仪表

作业图例	作业内容	结果记录
	检查仪表屏幕表面有无划痕、开裂	□是　□否
	检查控制系统自检功能是否正常，有无警告灯点亮	□是　□否
	踩下制动踏板，拨动变速杆至各个档位，仪表应显示对应的符号，且换档平顺无卡滞	□是　□否

(续)

作业图例	作业内容	结果记录
	倒档位置时,检查倒车雷达、倒车影像是否正常工作	□是 □否
	检查驻车制动是否正常工作	□是 □否

5. 检查多媒体系统

作业图例	作业内容	结果记录
	检查多媒体系统各项功能是否正常 及时更新车机系统	□是 □否

6. 检查喇叭

作业图例	作业内容	结果记录
	按下喇叭,检查音量、音调是否稳定 转动转向盘一周,每隔120°按压喇叭,检查音量、音调是否稳定	□是 □否

7. 检查安全气囊(SRS)

作业图例	作业内容	结果记录
	目视检查仪表板外壳表面是否有损坏	□是 □否

(续)

作业图例	作业内容	结果记录
	系统自检，组合仪表的安全气囊故障指示灯点亮约 5s 后应熄灭	□是　□否

8. 检查照明系统

作业图例	作业内容	结果记录
	车内照明检查： ① 开启和关闭车门，查看门灯是否点亮和熄灭 ② 变换室内灯开关至 ON 位和 OFF 位，检查室内灯是否亮起/熄灭 ③ 变换室内灯开关至 DOOR 位，检查室内灯是否随着门的关闭逐渐熄灭 ④ 检查化妆镜灯、各开关背光灯等是否正常	□是　□否
	车灯外观检查（双人配合检查）： ① 检查近光灯、远光灯、示宽灯、尾灯、倒车灯、牌照灯、雾灯、行李舱灯、危险警告灯工作是否正常，组合仪表是否显示相应符号 ② 检查右转向信号灯（右前、右后）和左转向信号灯（左前、左后）是否正常工作，同时转动转向盘，检查信号转换开关回位情况	□是　□否
	检查灯光调节功能是否正常	□是　□否

项目五　车身与低压电气设备维护

（续）

作业图例	作业内容	结果记录
	检查自动灯光功能是否正常	□是　□否

9. 检查电动车窗

作业图例	作业内容	结果记录
	驾驶人位置操纵玻璃升降器开关，检查四个车门的车窗玻璃升降是否正常	□是　□否
	分别在左后、右后、右前位置操纵玻璃升降器开关，检查对应的车窗玻璃升降是否正常	□是　□否
	检查玻璃升降器的防夹功能是否正常，车窗玻璃上升过程中遇到障碍物后，应自动下降	□是　□否

10. 检查电动天窗

作业图例	作业内容	结果记录
	检查天窗的打开、关闭、上倾、下倾功能是否正常 检查天窗的自动防夹功能是否正常 检查遮阳板工作是否正常	□是　□否
	检查天窗密封条是否老化、开裂、破损，密封条与车体顶板之间是否有间隙 清洁电动天窗导轨，使用专用润滑剂润滑导轨	□是　□否

（续）

作业图例	作业内容	结果记录
	检查天窗排水管与出水口结合是否紧密，卡箍是否松动 如果排水管内有杂物，需要手动清理	□是　□否

11. 检查电动外后视镜

作业图例	作业内容	结果记录
	检查后视镜镜片是否有划痕、破裂等现象	□是　□否
	检查左右外后视镜各方向调节功能是否正常	□是　□否
	检查外后视镜折叠功能、除霜功能	□是　□否

12. 检查刮水器和洗涤系统

作业图例	作业内容	结果记录
	检查喷嘴是否堵塞 检查喷洒高度是否正常 检查喷洒位置是否正常	□是　□否

(续)

作业图例	作业内容	结果记录
	检查喷水联动刮水功能是否正常，应平顺，无卡滞现象 检查当刮水器开关关闭时，刮水器应自动停止在其停止位置 检查刮水器的低速档、高速档、间歇档工作是否正常	□是 □否
	检查刮水效果，玻璃上不应有水珠，不应产生条纹式的刮水痕迹、刮水效果不好等情况，必要时更换刮水器片	□是 □否
	使用冰点测试仪测量清洗液的冰点	冰点：_____℃
	添加适当型号的清洗液至清洗液储液罐中	□是 □否

13. 6S规范

作业图例	作业内容	结果记录
	关闭车辆起动开关	□是 □否
	收起并整理车内四件套和车外三件套	□是 □否
	关闭设备电源，清洁、整理工具与仪器设备并归位	□是 □否
	收起车辆挡块、安全警示牌、隔离护栏	□是 □否
	清洁实训场地并恢复到原标准工位布置状态	□是 □否

(续)

五、检查与评价

1. 小组自查

小组根据任务实施的记录结果,对本小组的作业内容进行再次检查确认。

序号	检查项目	权重	检查结果
1	知识准备完成情况	20	□是 □否
2	制订计划的合理性	10	□是 □否
3	实施过程完成的正确性	45	□是 □否
4	学生在实施过程中的参与程度	15	□高 □中 □低
5	安全防护与6S规范	10	□是 □否

2. 自我评价与反思

结合自己在实训过程中的表现,进行自我评价及自我反思。

_____

3. 教师评价

低压电气设备检查与维护评分表

项目	评分要点	配分	得分
知识准备(10分)	□了解纯电动汽车低压电气系统的组成	10	
任务计划(20分)	□制订实训计划	10	
	□协同小组成员进行合理分工	5	
	□能在实施前准备好所需要的仪器、工具	5	
工作组织与安全(20分)	作业准备:□检查设置隔离护栏 □设置安全警示牌 □检查灭火器压力值(水基/干粉) □安装车辆挡块 □安装车外三件套 □安装车内四件套 □落下驾驶人侧车窗玻璃 □进行胎压检查	3	
	防护工具准备:□检查绝缘手套,测量高压部分电路应佩戴绝缘手套 □检查防护电池电解液酸碱性手套,触碰动力蓄电池部分应佩戴防护电池电解液酸碱性手套 □检查护目镜,测量高压部分电路应佩戴护目镜 □检查绝缘安全帽,车辆底部作业应佩戴绝缘安全帽 □检查确认电子驻车制动和档位 □上高压电时要向实训指导教师报告	2	
	设备使用:□初次使用,应正确进行万用表检查 □初次使用绝缘电阻测试仪,应正确进行断路测试、短路测试 □正确连接仪器、仪表和测试设备到车辆 □正确操作车辆到测试条件并直接进行测试	1.5	

(续)

项目		评分要点	配分	得分
工作组织与安全（20分）	操作规范	□断开模块插头时，先关闭起动开关，再断开辅助蓄电池负极，并对辅助蓄电池负极进行防护；断开高压插头后验电 □完成所有任务后，按规定力矩紧固蓄电池极桩 □测试完成后恢复车辆，主要包括拆卸下的部件正确安装、起动开关等其他开关正确复位	2	
	安全操作	□在操作过程中，对测试设备和车辆可能造成损坏而被实训指导教师制止的，每次扣4分 □未规范操作造成车辆熔丝烧掉，每次扣4分	10	
	6S规范	□仪器、工具、零部件跌落或摆放凌乱，每次扣0.5分 □设备使用完成后关闭电源，合理归位 □恢复工位到原标准工位布置状态	1.5	
任务实施（40分）		□规范地完成低压电气设备维护操作，每漏一项扣2分，检查不规范或操作不规范扣1分	40	
自我评价与反思（10分）		□学生能对自身表现情况进行客观评价及反思	10	
得分（满分100）				

延伸阅读

新质生产力驱动　青年学生挺膺担当

新质生产力是创新起主导作用，摆脱传统经济增长方式、生产力发展路径，具有高科技、高效能、高质量特征，符合新发展理念的先进生产力质态。学校是孕育科技创新人才的沃土和培养新质生产力的摇篮，青年学生群体是最富有活力和创新的群体，是新质生产力的重要主体。专业基础只是下限，敢于把握机遇才是上限，高质量发展离不开科技创新。青年学生不能只啃课本知识，要不断夯实专业理论基础和锻炼实践动手能力，筑牢安身立命之本，在磨砺中壮筋骨、长才干，目标朝着专业领域高质量、高效能、高科技阶段迸发，科学研究新技术，奋力投身科技创新，以新破旧，大胆创造，积极适应所属领域新生态新业态。青年学生一代应承担起国家发展重要课题，传承并弘扬科学家勇攀高峰、敢为人先的创新精神，敢于啃硬骨头、扛重担子、接烫手山芋，在核心技术、软件开发、创新成果上攻坚克难，积极投身战略性新兴产业和未来产业，在领域急需人才的环境下，敢于"从零开始"，敢为人先，奋勇争先，在机遇和挑战中建功立业、挺膺担当。

参考文献

[1] 孙建俊,谭逸萍.新能源汽车高压安全防护与应急处理[M].北京:机械工业出版社,2022.
[2] 吴荣辉,金朝昆.新能源汽车高压安全与防护[M].北京:机械工业出版社,2021.
[3] 蔡晓兵,樊永强.新能源汽车维护与保养[M].北京:机械工业出版社,2020.
[4] 胡敏艺,蒋光辉.新能源汽车使用与维护[M].北京:机械工业出版社,2022.
[5] 黎永键.电动汽车检查与维护[M].北京:机械工业出版社,2021.
[6] 袁红军,华奇.纯电动汽车结构原理与故障诊断[M].北京:人民邮电出版社,2022.